武汉音乐学院·湖北省高校重点学科建设2019年度资助出版项目

基于理论自觉的深问题与浅思考

胡艺华◎著

中国纺织出版社有限公司

内 容 提 要

本书是高校思想政治理论课教师在新时代的大背景下、立足于工作实践、坚持潜心问道和关注社会相统一的思考印记与学术心得，记录的是作者以家国情怀和理论自觉为精神动力直面现实、上下求索、砥砺前行、磨血育人的心路历程和思想感悟。其中，既有对时政热点的评论，也有对区域发展的策论，还有对时代文艺的讨论，更有对铸魂育人的探论，力求体现历史考察与逻辑分析的统一、实践探索与理论升华的结合、坚守传统与面向未来的兼容、思政理念与艺术表达的融通。其内容分为理论热点之评、湖湘发展之论、女性教育之思、思政教育之道、文艺育人之探五个专题，收录了四十余篇观点鲜明、形式多样、风格迥异的文章，兼具一定的思辨性、学术性和可读性。

本书适宜高校思想政治理论相关师生阅读。

图书在版编目（CIP）数据

基于理论自觉的深问题与浅思考 / 胡艺华著 . -- 北京：中国纺织出版社有限公司，2020.11

ISBN 978-7-5180-7589-8

Ⅰ. ①基… Ⅱ. ①胡… Ⅲ. ①社会科学—文集 Ⅳ. ① C53

中国版本图书馆 CIP 数据核字（2020）第 121471 号

责任编辑：华长印　　特约编辑：张　程

责任校对：王花妮　　责任印制：何　建

中国纺织出版社有限公司出版发行

地址：北京市朝阳区百子湾东里 A407 号楼　邮政编码：100124

销售电话：010 — 67004422　传真：010 — 87155801

http：//www.c-textilep.com

中国纺织出版社天猫旗舰店

官方微博 http：//weibo.com/2119887771

北京华联印刷有限公司印刷　各地新华书店经销

2020 年 11 月第 1 版第 1 次印刷

开本：710 × 1000　1/16　印张：16.25

字数：255 千字　定价：98.00 元

凡购本书，如有缺页、倒页、脱页，由本社图书营销中心调换

前　言

哲学是永远的追问，人生是不断地思考。对一位思政课教师而言，基于理论自觉的问题思考，是一种思维常态，也是一种生活方式，更是一种精神追求。

恩格斯说："一个民族要想站在科学的最高峰，就一刻也不能没有理论思维。"从上大学开始，这句名言就深深印在了我的脑海里，一直引领我成长，给了我源源不断的精神力量。同样，一个人要想保持与时俱进、昂扬向上的精神状态，也始终离不开理论思维的导航和赋能。

正是基于这样一种理论自觉，在平常繁忙而琐碎的工作中，我常常不由自主而又乐此不疲地沉浸在思考中。对那些闪动于媒体的热点应该怎么看，对那些争执于论坛的焦点应该怎么评，对那些高悬于头顶的难点应该怎么解，对那些横亘于眉睫的痛点怎么办，诸如此类的问题，总在夜深人静的时候牵动我的思绪、叩击我的内心、激荡我的胸膛、震撼我的灵魂。

亨利·福特说："思考是最艰难的工作，这也是为何很少有人愿意去思考的原因"。思考的过程确实充满了混沌与艰辛甚至莫名的痛苦，但思考的结果总是能给人以希望、信心和勇敢前行的力量。每当坐在电脑前，看着那些深深浅浅的文字，从键盘的敲击声中以一种自然的方式流淌出来，从一行行到一段段再到一页页，心中就会有一种虔诚如初的敬畏感和如释重负的愉悦感，因为我觉得这些文字是有生命的，也是有意义的，更是有情感的。

当初，我似乎只是听从内心的呼唤，为思考而思考，为写作而写作；曾经，我以为这些思考和思考之后的文字，只会尘封在自己的内心世界里。大概是2015年的下半年，一个很偶然的机会，我有幸接触到网络媒体的传播平台，在编辑老师的鼓励下，开始尝试着在业余时间写作理论类的网络文章。这无疑激发了我的浓厚兴趣，也点燃了我的写作激情。在这片更为广袤的原野上，我不知疲倦地奔跑，思而后书写，累并快乐着。

近五年，从湘江到长江，从岳麓山到珞珈山，变换的是时空，不变的是初心。秉持着“热切关注、积极思考、正面解读、及时发声、真实表达”的理念，在目光所至、力所能及的范围内，我对自己所关心的理论热点、区域发展、女性教育、思政教育、文艺育人等领域的问题做了一些粗浅的思考，用文字的方式记录了自己的所感、所思、所悟。

很多时候，文字也许是苍白无力的，但是孕育文字的忧思、反思、哲思是真实的，蕴含其中的情感、情结、情怀也是真挚的。

此时此刻，在耳畔久久回响的是先贤的心声：“为天地立心、为生民立命、为往圣继绝学、为万世开太平。”

胡艺华

2020.6.24

目 录

第一章

理论热点之评

到底何谓马克思主义哲学大众化

——对马克思主义哲学大众化概念的辨正与阐释

马克思主义哲学大众化是一个历史的具体的概念，在每一个特定的历史时期，有其特定的时代内蕴和表现形式，不会永远停止在一个水平线上，但其基本内涵和精神实质是共同的，这是贯穿于整个马克思主义哲学大众化推进过程中的最根本的东西，也是我们分析和把握马克思主义哲学大众化内在逻辑和发展规律的理论前提。那么，在研究马克思主义哲学大众化的内在逻辑和发展规律之前，有必要对马克思主义哲学大众化的概念进行辨正，对其时代内蕴作出科学的阐释。

一、关于马克思主义哲学大众化概念的辨正

近年来，马克思主义哲学大众化作为一个重要的学术概念，为理论界所广泛关注并深入研究，不同的学者从多个视角对“什么是马克思主义哲学大众化”作出了不同回答，可谓众说纷纭，但至今尚无统一的定论，有的甚至还存在着明显的误读和曲解，亟待从哲学的角度来进行辨正。

（一）把马克思主义哲学大众化与马克思主义大众化区别开来

长期以来学术界普遍认为，艾思奇是20世纪30年代马克思主义哲学通俗化、大众化运动的开创者，因而称之为“马克思主义哲学大众化第一人”。但近年来也有学者对此提出异议，认为马克思主义哲学大众化第一人应是1921年就开始大众化工作的高语罕，主要是因为高语罕在20世纪上半叶撰写的《白话书信》《理论与实践：从辩证法唯物论的立场出发（书信体）》《青年书信》等，是我国历史上最早推动马克思主义哲学大众化的三本通俗著作。这个理由看似很有说服力，实际上却站不住脚，其中提到的高语罕代表作之一《白话书信》，主要是采用书信体的形式论及政治、妇女平等和婚姻自由、社会的不平和政局的黑暗、劳工痛苦和资本剥削，宣传马克思、恩格斯的《共产党宣言》和社会主义主张，从其内容可以看出，这不是真正意义上的马克思主义哲学著作，很显然，论者是把马克思主义大众化与马克思主义哲学大众化混为一体，令人费解的是，这在当前的马克思主义理论尤其是马克思主义哲学的研究领域里并不是个别现象。事实上，马克思

主义哲学大众化和马克思主义大众化之间既有内在联系又存在明显差别，一方面，从逻辑上看，马克思主义哲学诚然是整个马克思主义理论体系的重要基石和有机组成部分，但是，“马克思主义”作为一个集合概念毕竟不能完全等同于“马克思主义哲学”。两者虽有很多共性，但也不能因此而忽视或否认马克思主义哲学大众化具有其内在逻辑和特殊规律；另一方面，从历史上看，马克思主义在我国真正意义上的传播确实是从传播马克思主义哲学开始的，但是实际上马克思主义大众化是一个逐渐演变、不断摸索、分阶段推进的历史过程，不同历史时期马克思主义所呈现的基本形态有所不同，马克思主义大众化的主题也随着社会形势和历史任务的变化而变化。基于此，我们认为马克思主义哲学大众化是马克思主义大众化的核心和先导，但绝不是马克思主义大众化的全部，在任何时候、任何场合都不能把两者混同起来。

（二）把马克思主义哲学大众化与马克思主义哲学通俗化区别起来

很多研究者之所以把艾思奇誉为“马克思主义哲学大众化的第一人”，也就是因为其代表作《大众哲学》主要是实现了马克思主义哲学的通俗化。通俗化虽然是大众化的内在要求和重要实现形式，但是可以肯定地说，通俗化不等同于大众化，这一点，就连艾思奇本人也很清楚，在历史上他几乎从未把自己所作的哲学通俗化当成哲学的大众化。1935年曾有学者致信艾思奇，对其在哲学大众化运动中所取得的成就表示高度赞扬，但是艾思奇对此并不完全认同和接受，他声称自己所做的只是通俗化而已。毛泽东在充分肯定通俗化的同时，还提出过一个“群众化”的概念，1963年5月，毛泽东曾指出：“应当大大提倡学习马克思主义的认识论，使之群众化，为广大干部和人民群众所掌握，让哲学从哲学家的课堂上和书本里解放出来，变为群众手里的尖锐武器”。[1]这里所提的“群众化”已经完全超越了“通俗化”，比照我们今天所讲的“大众化”，在内涵上是基本一致的。毋庸置疑，通俗化和大众化往往是紧密联系在一起的，但通俗化仅仅是大众化的一个问题，而且并不是首要问题。如果把这两个问题完全等同起来，或者把大众化仅仅归结为通俗化，那显然是不科学的。

（三）把马克思主义哲学大众化与马克思主义哲学中国化联系起来

虽然近年来的马克思主义大众化研究已遍及马克思主义大众化史上众多重要代表人物，但很少有人专门论述李达对马克思主义哲学大众化的实际贡献；与此同时，尽管学术界关于李达哲学思想研究的深度和广度前所未有地得到拓展，但大多只是将其作为马克思主义哲学中国化的先驱来讨论，从总体上看，李达与马克思主义哲学大众化的研究仍显得十分滞后，这不能不说是一种历史的遗憾和理论的缺陷。造成这种情况的原因是多方面的，但究其理论根源，我们认为主要在于没有从根本上理清马克思主义哲学大众化与马克思主义哲学中国化之间的关系。在很多研究者那里，马克思主义哲学大众化和马克思主义哲学中国化被作为两个完全不相干的学术命题来讨论，被当作两条完全不相交的历史主线来追溯，这种惯性思维严重干扰、束缚甚至误导了人们对马克思主义哲学大众化的探讨。毋庸置疑，马克思主义哲学大众化和马克思主义哲学中国化有各自相对独立的内涵，但实际上这两者和马克思主义哲学时代化共同构成一个相互联系、不可分割的统一整体。在这个问题上，我们同意曹泳鑫的观点："应当说，无论从理论还是历史事实上看，三个'化'都是一体的，而且是辩证统一的。"[2]从理论上看，在这"三化"当中，中国化是灵魂、核心和根本，反映是马克思主义哲学在中国的具体化、民族化；时代化是基础和前提，反映的是马克思主义哲学随着中国与世界的发展变化而与时俱进的历程；大众化是出发点和落脚点，反映的是马克思主义哲学在中国武装人民群众、改造客观世界和主观世界的程度。从历史考察来看，时代化和大众化都是在中国化的过程中产生并围绕着中国化来展开。因此，我们不应该离开马克思主义哲学中国化来谈马克思主义哲学大众化，更不能忽视马克思主义哲学中国化过程中蕴含着的大众化经验及其创造。

二、关于马克思主义哲学大众化概念的阐释

马克思的关于"哲学把无产阶级当作物质武器，无产阶级把哲学当作精神武器"[3]著名论断，实际上已经为马克思主义哲学大众化的概念及其时代内蕴做了最有说服力的阐释：马克思主义哲学大众化，归根到底就是马克思主义哲学与人民大众的结合，马克思主义哲学立足于人民大众的根本立场，在内容与形式上主动适应人民大众的特点和需求，通过有效的方式为人民大众所了解、认同、接受、理解、掌握和运用，从而成为人民大众认识世界和改造世界的理论武器，最后在人民大众的社会实践中转化成改造世界的巨大物质力量。

（一）马克思主义哲学大众化是马克思主义哲学与人民大众之间的双向互动

马克思主义哲学大众化是马克思主义哲学自身"为大众而化"和马克思主义哲学"化大众"的统一。

一方面，马克思主义哲学自身要"为大众而化"。并非所有的哲学理论都有资格去"化"大众，真正能够"化"大众的必须是已经实现"为大众而化"的哲学

理论。何谓“化”呢？毛泽东指出：“‘化’者，彻头彻尾彻里彻为外之谓也”[4]。而“大众”作为一个集合概念，是特指无产阶级和广大劳动人民，具有历史性和国别性。“为大众而化”强调的是马克思主义哲学自身的理论建设，应在三个方面充分体现大众属性：一是在根本立场上，马克思主义哲学大众化就是要坚定地站在人民大众的立场上，把人民大众当服务对象和实践主体，与人民大众同呼吸、共命运、心连心，代表人民大众的根本利益，反映人民大众的内在诉求，旗帜鲜明地为人民大众“鼓与呼”。二是在理论内容上，马克思主义哲学大众化就是要关切并回应人民大众最关心、最直接的理论和现实问题，尊重人民的历史主体地位和首创精神，重视人民大众的实践经验和群众智慧，注重从人民大众的实践中获得基本素材和思想养分，使哲学理论在人民大众的实践中得到科学检验和创新发展。三是在表现形式上，马克思主义哲学大众化就是要让马克思主义哲学理论去“神秘化”“经院化”，由抽象逻辑变成生活智慧，从高深理论走向通俗理论，以丰富多样的素材、通俗易懂的语言、形象生动的案例、群众喜闻乐见的方式呈现在人民大众的面前，不断强化马克思主义哲学对人民大众的吸引力和感召力。

另一方面，马克思主义哲学要“化大众”。仅有大众化的马克思主义哲学理论是不够的，因为问题的关键在于如何把马克思主义哲学理论转化为改造世界的物质力量。按照马克思的观点“思想本身根本不能实现什么东西”，真正把思想变成现实的，是实践的主体——人。马克思主义哲学本身虽然是科学的世界观和方法论，但是，如果不能掌握作为实践主体的人民大众，不能被人民大众运用于指导社会实践，那么，它就不可能自动转化成为改造世界的巨大物质力量。从一定的意义上说，马克思主义哲学大众化，在强调理论本身“为大众而化”的同时，更强调用马克思主义哲学去“化大众”，即用马克思主义哲学去教育、武装和引领人民大众，使人民大众成为马克思主义哲学的实践者和社会历史的创造者，同时使马克思主义哲学成为人民大众认识和改造世界的精神武器。“化大众”是一个由低到高、循序渐进的过程，包括三个层面：首先是教育，让人民大众普遍了解马克思主义哲学的基本理论、基本观点、基本立场，做到不反感、不排斥；其次是武装，让人民大众真学、真信、真懂的基础上，心悦诚服地认同、接受、拥护马克思主义哲学，并把马克思主义哲学确立为自己的世界观；再次是引领，让人民大众自觉掌握和运用马克思主义哲学来改造自己的主观世界，提高自己的思想政治觉悟，同时以马克思主义哲学作为行动指南投身于社会实践当中，更科学、更理性、更有效地改造客观世界。

（二）马克思主义哲学大众化是马克思主义哲学理论与人民大众实践活动的有机结合

马克思主义哲学大众化实际上体现了马克思主义哲学理论与人民大众实践活动的有机结合。

从推进目的来看，马克思主义哲学大众化绝不是盲目随意的活动，而是有明确的目的，那就是适应人民大众在实践中对理论武器的需要。历史反复证明，没有科学理论作指导，实践就会陷入盲目性。对于工人阶级和劳动人民来说，要真正推翻资本主义社会、建立社会主义社会、实现共产主义，首先必须要有能够指导自身实践的理论武器，这种源于实践的理论需求构成了哲学大众化的逻辑起点和前提条件。以往历史上的任何哲学理论都不具备这种属性和功能，因为它们“只是用不同的方式解释世界，问题在于改变世界”，[5]从而人为地把理论和实践割裂开来，这也是旧哲学无法实现大众化的主要原因。而马克思主义哲学克服了一切旧哲学的局限性，不仅解释世界，更重要的是强调改变世界，“对实践的唯物主义者即共产主义者来说，全部问题都在于使现存世界革命化，实际地反对并改变现存的事物”。[6]正是为了更有效地改变世界，工人阶级和劳动人民才会把目光投向马克思主义哲学理论这一在人类历史上最具科学性、革命性的哲学理论，坚定不移地选择马克思主义哲学作为理论武器，从这个意义上说，马克思主义哲学大众化之所以成为必要，就是为了顺应工人阶级和劳动人民在实践的过程中对理论武器的需求。

从实现过程来看，马克思主义哲学大众化的过程，不仅是马克思主义哲学理论通达人民大众的头脑，对人民大众的主观世界进行有效的改造，并成为人民大众的主导思想，更重要的是作为理论武器来“指导和推动人民大众的社会实践，从而转化为客观世界的物质力量，并在人民大众的社会实践中得到检验和发展”。[7]从这个意义上讲，马克思主义哲学大众化的实现实际上要经历三个阶段，即从哲学理论到人民大众再到社会实践。首先，马克思主义哲学自身要为人民大众而化，在理论形态和表现形式上能够为人民大众所接受；其次，人民大众用马克思主义哲学理论来武装自己的头脑，真正成为马克思主义哲学的实践主体；最后，人民大众自觉运用马克思主义哲学理论指导社会实践中，改造客观世界，从而有效地维护和实现其根本利益。与此同时，马克思主义哲学大众化的实现必须包含两次转化，其一，是马克思主义哲学要转化为人民大众的精神武器，也就是马克思主义哲学为群众所掌握的过程；其二，是人民大众要转化为马克思主义哲学的物质武器，也就是马克思主义哲学掌握人民大众的过程。纵观这三个阶段和两次转化，可以看出马克思主义哲学大众化的实现过程，归根到底是一个以人民大众作为媒介，哲学理论和社会实践之间的有机结合。只有把马克思主义哲学理论和活生生的社会实践有机结合，才能让人民大众感知到马克思主义哲学作为世界观和方法论所具有的伟大力量，才能使人民大众从理性的高度去真正认同、信服并自觉掌握、运用马克思主义哲学，这样才能真正实现马克思主义哲学大众化。

（三）马克思主义哲学大众化是推动马克思主义哲学发展的主体由社会精英到人民大众的逐步扩展

与一切旧哲学不同的是，马克思主义哲学第一个在人类历史上公开宣称自己的阶级立场，它“不是少数人的哲学，不单纯是哲学家们的哲学，而是无产阶级的哲学，也可以说是人民群众的哲学”。[8]必须要指出的是，这一理论虽然源自工人阶级和劳动群众的社会实践，但实际上是由马克思、恩格斯、列宁、斯大林、毛泽东等为代表的马克思主义经典作家和革命领袖人物创造出来并不断创新发展的。与此同时，这一理论虽然与工人阶级和劳动群众有本质联系，但绝不可能在他们的脑海里自动生成，正因为有普列汉诺夫、瞿秋白、陈独秀、李大钊、李达、艾思奇等一批又一批哲学家和理论工作者的科学阐释和广泛传播，工人阶级和劳动群众才能够源源不断接受到马克思主义哲学的思想滋养。从这个意义上说，最先掌握马克思主义哲学这一伟大思想武器的人不是工人阶级和劳动人民，而是那些代表工人阶级和劳动人民利益的先进知识分子即社会精英，他们对马克思主义哲学的理解、掌握和运用比普通民众更深刻、更系统、更自觉，从而不可替代地成为马克思主义哲学通向工人阶级和劳动人民的桥梁、纽带和中介，成为工人阶级和劳动人民学习和运用马克思主义哲学的引领者、推动者和示范者。

社会精英的作用固然极其重要，但是马克思主义哲学仅仅掌握社会精英不足以从根本上解释和改造世界。因为按照唯物史观的基本观点来说，人民群众是历史的创造者。这就意味着，马克思主义哲学不能停留在社会精英的头脑和书斋里，必须走向人民大众并掌握人民大众，成为人民大众认识和改造世界的强大理论武器和精神力量。要实现这样的一个转化，必须做好马克思主义哲学的大众化工作，运用人民大众喜闻乐见的语言和形式以及所熟知的素材和案例，结合人民大众的切身利益和实践活动，按照人民大众的思维方式和心理特点，开展多层次、多渠道的马克思主义哲学宣传普及工作，满足人民大众在实践中对哲学理论的内在需要，使马克思主义哲学由少数的社会精英认同、接受、理解、掌握转变为绝大多数的人民大众认同、接受、理解、掌握。从主体论的视野来看，马克思主义哲学大众化强调推动马克思主义哲学发展的主体从社会精英到人民大众的扩展，这实际是一个三位一体的系统工程，包括三个层面的主体扩展，其一，是理论主体的扩展，即马克思主义哲学的理论由被少数的社会精英认同、接受、理解、掌握转变为被人民大众认同、接受、理解、掌握，从而使马克思主义哲学真正成为人民大众手中的理论武器；其二，是实践主体的扩展，马克思主义哲学的实践由少数的社会精英组织动员和领导指挥转变为人民大众自觉行动和长期践行，从而把马克思主义哲学真正运用到人民大众的社会实践中去；其三，是创新主体的扩展，即马克思主义哲学的创新由少数的社会精英主导控制转变为由人民大众协同推动，从而让人民大众的首创精神和集体智慧成为马克思主义哲学创新发展的不竭源泉。

参考文献

[1] 毛泽东. 毛泽东文集（第8卷）[M]. 北京：人民出版社，1999：323.

[2] 曹泳鑫. 马克思主义中国化时代化大众化的基本内涵和基本要求［J]. 毛泽东邓小平理论研究，2012（1）.

[3] 中共中央马克思恩格斯列宁斯大林著作编译局. 马克思恩格斯全集（第3卷）[M]. 北京：人民出版社，2002：207.

[4] 毛泽东. 毛泽东选集（第3卷）[M]. 北京：人民出版社，1991：841.

[5] 中共中央马克思恩格斯列宁斯大林著作编译局. 马克思恩格斯选集（第一卷）[M]. 北京：人民出版社,1995：57.

[6] 中共中央马克思恩格斯列宁斯大林著作编译局. 马克思恩格斯选集（第一卷）[M]. 北京：人民出版社，1995：75.

[7] 骆郁廷，孙婷婷. 马克思主义大众化的本质及其实现［J]. 江汉论坛，2013（9）.

[8] 李秀林，王于，李淮春. 辩证唯物主义和历史唯物主义原理［M]. 北京：中国人民大学出版社，2004：24.

（本文于2015年10月7日发表在湖南红网，后被中国社会科学网、新浪网全文转载）

长征是马克思主义传播史上的一座丰碑

——学习习近平总书记关于红军长征胜利意义的重要论述

红军长征是中国工农红军主力从长江南北各苏区向陕甘革命根据地的战略大转移，“红军长征是历史记录上的第一次……以我们胜利、敌人失败而告终”[1]。关于红军长征及其胜利意义的探讨，一直是理论界关注的一个热点，长期以来很多学者，从多学科、多视角、多层面、多路径进行了比较广泛而深入的研究，形成了有如百花绽放的学术观点，但是从中我们不难发现，大多数学者是从军事、政治、历史、文化等视角来阐述红军长征和红军长征胜利的重大意义。立足于新的历史起点，契合党的事业与时俱进的需要，重新回望红军长征这一人类历史上罕见的伟大壮举，我们就会更加深切地体悟到它所蕴含的一些深层次意义。早在80多年前，毛泽东在红军长征取得胜利之后就明确提出：“长征是宣言书，长征是宣传队，长征是播种机”[2]，进入新时代，习近平总书记在纪念红军长征胜利80周年大会上的讲话中深刻指出“长征是理想信念的伟大远征、检验真理的伟大远征、唤醒民众的伟大远征，开创新局的伟大远征”，[3]他们的论断具有内在统一性，既一脉相承又与时俱进，为我们在继承和弘扬历史经验和历史传统的基础上，尝试从马克思主义大众化传播的视角来解读和把握红军长征意义，提供了思想引领、重要遵循和方法指导。如果把红军长征作为一个重大历史事件，放到马克思主义在中国传播的整个历程当中去审视，我们就可以很清晰地看到，红军长征其实不仅仅是一场军事上的战略大转移，同时也是马克思主义传播在特定背景、特定时空、特定环境下的一次历史性突进，构成了中国马克思主义大众化传播史上一座永恒的精神丰碑，至今仍闪耀着光彩夺目的当代价值。在新的历史起点上，选择以马克思主义大众化传播作为新的研究视阈，梳理、挖掘、分析、总结、提炼红军长征对马克思主义大众化传播的推动作用，对于更好地传承和弘扬长征精神，进一步推动当代中国马克思主义的大众化传播，切实把马克思主义理论转化为各级领导干部和广大人民群众的思想武器和看家本领，具有十分重要而特殊的现实意义。

一、红军长征的砥砺行进扩大了马克思主义大众化传播的社会影响

毋庸置疑，马克思主义是经过了实践反复检验的客观真理，而真理的传播是不受时空限制的，在革命形势高涨的时候，可以大张旗鼓地宣传马克思主义，而在革命遭遇困难的时候，也同样可以用适当的方式宣传马克思主义。在中国共产党90多年的奋斗历史上，马克思主义的传播从来没有停止过。即便是在红军长征这样一段前有围堵、后有追兵、饥寒交迫、长途跋涉的峥嵘岁月，英勇而睿智的共产党人仍然坚持一手拿枪杆子与凶恶的敌人战斗，一手拿笔杆子向奋进中的红军战士和沿途的工农群众甚至包括敌对阵营宣传马克思主义，源源不断地传递革命的正能量，把红色的星火带向了更广阔的天空。

理论宣传历来是中国共产党的“拿手好戏”，红军长征之前中央苏区在马克思主义传播方面的成绩和影响是有目共睹的，但是进入到红军长征途中，马克思主义传播的时空和对象都发生了巨大变化，这给中国共产党带来了两大现实难题。首先，是要在脱离革命根据地的流动转战中对红军长征队伍进行马克思主义传播，他们经历了第五次反“围剿”斗争失利以及红军长征初期湘江战役受创，思想和心理被蒙上了一层阴影，如何用马克思主义理论去武装他们的头脑、坚定他们的信仰、照亮他们未来的漫红军长征程，这是关乎红军长征乃至整个革命事业前途命运的一件大事；其次，是要在缺乏群众基础的陌生区域对沿途的工农群众进行马克思主义传播，他们为国民党反动派的强行驱使所迫和反动宣传所蔽，对中国共产党及其领导的工农红军怀有戒心并保持距离，能否用马克思主义理论去消除他们的误解、赢得他们的认同、点燃他们心中的革命烈火，这是制约红军长征整体进程和红军长征最后结局的一个难题。由此可见，红军长征对马克思主义传播提出了强烈呼唤，红军长征也给马克思主义传播带来了严峻挑战，红军长征更向马克思主义传播提供了实践场域。

令敌人万万没有想到同时也是让我们倍感自豪和振奋的是，在这场历经两年时间、跨越11个省、行程达两万五千里的“红军长征”中，中国共产党人从未放弃、中断、耽搁、弱化马克思主义传播，反而是自始至终以更强烈的思想自觉和行动自觉，以更通俗化、多样化的方式，在更广阔的视域、更广泛的范围，在更庞大、更复杂的社会群体中有效地传播了马克思主义的鲜明立场和基本观点，使马克思主义更加接地气、显朝气、聚人气。回溯历史的足迹，我们已经无法再去精准核实统计，这一路上中国共产党人究竟作了多少次洋溢着马克思主义豪气的动员讲话，写下了多少张（条）闪耀着马克思主义光辉的宣传布告（标语），唱响了多少首跳动

着马克思主义音符的红色歌曲，散发了多少张满载着马克思主义真理的报纸传单。但是，透过历史的风云，今天我们仍然能够很深切地体悟到：红军长征途中的马克思主义传播至少对三个群体产生了深远的影响。

其一，在红军长征的革命队伍内部，马克思主义传播使这一群来自大江南北、操着不同口音、平均年龄只有20岁左右、文化程度普遍较低以及主要由农民和工人、小生产者以及知识分子组成的革命队伍，找到了共同的“红色初心”、树立了共产主义崇高理想、坚定了革命必胜的信念、锤炼了钢铁般的坚强意志，从而更加紧密地团结在中国共产党的周围，义无反顾、坚定不移地奔向北上抗日的新征程，正如后来的八路军军歌所唱的：“铁流两万五千里，直向着一个坚定的方向！苦斗十年，锻炼成一支不可战胜的力量”。[4]

其二，在沿途工农群众中，马克思主义传播把最朴素、最简明的革命道理送达工农群众中，使中国共产党的理论观点和政策主张广为流传、深入人心，不仅完全消除了他们对中国共产党及其领导的工农红军的成见、误解和恐惧，而且实际行动赢得了他们发自内心的认同、尊重、爱戴和支持，更重要的是启发了他们的政治觉醒，点燃了他们内心蕴涵的熊熊革命烈火，在原本区位比较偏远、群众基础比较薄弱的西南、西北地区播下了大量的革命种子，同时还吸引了数以万计的工农群众加入红军长征的队伍，为党的革命事业注入了新的生力军。

其三，在敌人阵营里，马克思主义传播犹如一把把投向国民党反动派的“匕首”，成为中国共产党用正义和真理的力量打击敌军、分化敌人、瓦解敌人的重要武器，在红军长征途中多次发挥“不战而屈人之兵”的独特作用，尤其难能可贵的是，正是在马克思主义美好社会理想的感召下，在中国共产党的宣传攻势、耐心教育和真情感化下，红军长征途中先后有相当一批富含正义感的国民党士兵以及被我军俘虏的官兵纷纷参加了工农红军，成为红军建设的一支不可忽略的重要骨干力量。

著名的国际友人——美国记者埃德加·斯诺在其名著《西行漫记》中，把红军长征称为“历史上最盛大的武装巡回宣传[5]”。匈牙利记者巴拉奇·代内什则把伟大的红军长征看作是一所播撒新思想种子的大学校。从某种意义上讲，伟大的红军长征确实是中国共产党领导的一次声势浩大、卓有成效的马克思主义大众化传播，正是通过红军长征，马克思主义得以实现更广泛、更深入、更有效的传播，马克思主义的社会影响由中央苏区扩展到西南、西北地区乃至走向全中国，使红军长征沿途总数为2亿人的不同阶层、不同年龄、不同性别、不同民族、不同文化背景的广大人民群众在不同程度上受到了一次马克思主义的精神洗礼，使广大的农村开始走上革命的道路，使很多生活在社会底层的普通民众开始懂得革命的道理，从而在全国范围内真正形成了马克思主义传播领域的“星星之火，可以燎原”之势。

二、红军长征的特殊环境锤炼了马克思主义大众化传播的骨干队伍

中国共产党是马克思主义政党，以马克思主义作为自己的指导思想，在中国传播马克思主义，当然最终要靠中国共产党人自己，不可能指望别的什么党派和力量来替代或者分担这个重任。因此，中国共产党人在任何时候应该以强烈的自觉自信担当起传播马克思主义的光荣使命，无论是党的领袖和中高级干部，还是普通的党员都应该努力成为传播马克思主义的骨干力量。但必须指出的是，马克思主义传播的骨干队伍不是自动生成的，而在实践中锻造出来的。如同一个士兵只有在硝烟弥漫的战场上才能真正成长、成熟，马克思主义传播骨干队伍也必须走到理论宣传的最前沿阵地去经受复杂环境的考验和艰巨任务的锤炼。

习近平总书记在纪念红军长征胜利80周纪念大会上强调：“长征历时之长、规模之大、行程之远、环境之险恶、战斗之惨烈，在中国历史上是绝无仅有的，在世界战争史乃至人类文明史上也是极为罕见的”[6]。对于红军长征的苦难，美国著名作家哈里森·索尔兹伯里在《红军长征：前所未闻的故事》一书中这样写道：“长征不是一般意义上的‘行军’，它是一曲人类求生存的凯歌，是为避开蒋介石的魔爪而进行的一次生死攸关、征途漫漫的撤退，是一场险象环生、危在旦夕的战斗。”[7]可以说，长征使中国共产党人及其领导的工农红军面临着一场超越人类精神和生理极限的生死大考验。“艰难困苦，玉汝于成”，正是如此残酷的环境，考验了中国共产党人对马克思主义的信仰，也锤炼了中国共产党人传播马克思主义的自觉、自信和自强，更为中国共产党人面向当时文化水平普遍较低的红军战士、工农群众以及敌方士兵创造性地开展通俗化、多样化理论宣传提供了重要契机和实践舞台，使得一大批优秀的中国共产党人迅速在理论上成长、成熟起来，从而形成了一支富有战斗力的马克思主义传播骨干队伍。

一方面，正是在万里长征的历练和砥砺下，以毛泽东、周恩来、朱德为代表的党内优秀领导者在自身的马克思主义素养方面实现了质的飞跃。如果说他们在此之前曾经广泛研读各种版本的马克思列宁主义原著是一种理论上的学习和思考，那么在长征途中正确领导中国共产党和工农红军走出生存困境、走向光明未来则是一种实践上的修炼和运用，这恰恰是他们以高度的思想自觉和理论自信，主动适应革命斗争需要，把马克思主义内化于心、外化于行并转化为认识和改造世界的锐利思想

武器的一次成功尝试。长征的残酷现实和艰巨任务，使他们在痛定思痛、认真反思的基础上，以大无畏的精神和高超的智慧，第一次大胆冲破教条主义的理论桎梏和"左倾"错误路线的思想藩篱，克服对共产国际的迷信、依赖和盲从，尝试着把马克思列宁主义的基本原理与中国革命的具体实际相结合，初步确立了党的正确政治路线、军事路线，通过改组建立起了一个以马克思主义革命家为主体的新的领导团队，最终神奇般地带领中国共产党和工农红军跳出了国民党反动派苦心设计的包围圈，粉碎了敌人企图彻底消灭中国共产党和工农红军的大阴谋，在危急关头挽救了中国共产党、挽救了工农红军，挽救了中国革命。正如《红军长征组歌》所唱的那样："英明领袖来掌舵，革命磅礴向前进"，随着红军长征的胜利，中国共产党在推进马克思主义大众化传播方面真正有了主心骨和领头人，从此以后，马克思主义在中国的传播开启新局。

另一方面，正是在万里长征的血火考验和千锤百炼中，一大批中国共产党人及工农红军战士以自身的革命行动体悟、展现和宣传了马克思主义，构成了一支数量庞大、力量强大的马克思主义践行者和宣传员队伍。红军长征期间，尽管一路上战火纷飞、饥劳交困，根本放不下一张平静的书桌和讲台，但党中央仍然极为注重在党内和红军队伍中，因地制宜地开展马克思主义的通俗化宣讲和大众化传播，着力培养党员干部和红军官兵的宣传能力，努力使他们成为战斗员加宣传员的集合体，其中的绝大多数人虽然没有机会和条件去深入研读大部头的马克思主义原著，无法掌握广博精深的马克思主义理论知识，不能全面理解和把握马克思主义的理论体系，但是他们在活生生的革命实践中体悟了马克思主义的本质和精髓，懂得了必须以武装斗争推翻一切剥削阶级，解放广大劳动人民等一系列基本常识，牢牢地站稳了与工农群众同甘苦、共命运的立场，在思想深处确立起了马克思主义的信仰，尤其难能可贵的是，他们不但以自身对党的绝对忠诚和坚定不移的革命行动诠释了马克思主义的力量，而且在做群众工作的过程中卓有成效地宣传了马克思主义。在中国革命的历史上，也曾经出现过"有许多专门从书本上讨生活的从事社会科学研究的共产党员""一批一批地成了反革命""读过马克思主义'本本'的许多人，成了革命叛徒"[8]，而凡是经历过红军长征的老党员、老红军鲜有因为环境险恶而放弃宣传马克思主义的。因为，他们在红军长征的大熔炉中得到了锻炼、培养和升华，从而在灵魂上实现了凤凰涅槃成了真正的马克思主义者。正如胡绳所说的：经过红军长征"千锤百炼后保存下来的力量，是中国共产党和红军的极可宝贵的精华，构成以后领导抗日战争和人民解放战争的主干。他们在红军长征途中，还到处播下革命的种子”[9]，其实，他们也构成了后来马克思主义大众化传播的骨干力量。

三、红军长征的伟大胜利验证了马克思主义大众化传播的实践效用

马克思主义传播不只是为了贴近群众，更重要的是掌握群众。“理论一经掌握群众，也会变成物质力量”[10]。理论要真正掌握群众，就必须说服人，而要说服人，不仅需要理论本身彻底，而且能够指导实践。在推进马克思主义传播的过程中，通俗化的宣传语言、多样化的宣传方式固然是十分重要的，但上台宣讲千万遍的效果远不如真刀实枪的实践一次，只有让人民群众在亲身实践中见证和体悟马克思主义作为真理的强大力量，才能真正使马克思主义在人民群众的内心里落地生根、开花结果，因为实践是检验真理的唯一标准，也是传播真理的最好载体，“现实的成功是最好的理论”[11]。

早在井冈山革命时期，毛泽东就深刻地指出：“我们说马克思主义是对的，绝不是因为马克思这个人是什么‘先哲’，而是因为他的理论，在我们的实践中，在我们的斗争中，证明了是对的”[12]。非常遗憾的是，后来的“左倾”错误领导者对马克思主义采取本本主义、教条主义，完全脱离中国实际，给革命带来严重危害，也使中国共产党及其领导的工农红军一度陷入绝境。从一定意义上说，红军被迫长征以及红军长征初始阶段所遭受的失败，正是本本主义、教条主义在当时党内盛行带来的恶果，这实际上也给马克思主义传播造成了极大的障碍和负面影响。以遵义会议作为转折点，以毛泽东为核心的新的党中央领导集体确立为标志，红军长征由此实现转败为胜、转危为安、由被动走向主动，最终顺利到达陕北实现三大红军主力的胜利大会师，开启中国革命的新高潮，这恰恰是中国共产党把马克思主义理论与中国革命的实际相结合、用马克思主义理论指导革命实践所形成的伟大成果。

红军长征的胜利是中国共产党人和红军将士们坚强意志的胜利，也是中国共产党用马克思主义理论武装全党全军、领导革命斗争的胜利，更“是与中国革命实践相结合的中国化的马克思主义——毛泽东思想的胜利”[13]。毛泽东在《红军长征·七律》一诗中写道：“红军不怕远征难，万水千山只等闲”，“更喜岷山千里雪，三军过后尽开颜”，这充分展现了中国共产党人和红军将士们的豪迈气概和宏大格局，也在全国乃至全世界人民面前树立了一个以马克思主义作为指导思想的年轻政党、一支用马克思主义武装起来的新型军队的光辉形象。红军长征的胜利以铁的事实验证了马克思主义传播的实践效用，彰显了马克思主义作为真理的强大力量，把马克思主义的传播推向了一个新的高度。

其一，红军长征的胜利使马克思主义在广大的党员干部和红军将士中深深扎根。由于各种主客观条件的制约，很多党员干部和红军将士对马克思主义的认识长期停留在感性的层面，但是经历了红军长征之后，他们受到了强烈的振奋，对马克思主义的认识迅速上升到理性的高度。对此，邓小平曾作出这样的总结：“为什么我们过去能在非常困难的情况下奋斗出来，战胜千难万险使革命胜利呢？就是因为我们有理想，有马克思主义信念，有共产主义信念。”[14]徐向前也明确地指出：“红军红军长征的精神力量，来源于共产主义的远大理想，来源于马克思列宁主义的理论武装，来源于党的经常教育和强有力的思想政治工作。这是历史上的任何军队都无法比拟的。”[15]，这代表了当时广大党员干部和红军将士的心声，表明他们在接受、认同、理解、运用马克思主义方面已经有了高度的思想自觉和行动自觉。

其二，红军长征的胜利深刻改变了党外人士甚至包括国民党高层对马克思主义的印象。红军长征的胜利对国民党反动派是一种沉重的打击，而对那些同情中国共产党和工农红军的各界人士来说，则是一种强烈的震撼，使他们第一次真正意识到马克思主义所蕴含的内在魅力和理论伟力。为什么在中国共产党领导的工农红军取得红军长征胜利之后，一批又一批的知识分子从“国统区”奔赴延安去寻求光明和前途，这固然与抗日战争的形势发展有直接关系，但也可以说是红军长征伟大胜利的使然，是马克思主义理论的感召。尤其值得一提的是，张学良都发出过这样的惊叹：“红军经过二万五千里长途疲惫，还能击败东北军，是值得深思的。我常对我的部下说，我们都是带兵的，这万里红军长征，你们谁能带？谁能把军队带成这个样子，带得都跟你走？还不是早就带没了！”[16]由此可以看出，实际上在当时有很多人像张学良一样，已经从红军长征的胜利看到了马克思主义的顽强生命力和马克思主义政党的强大战斗力。

伟大的长征，光荣的史诗。在新的长征路上，我们仍然需要马克思主义的引领。正如习近平总书记所指出的：“长征胜利启示我们：心中有信仰，脚下有力量”[17]，只有坚定不移、坚持不懈地推进马克思主义传播，努力把马克思主义转化为全党全国各族人民的“看家本领”和“思想武器”，我们才能在中国特色社会主义的康庄大道上越走越稳健、越走越自信、越走越豪迈。

参考文献

[1] 毛泽东.毛泽东选集（第1卷）[M]. 北京：人民出版社，1991. 149.

[2] 毛泽东.毛泽东选集（第1卷）[M]. 北京：人民出版社，1991. 149–150.

[3] 习近平.在纪念红军长征胜利80周年大会上的讲话 [N]. 人民日报，2016–10–22（2）.

[4] 中央音乐学院出版社编辑部,我们万众一心：抗战歌曲七十首 [M]. 北京：中央音乐学院出版社，2015：133.

[5] （美）埃德加·斯诺. 西行漫记 [M]. 董乐山译. 北京：解放军文艺出版社，2002. 160.

[6] 习近平. 在纪念红军长征胜利80周年大会上的讲话 [N]. 人民日报，2016–10–22（2）.

[7] （美）哈里森·索尔兹伯里. 长征：前所未闻的故事 [M]. 北京：解放军出版社，2007.3.

[8] 毛泽东.毛泽东选集（第1卷）[M]. 北京：人民出版社，1991.111.

[9] 胡绳. 中国共产党的七十年 [M]. 北京：中共党史出版社，1991.127.

[10] 中共中央马克思恩格斯列宁斯大林著作编译局.马克思恩格斯选集（第1卷）[M]. 北京：人民出版社，1995.9.

[11] 辛士红. 论红军长征：现实的成功是最好的理论 [N]. 解放军报，2016–08–31.

[12] 毛泽东.毛泽东选集（第1卷）[M]. 北京：人民出版社，1991.111–112.

[13] 苏志宏. 长征精神与马克思主义理论教育——纪念红军红军长征胜利70周年 [M]. 西南交通大学学报（哲学社会科学版），2006（6）：1.

[14] 邓小平.邓小平文选（第3卷）[M]. 北京：人民出版社，1993. 110.

[15] 徐向前. 徐向前军事文选 [M]. 北京：解放军出版社，1993. 415.

[16] 李涛，等.红军的对手——国民党人看长征 [J]. 人民周刊，2016（20）：67.

[17] 习近平. 在纪念红军长征胜利80周年大会上的讲话 [N]. 人民日报，2016–10–22（2）.

（本文在湖北省社会科学界联合会等单位主办的“2016·湖北青年学者论坛”征文中获二等奖，论文的部分内容于2016年12月11日发表在湖南红网，后被新浪网全文转载）

加强和规范党内政治生活的现实意义

——学习党的十八届六中全会精神体会

党内政治生活的状态是体现党的凝聚力、创造力和战斗力的一个“晴雨表”和“风向标”，有什么样的党内政治生活，就会有什么样的党组织形象和党员作风。“党要管党必须从党内政治生活管起，从严治党必须从党内政治生活严起”[1]。党的十八届六中全会审议通过了《关于新形势下党内政治生活的若干准则》和《中国共产党党内监督条例》，这是立足于新的时代对党内政治生活作出的系统论述和顶层设计，充分表明我们党对自身建设规律的认识和把握达到了一个新高度。对此，习近平总书记在讲话中进一步指出：“加强和规范中国共产党党内政治生活是新形势下加强党的建设、从严治党的一个十分重要的课题，我们之所以要用一次全会来讨论这个议题，就是认为开展严肃认真的党内政治生活，对解决好中国共产党党内存在的突出问题和矛盾十分紧要”[2]。从理论和实践相统一、历史与未来相结合的视角来看，党的十八届六中全会把加强和规范党内政治生活作为主要议题进行研究和部署，实际上就抓住了全面从严治党的“牛鼻子”，这不仅仅是对全面从严治党内在逻辑的深刻把握，也是对党的建设优良传统的传承创新、还是对当前党内突出矛盾和问题的主动回应，更是对推进党的建设新的伟大工程的重要安排，充分体现了我们党坚持“党要管党、从严治党”的政治自觉。

1.加强和规范党内政治生活是对全面从严治党内在逻辑的深刻把握

党的十八大以来，在习近平总书记的正确引领下，我们党站在时代的新高度郑重提出了“全面从严治党”的重大命题，并将其同全面建成小康社会、全面深化改革、全面推进依法治国进行有效衔接，从而形成了“四个全面”战略布局的重大思想，这是习近平总书记治国理政新思想的有机构成和有效彰显，为中国共产党的党建思想注入了新的时代内涵。

全面从严治党是一个长期而复杂的系统工程，其中党内政治生活处于影响全局的基础地位和关键一环。首先，党内政治生活是党内政治生态的根本依托，党内政治生态是党内政治生活系统内部各要素之间及其与外部环境之间的生态联动，在一定意义上讲，党内政治生态就是党内政治生活实际运行状态的集中体现，党内政治生活健全不健全，正常不正常，有没有政治性、时代性、原则性、战斗性，从源头上决定着党内政治生态是否合理、健康、优化。其次，党内政治生活是党的各项建设的重要载体，党的思想建设、组织建设、作风建设、反腐倡廉建设和制度建设，往往贯穿并落实到党内政治生活的全过程和各环节，党的各项建设的推进效果，也是最终通过党内政治生活的质量来得以实现和体现，党内政治生活的状态如何，在很大程度上制约着党的各项建设能否有力、有序、有效推进。再次，党内政治生活是党员锻炼党性的主要平台，在这个特殊的平台上，党员既可以经常性地接受党组织的教育、管理、监督，也能够自觉地改造自己的主观世界，对此，习近平总书记很形象地说："党内生活是锻炼党性、提高思想觉悟的熔炉"[3]。一个党员干部在政治上强不强、成熟不成熟，在根本上取决于他是否经过严肃认真的党内政治生活锻炼。

全面从严治党基础在全面、关键在从严、要害在治党，而这一切都绕不开党内政治生活这个逻辑起点、切入点和落脚点。首先，全面从严治党意味着"管全党、治全党、抓全局"，就是要面向全党8800多万党员、440多万个党组织，和组织的全员、全体，覆盖党的建设的各个领域、各个方面、各个部门，形成全员、全方位、全过程的从严治党大格局。党的工作全局并不是一个虚幻、空洞的概念，而是由党内政治生活扩展和延伸而来，离开了党内政治生活这个逻辑起点，全面从严治党就无从谈起；其次，全面从严治党也意味着严字当头、一切从严、以严促管，就是要力行"真管真严、敢管敢严、常管常严"，把严的标准、严的要求贯彻到党的各项工作中去，用严的纪律、严的作风来确保党的事业不断向前发展。在党内实行严管并不是一句空口号，而是从党内政治生活入手管到位、抓到底，如果没有党内政治生活这个切入点，全面从严治党就无法破题开局；再次，全面从严治党还意味着按规律、按规矩抓好党的自身治理，就是党的各级组织要真正站好本位、聚焦本业、抓住根本，做到敢管敢治、严管严治、长管长治，切实担当起管党治党的主体责任，管党治党不能悬在半空中或蜻蜓点水式，而应该真真切切落地、扎扎实实推进，倘若不能在党内政治生活的土壤里落地生根，全面从严治党也就不可能开花结果。

按照马克思主义哲学的观点，在全面从严治党所包含的矛盾体系当中，党内政治生活实际上是主要矛盾，只有抓住并解决了这个主要矛盾，全面从严治党才能得以不断推进，才能真正落到实处。从一定意义上讲，开展严肃认真的党内政治生活，是推进全面从严治党的内在要求和重要基础。在新的形势下推进全面从严治党，必须始终坚持把加强和规范党内政治生活作为起点、支点和落脚点，切实以严肃认真的党内政治生活为全面从严治党筑牢政治根基。

2.加强和规范党内政治生活是对党的建设优良传统的传承创新

严肃党内政治生活是中国共产党把马克思主义的党建思想和中国的实际、党自身的实际相结合形成的一个一脉相承的历史传统。我们党从成立之日起就把从严管党治党作为一种精神标识写在自己的旗帜上，在长达95年的历史中，从严管党、从严治党作为一种核心理念和根本要求在党的建设中得到了一以贯之，严肃党内政治生活正是我们党95年来从严管党治党历史经验的升华。

一方面，我们党对严肃党内政治生活的清醒认识和思想自觉是比较早的，在1929年的古田会议上，毛泽东在起草《古田会议决议》时，针对党内主观主义的错误，明确指出“纠正的方法：主要是教育党员使党员的思想和党内的生活都政治化，科学化”[4]，这是第一次提出党内政治生活的重要命题。随后在1938年10月党的六届六中全会上，毛泽东对党内政治生活作了进一步的阐述：“积极性的发挥，有赖于党内生活的民主化”“扩大党内民主，应看作是巩固党和发展党的必要的步骤，是使党在伟大斗争中生动活跃，胜任愉快，生长新的力量，突破战争难关的一个重要的武器。”[5]在强调党内生活民主化的同时，他还重申并归纳了党的“四个服从”的纪律，即：个人服从组织、少数服从多数、下级服从上级、全党服从中央，并谆谆告诫全党：“谁破坏了这些纪律，谁就破坏了党的统一”“必须对党员进行有关党的纪律的教育，既使一般党员能遵守纪律，又使一般党员能监督党的领袖人物也一起遵守纪律”[6]。毛泽东的这些精辟的论述为我们党严肃党内政治生活奠定了坚实的思想理论基础，同时也为其后继者们在改革和发展的新时期，立足于新的时代背景进一步深化对党内政治生活的规律性认识提供了思想引领、重要资源和历史借鉴。

另一方面，我们党在严肃党内政治生活方面有过多次生动实践，也取得了一系列丰硕成果和有益经验。延安时期，我们党通过开展整风运动以及召开党的七大，有效地解决了党内政治生活中的学风、党风、文风等问题，成功地确立了以实事求是、理论联系实际、密切联系群众、批评和自我批评、民主集中制、严明党的纪律等为主要内容的党内政治生活基本规范。解放战争时期，党中央对加强纪律性做了新的更高要求，提出建立请示报告制度、健全党委制和党的代表大会制度等，七届二中全会还专门规定了《党委会的工作方法》，强调要坚持党内集体领导和民主集中制相结合，这实际上是为严肃党内政治生活立下了重要规矩；新中国成立后，针对党执政后出现的脱离群众的危险、贪污腐化问题，全党开展了整党整风运动，尤其是1956年党的八大，强调坚持群众路线、贯彻民主集中制原则、加强党的团结统一等，使党内政治生活进一步得到加强和规范。十一届三中全会以后，我们党深刻总结党内政治生活正反两方面的经验教训，特别是“文化大革命”的教训，在1980年党的十一届五中全会上正式通过了《关于党内政治生活的若干准则》，这是第一次以党内法规形式对党内政治生活作出全面规范，在党的建设上具有里程碑的意义，“为拨乱反正、恢复和健全党内政治生活、推进党的建设发挥了重要作用，其主要原则和规定今天依然适用，要继续坚持。”[7]进入改革开放新时期以后，我们党先后开展以“讲学习、讲政治、讲正气”为主要内容的党性党风教育、“三个代表”重要思想学习教育活动、保持共产党员先进性教育活动、学习实践科学发展观活动、党的群众路线教育实践活动，目前正在开展“学系列讲话、学党章党规，做合格党员”专题教育活动，尽管侧重点有所不同，但是始终贯穿了严肃党内政治生活这个主线。

由此可见，在长期的历史实践中，我们党一直是以高度的思想自觉，坚持把开展严肃认真的党内政治生活作为管党治党的重要抓手，从而形成了具有自身鲜明特色的一大优良传统和政治优势。站在新的历史起点上，我们党坚持“不忘初心、继续前进”，以强烈的政治自信，用足、用好、用活加强和规范党政政治生活这个“传家宝”来做好思想建党和制度治党相结合这篇新时代的大文章，充分体现了历史与现实、传承与创新的有机统一，必将推进全面从严治党走向新高度。

3.加强和规范党内政治生活是对当前党内突出矛盾和问题的主动回应

突出问题导向是习近平总书记治国理政的重要原则和重要方法论，这同样贯穿到了党的十八届六中全会的决策部署当中。当前，我国正处于决胜小康社会、走向民族复兴的关键时期，在这样一个特殊的历史节点，党的十八届六中全会聚焦党内政治生活，无疑具有明确的现实指向和强烈的问题导向，说到底就是要着力解决当前党内政治生活中存在的一系列突出矛盾和问题，这充分体现了我们党直面现实问题、解决突出矛盾的政治勇气和坚强决心。

矛盾普遍存在，问题不容回避。对一个政党来说，内部存在矛盾和问题并不可怕，可怕的是不敢坦然面对、不能正确对待矛盾和问题。党的十八届六中全会开诚布公而又全面深刻地剖析了党内政治生活中存在的突出矛盾和问题，归纳起来主要是四个方面：一是革命理想信念淡化、弱化、异化的问题，在一些党员、干部甚至包括高级干部中，理论与实践相脱节、理想与现实相背离、言论与行动相冲突、内在与外在相割裂，从而衍生出“姓马”不“信马”、在党不忠党、为私不为公、认钱不认理、谋权不谋事、干事不干净等不良现象，这实际是在政治灵魂上出了问题；二是党内政治生活庸俗化、随意化、平淡化的问题，一些党员干部漠视、忽视甚至是蔑视党内政治生活的内在规律，习惯于用好人主义、实用主义、功利主义、消费主义、娱乐主义甚至是历史虚无主义的“那一套”旁门左道甚至歪门邪道来对待党内政治生活，缺乏铁肩道义、原则立场、底线思维和亮剑精神，这实际上是丧失了应有的政治清醒；三是民主集中制执行不自觉、不彻底、不到位的问题，一些党员干部染上了个人主义、分散主义、自由主义、宗派主义、山头主义、官僚主义的病毒，在工作中有意、刻意甚至执意割裂民主与集中的统一关系，有的脱离群众，凭主观出思路，靠经验做决策，关起门做规划，拍脑袋定项目，把民主决策当成了空口号；有的独断专行，负责制等同为家长制、一把手演变成“一言堂”，将个人凌驾于组织之上，这实际上是严重损害政治公信；四是遵守政治纪律政治规矩意识不严、不实、不细的问题，一些党员干部把政治纪律政治规矩当成“稻草人”，把自己摆在政治纪律政治规矩之外，致使在一些地区一些领域政治纪律政治规矩被忽视、被破坏、被践踏，任人唯亲、跑官要官、买官卖官、拉票贿选现象屡禁不止，滥用权力、贪污受贿、腐化堕落、违法乱纪等现象滋生蔓延，尤其是极少数的高级干部政治野心膨胀、权欲熏心，搞阳奉阴违、结党营私、团团伙伙、拉帮结派、谋取权位等政治阴谋活动[8]，这实际上是自掘自毁政治根基。

面对我们党所面临的新形势、新任务，十八大以来以习近平同志为核心的新一届党中央扎实推进全面从严治党并取得了明显的成效。但是必须清醒地看到，在新的历史条件下，党内政治生活中存在的“四个突出矛盾和问题”与党所面临的“四大考验”“四种危险”叠加在一起，将会给党的事业带来巨大的挑战、冲击甚至是破坏，由此可见，切实解决党内政治生活失之于宽、失之于虚、失之于松、失之于软的问题，显得比以往任何时候都要紧迫，这就在客观上要求我们党必须主动回应现实问题，进一步加强和规范党内政治生活，使党内政治生活真正热起来、严起来、实起来、活起来。

4.加强和规范党内政治生活是对推进党的建设新的伟大工程的重要安排

党的十八大明确提出了“两个一百年”的奋斗目标，即：到2020年建党100年时全面建成小康社会；到21世纪中叶建国100年时建成富强民主文明和谐的社会主义现代化国家。实现“两个一百年”的奋斗目标，实现中华民族伟大复兴的中国梦，彰显的是我们党作为全世界最大的马克思主义执政党和中国特色社会主义事业领导核心，对人民的一份政治承诺、对国家的一份政治责任，对世界的一份政治宣示。

习近平总书记多次强调："办好中国的事情，关键在党"[9]。对于我们这样一个党员人数达到8800多万、在一个13亿多人口大国长期执政的党，加强党的自身建设应该成为永恒的主题，必须永远保持不忘初心、与时俱进的政治朝气和锐气。历史反复证明，加强党的建设有一条基本规律，党的建设一定要适应党和人民事业的发展状况，"党和人民事业发展到什么阶段，党的建设就要推进到什么阶段"[10]。在新的历史条件下，面对人民对美好生活的向往，面对中国特色社会主义事业发展的需要，面对世界新一轮竞争的机遇和压力，我们党必须以更大的力度推进党的建设新的伟大工程，切实把党建设好、管理好。

推进党的建设新的伟大工程，关键在于全面从严治党。对此，习近平总书记反复强调："坚持思想建党和制度治党紧密结合。从严治党靠教育，也靠制度，二者一柔一刚，要同向发力、同时发力"[11]。思想教育具有导向性、互动性、灵活性、及时性，通过思想建党，能够把全党的思想认识高度统一到中央关于全面从严治党的部署和要求上来，切实增强全党推进全面从严治党的自觉性和坚定性。相对于思想教育而言，制度建设更具有根本性、全局性、稳定性、长期性，通过制度治党，有利于将建党、管党、治党的好经验、好做法加以固化，进一步强化全面从严治党的刚性约束，确保全面从严治党落到实处、取得长效。因此，加强全面从严治党，必须把思想建党和制度治党有机结合起来。

推进党的建设新的伟大工程，最终落地于党内政治生活。如何使党内政治生活实现规范化、常态化、长效化，是当前推进党的建设新的伟大工程亟待破解的一个难题，直接关系到党的建设的主动性、针对性、实效性。近年来尤其是党的十八大以来，围绕这个难题，我们党进行了深入的探索和实践，形成了一系列正确认识、成功做法和有益经验，对此，迫切需要结合新的形势任务和实践要求作出系统性的总结提炼、合理性的制度规定，切实把思想建党和制度治党相结合的原则贯彻落实到党内政治生活的各个方面和全部过程，从而为推进全面从严治党，提高党的建设科学化水平奠定思想基础、筑牢制度防线。

从一定意义上说，十八届六中全会专题研究党内政治生活，并把加强和规范党内政治生活作为推进全面从严治党的重要抓手，正是顺应党的事业发展的需要，着眼于在新的历史条件下推进党的建设新的伟大工程的一个重要安排，这个安排既有前瞻性，也有现实性，还有可操作性，对党的建设新的伟大工程将起到重要的引领、保障和推动作用，充分体现了以习近平同志为核心的党中央坚持"党要管党、从严治党"的政治定力和政治智慧。

参考文献

［1］中国共产党第十八届中央委员会第六次全体会议公报［N］. 人民日报，2016-10，28（1）.

［2］新华社 . 习近平：加强和规范党内政治生活是中共全面从严治党的必然要求［N］. 新华每日电讯，2016-10-29.

［3］习近平 . 在党的群众路线教育实践活动总结大会上的讲话［N］. 人民日报，2014-10-09.

［4］毛泽东 . 毛泽东选集（第1卷）［M］. 北京：人民出版社，1991.92.

［5］毛泽东 . 毛泽东选集（第3卷）［M］. 北京：人民出版社，1991.1093-1094.

［6］毛泽东 . 毛泽东选集（第2卷）［M］. 北京：人民出版社，1991.528.

［7］关于新形势下党内政治生活的若干准则［N］. 人民日报，2016-11-03.

［8］习近平 . 关于《关于新形势下党内政治生活的若干准则》和《中国共产党党内监督条例》的说明 .［N］. 2016-11-03.

［9］习近平 . 在庆祝中国共产党成立95周年大会上的讲话［M］. 北京：人民出版社，2016.22.

［10］习近平 . 在庆祝中国共产党成立95周年大会上的讲话［M］. 北京：人民出版社，2016.22.

［11］习近平 . 在党的群众路线教育实践活动总结大会上的讲话［N］. 人民日报，2014-10-09.

（本文的主要内容于2016年12月29日发表在湖南红网，后被湖南智库网、新浪网全文转载）

高校基层党组织加强和规范党内政治生活的意义与路径

党的十八届六中全会审议通过了《关于新形势下党内政治生活的若干准则》和《中国共产党党内监督条例》，对此习近平总书记在会上做了专门说明，明确指出："加强和规范党内政治生活、加强党内监督，都是新形势下加强党的建设十分重要的课题，也是我们推进全面从严治党的重要抓手"[1]，这就意味着我们党把加强和规范党内政治生活提到了一个新的高度，开启了党的建设尤其是全面从严治党的新起点、新格局，为包括高校基层党组织在内的各级各类基层党组织创新工作理念和工作思路，抓好新形势下的基层党建工作提供了思想引领和基本遵循。加强和规范党内政治生活是当前基层党建工作的重要抓手，那么对于高校基层党组织来说，如何把加强和规范党内政治生活落到实处、抓出实效、形成特色，用严肃规范、有声有色、高标准高效率的党内政治生活为高校的改革发展和办学育人引领新航程、注入正能量？这是摆在高校党建工作者面前的一个政治任务和现实课题，需要我们以高度的思想自觉和行动自觉来探索高校基层党组织加强和规范党内政治生活的有效路径。

一、高校基层党组织加强和规范党内政治生活的意义

1.推动全面从严治党在高校落地生根并向纵深发展的内在要求

"全面从严治党是党的十八大以来党中央抓党的建设的鲜明主题"[2]，在新的历史起点上，我们党要更好地进行伟大斗争（具有许多新的历史特点的伟大斗争）、推进伟大工程（党的建设新的伟大工程）、成就伟大事业（中国特色社会主义伟大事业）、实现伟大目标（中华民族伟大复兴的中国梦），就一刻也不能放松和懈怠全面从严治党这个集定向、牵引和领跑于一体的"火车头"。全面从严治党不仅要永远在路上，而且要实现全覆盖，尤其是要向基层延伸，层层压实，落地生根。高校历来是党的事业发展的战略基地、意识形态工作的前沿阵地、青年人才培养的重要园地，在全面从严治党的系统推进中具有极为重要而特殊的地位，从某种意义上讲，全面从严治党能不能在高校这个特殊的平台上落地生根并向纵深发展，可以说是检验全面从严治党实际效度的一个"晴雨表"，能够直接彰显全面从严治党的生命力，也能够直接反映全面从严治党的公信度，更能够直接制约全面从严治党的实

效性。推进全面从严治党下基层，首先必须把住高校这个的“特殊基层”。

系统推进全面从严治党是一个宏大命题，解题的关键在于从哪里开始破题、最终如何落地？对此，《关于新形势下党内政治生活的若干准则》开宗明义指出：“从严治党必须从党内政治生活严起。”[3]结合高校的实际，要推动全面从严治党在高校落地生根并向纵深发展，必须坚持以高校基层党组织为主体，牢牢抓住党内政治生活这个牛鼻子。首先，全面从严治党着眼于“全面”，对于高校来说，就意味着要把从严治党贯穿到高校党建工作的全局中，实现内容、主体、过程上的全覆盖，这归根到底是要在高校内部构建一种严肃的党内政治生活，使高校各级党组织和广大党员干部在严肃的党内政治生活中自觉践行从严治党的原则和要求，没有严肃的党内政治生活作为实施场域，就无法形成高校从严治党的整体格局。其次，全面从严治党的关键是“从严”，对于高校来说，就意味着把严的标准、严的要求贯彻到高校党建的各项工作中去，用严的纪律、严的作风来确保高校党建工作不断向前发展。在高校党建工作中实行严管严治，不是喊喊口号、做做文章，而是实打实地深入到党内政治生活的方方面面，对于所有涉及的人和事都要“真管真严、敢管敢严、常管常严”，真正使高校的党内政治生活成为锤炼党性的“大熔炉”。再次，全面从严治党的要害在于“治党”，对于高校来说，就意味着按规律、按规矩、按要求抓好党组织的自身治理，按照党的建设的内在机理，党组织总是在一定的党内政治生活当中进行有规律的运转，高校的基层党组织要真正站好本位、聚焦本业、抓住根本，就必须深入到党内政治生活的生动实践中，以党内政治生活作为主要对象力行敢管敢治、严管严治、长管长治，切实担当起管党治党的主体责任。

2. 确保高校改革和发展沿着正确方向前进的必然要求

十八届三中全会审议通过的《中共中央关于全面深化改革若干重大问题的决定》明确提出了“深化教育领域综合改革”[4]的总要求。具体落实到到高等教育领域，就是要深化高校的综合改革，推进高校内涵发展、特色发展、创新发展。在新的形势下，高校改革发展的成效如何，并不取决于高校改革发展的步伐有多快和力度有多大，而是首先取决于高校改革发展的方向能不能把握正确，犹如一辆行进中的火车，即便开得再快再稳，如果方向不正确，永远也到达不了预期的目的地。当下高校的改革发展到底往何处去？对此，习近平总书记在全国高校思想政治工作会议上，着眼于我国高等教育发展道路和我国高校鲜明特质，对高校坚持正确办学方向的重大问题作了精辟阐述，他强调，办好中国特色社会主义高校，必须坚持“为人民服务，为中国共产党治国理政服务，为巩固和发展中国特色社会主义制度服务，为改革开放和社会主义现代化建设服务”“必须牢牢抓住全面提高人才培养能力这个核心点，并以此来带动高校其他工作”“必须坚持以马克思主义为指导，全面贯彻党的教育方针”[5]。这一系列带根本性的政治要求，集中体现了高校改革和发展必须始终坚持的正确方向，一旦偏离了正确方向，高校的改革发展就有可能走入困境甚至误入歧途。

确保高校改革和发展的正确方向，关键在于加强和改善党的领导，牢牢掌握党对高校工作的领导权，使高校成为坚持党的领导的坚强阵地。一方面，加强和改善党对高校的领导，不能仅仅满足于我们党成功地探索构建以高校党委领导下的校长负责制为核心的高校党建工作制度体系，不断建立健全党在高校的组织机构和并形成较为庞大的党员干部队伍，光有制度安排和机构设置、人员配备是不够的，归根到底是要把“党对高校的领导落实到把好办学方向、深化综合改革、推进依法治校、促进内涵发展的全过程”[6]，这就需要用严肃规范的党内政治生活来确保党在高校工作中的领导权，从而为高校改革发展稳定提供坚强有力的思想、政治和组织保证；另一方面，加强和改善党对高校的领导，不能只停留在党中央和地方各级党委注重对高校改革发展的顶层设计和政策引领、注重高校党委领导班子建设并不断提升高校党委领导科学发展的能力，只有上面在动、首脑在动是不行的，归根到底是要重心下移、举全校之力，切实发挥基层党组织在高校工作中的政治核心作用、战斗堡垒作用、监督保证作用和党员干部队伍在高校工作中的先锋模范作用。这就需要用严肃规范的党内政治生活来锤炼和锻造党组织和党员干部，使他们能够最大限度地发挥自己的作用，从而为高校改革发展稳定提供坚定可靠的主体力量和人才保障。

3.解决高校党的领导和党的建设弱化等问题的现实要求

高校在党的事业发展中具有十分重要而特殊的地位，历来倍受党的高度关注和重视，又具有突出的理论优势、人才优势、体制优势，还汇聚了数以百万计的高素质的党员干部队伍，理应成为党的领导和党的建设最可靠、最稳固的阵地，在全面从严治党的系统工程中发挥示范引领作用。与此同时，高校也处在意识形态工作的前沿地带，在当前全球思想文化交流、交融、交锋的大背景下，面对来自各种非马克思主义甚至反马克思主义思潮的冲击，高校的党建工作不可避免地受到影响。从党的十八大以来，中央和各省市分别对各级各类普通高校开展的政治巡视所反馈的结果来看，情况不容乐观，虽然各个高校暴露的问题不尽相同，但党的领导弱化、党的建设缺失几乎是当前高校中普遍存在的通病，突出地表现为：管党治党不够严格，党委的主体责任和纪委的监督责任落实不到位，存在重业务、轻党建的问题；党的建设流于形式，基层党组织出现作用弱化、地位虚化、功能空化等问题，党员干部队伍对全面从严治党的紧迫性认识不深，律己不严、自我放松。在有的人看来，这一系列问题在高校由来已久、普遍存在，因而已经习以为常、见怪不怪，这实际上是一种错误而且有害的认知态度，党的领导弱化、党的建设缺失等问题，不仅严重影响党对高校工作的领导权，而且严重制约高校自身的科学发展，还会对高校从严治党带来负面影响。

要切实解决高校党的领导弱化、党的建设缺失等突出问题，必须回到问题的原点及其产生的场域。从某种意义上讲，这一系列问题都发生在党内政治生活这个特定的场域中，都源于党内政治生活的失常、失真、失范、失控。一段时间以来，高校党内政治生活出现了平淡化、随意化、形式化、娱乐化甚至异化的不良倾向，有的对政治学习采取“走过场”，有的荒废了“三会一课”制度，有的把民主生活会开成“娱乐笑谈会”，有的把党员主题活动搞成了“农家乐”“休闲游”，有的把批评与自我批评变味为表扬与相互表扬，有的甚至把党组织开展活动、党员过组织生活看成是一种额外的负担。从近年来一些发生在高校的反面典型案件来看，领导班子或党员领导干部出问题，往往与所在单位的党内政治生活不正常、不认真是分不开的，从另一个意义上讲，一个单位如果党内政治生活不正常、不认真，那实际上就为领导班子或党员领导干部出问题埋下了隐患。这就从反面警示我们，要强化高校党的领导和党的建设，必须从党内政治生活管起、严起。只有真正使党内政治生活按照党章的根本遵循以及其自身的内在逻辑回归到本真，恢复其应有的政治性、时代性、原则性、战斗性，才能真正使党的领导和党的建设得到切实保证，从而从根本上提升高校党建工作的引领力、支撑力、保障力。

二、高校基层党组织加强和规范党内政治生活的路径

1. 推进理想信念教育常态化，进一步夯实党内政治生活的政治根基

理想信念是共产党人的政治灵魂和精神支柱，也是共产党人在工作实践中安身立命之本，更是广大党员干部在党内政治生活中进行自我锤炼、自我提升、自我完善的思想引擎。加强和规范党内政治生活，首先必须从思想政治建设入手，通过扎实有效的理想信念教育，在广大党员干部中间播撒共产主义远大理想和中国特色社会主义共同理想的思想种子，厚植马克思主义信仰、社会主义和共产主义信念的“红色基因”，引导他们自觉遵从和践行党内政治生活，从而进一步夯实高校党内政

治生活的政治根基。

高校是创新思想、塑造灵魂的神圣之地，在高校加强理想信念教育，更应该克服标签化、平淡化的倾向，注重推进理想信念教育的常态化。首先，要强化理论武装，要组织高校的党员干部分阶段、有步骤、系统地学习马克思主义理论及其中国化的系列成果，当前重点要学习党章党规和习近平总书记系列重要讲话，通过读原著、学原文、悟原理，从理论的高度深刻认识和把握人类社会发展的历史必然性，认识和把握中国特色社会主义的历史必然性，不断树立为共产主义远大理想和中国特色社会主义共同理想而奋斗的自觉自信；其次要创新学习制度，要以党委中心组学习、“三会一课”、支部主题活动日、党员领导干部讲党课等制度为主要抓手，定期组织开展党内集体学习。在此基础上，加大制度创新的力度，探索建立与高校党员干部相适宜的理论学习学分管理制，把理论学习作为专项指标纳入基层党建工作述职考核评议之中，纳入领导班子和党员干部年度考核及民主评议之中，建立党员干部理论学习交流与成果表彰制度；再次要拓宽教育途径，按照理想信念教育的内在规律，立足于高校的实际，积极探索理想信念教育多样化途径，把统一性、集中性的党内学习教育活动与专业性、特色化的教学科研活动有机结合起来，把党组织的教育引导与党员干部个人的“学、思、践、悟”有机结合起来，把正面理论阐释和典型案例剖析有机结合起来，把历史总结与国际比较有机结合起来，从而使理想信念教育变得生动活泼、丰富多彩，更具亲和力、公信力、感染力。

2. 推进基层组织建设规范化，进一步筑牢党内政治生活的阵地平台

基层组织建设是构成党的建设系统工程的重要组成部分，也是推动党员干部为党的事业履职尽责彰显价值的强大后盾和依托，更是支撑党内政治生活正常开展的重要阵地和平台。加强和规范党内政治生活，必须以党的基层组织建设作为重要载体，通过规范化的基层组织建设，建立健全基层党组织的构架体系，积极转变基层党组织的功能定位，不断创新基层党组织的运行机制，把党的基层组织建成具有强大凝聚力、战斗力、创造力的战斗堡垒，从而进一步筑牢高校党内政治生活的阵地平台。

高校是立德树人、固本培元的特殊园地，在高校加强基层党组织建设，更应该克服单一化、空心化的倾向，注重推进基层组织建设的规范化。首先，逐步健全基层党组织的构架体系，打破基层党组织设置与行政机构设置完全重合的单一性、传统式的做法，顺应高校内部管理体制改革和学术共同体发展的需要，尝试把党支部建在学术团队、党小组建在项目组、课题组，按照“横向到边、纵向到底、分类设置、动态调整”的原则，以学科专业发展为导向把专任教师、专职科研人员及学生等不同群体中的党员进行合理编排、优化组合，构建有利于学术发展的基层组织体系。其次，积极转变基层党组织的功能定位，着眼于把高校建成“坚持党的领导的坚强阵地”“培养社会主义事业建设者和接班人的坚强阵地”[7]的政治要求，对新形势下高校基层党组织的功能进行精准定位，进一步提升基层党组织的学习功能，强化其在理论武装、价值观培育、意识形态构建等方面的使命，进一步突出基层党组织的创新功能，发挥其在学术方向引领、学术团队凝聚、学术纪律监督等方面的优势，进一步做实基层党组织的服务功能，体现其在平台建设、资源整合、条件支撑等方面的担当。再次，不断创新基层党组织的运行机制，在坚持和落实党的组织生活各项制度的基础上，结合高校的特点构建基层党组织运行的长效机制，建立基层党建工作目标管理及考核评议机制，基层党组织内部事务民主协商及集体决策机制，党内情况通报与信息沟通机制，不同类型基层党组织结对共建机制，党内激励、关怀和帮扶机制，党员干部联系和服务群众机制，从而使党内政治生活真正做到规范开展、有效运转、从严从实。

3.推进党员干部管理科学化，进一步增强党内政治生活的主体自觉

党员干部队伍是基层党组织的主体力量，也是基层党建工作的具体承担者、推动者，也是党内政治生活的行动主体，如何把党员干部队伍选优配强、用好管好，最大限度地释放党员干部队伍中蕴涵的强大动能，是新形势下党内政治生活中带根本性的问题。加强和规范党内政治生活，必须把党员干部队伍管理作为基础工作来抓，通过科学化的党员干部管理，不断提高党员干部队伍的整体素质，努力打造专业化的党务工作者队伍，切实把牢正确的选人用人导向，从而进一步增强党内政治生活的主体自觉。

高校是汇聚人才、支撑发展的战略高地，在高校加强党员干部管理，更应该克服随意化、教条化的倾向，注重推进党员干部管理科学化。首先，不断提高党员干部队伍的整体素质，严格按照标准做好在青年教师和大学生中发展党员工作，积极开展活动、搭建平台使党员干部在立足岗位履职尽责、奉献社会服务群众的实践中受教育、长才干、作表率，充分整合各类教育资源有计划地在党内实施全员培训工程、工作骨干培养计划、领导能力提升计划、专业人才支持计划、党建工作精品项目，引领和助推党员干部健康成长成才。其次，努力打造专业化的党务工作者队伍，坚持把党务工作者队伍建设纳入高校人才队伍建设的整体谋划之中，制定并实施党务工作者队伍建设专项规划，统筹解决基层党务工作者在编制、岗位、职级、

专业技术职称、待遇、培训方面的问题，尤其是要选优配强党务部门和院系党总支的负责人，按照政治强、业务好、有威望的要求和好干部标准，切实把好政治素质关，实施教师党支部书记“双带头人”培育工程和学生党支部书记“双育”工程，推动党务、业务一体化、两促进。再次，切实把牢正确的选人用人导向，进一步强化高校党组织的领导和把关作用，切实把党章规定的干部条件和高校的实际结合起来，确立高校好干部的具体标准，把干部任用选拔工作的一般规律和高校的特点有机结合起来，探索高校干部工作的新机制，以创新、协调、绿色、开放、共享五大发展理念构建高校干部政绩观，切实做好干部的科学评价、公正推荐、合理任用，建立健全干部的正向激励机制、督导问责机制和容错纠错机制，推动高校干部爱岗敬业、干净干事。

4. 推进党内文化建设系统化，进一步扩大党内政治生活的辐射力量

党内文化是体现党的性质宗旨和彰显党组织软实力的鲜明标识，也是推动党员干部保持文化自信和政治定力的重要源泉，更是严肃党内政治生活和净化党内政治生态的内生力量之一。加强和规范党内政治生活，离不开党内文化的涵养，必须始终把党内文化建设作为重要动力源，通过系统化的党内文化建设，弘扬党内精神文化，培育党内制度文化，优化党内行为文化，完善党内物质文化，从而进一步扩大党内政治生活的辐射力量。

高校是文化传承创新、以文载道化人的重要基地，在高校加强党内文化建设，更应该克服碎片化、空泛化的倾向，注重推进党内文化建设的系统化。首先，弘扬党内精神文化，以中国共产党的伟大精神为底色，以社会主义核心价值观为内核，通过深度挖掘高校党建工作的丰厚底蕴和丰富资源，系统总结高校党组织和党员干部优秀典型中蕴含的精神特质，从而提炼出符合时代需要、彰显高校个性的党内精神文化，为高校党内政治生活注入向上向善、从严从实、求真求精的精气神。其次，培育党内制度文化，以立党为公和立德树人核心理念，以全面从严治党为政治导向和根本遵循，把党的制度治党优势和高校改革发展的实际需要相结合，从整体上探索构建具有高校特色的党建工作管理体系、制度体系、标准体系，在高校党员干部队伍中积极倡导“按原则、遵制度、讲程序、守规矩”，形成高度的制度自觉。再次，优化党内行为文化，以党内主题教育实践活动为载体，推动高校党的先进性和纯洁性建设向纵深发展，积极做好高校系统的先进典型宣传推广和典型案例剖析警示，引导党员干部把“严以修身、严以用权、严以律己，谋事要实、创业要实、做人要实”的要求内化于心、外化于行，转化为高校党员干部的行为范式和内在品质，从而彰显高校党员干部的政治本色、塑造高校党员干部的良好形象。最后，完善党内物质文化，着眼于构建共产党员的心灵归宿和精神家园，充分整合校内外的红色文化资源，建立多样化的党性教育基地，在校内设立党员活动室、红色书库，打造集信息传播、理论教育、互动交流、身份管理等多种功能于一体的党员网上平台，要求党员干部在工作场所、工作时间佩戴党员标识牌，鼓励党员干部撰写红色标语、传唱红色歌曲、诵读红色经典，使党的声音、党的形象在校园里听得见、看得见、感受得到。

参 考 文 献

［1］ 习近平.关于《关于新形势下党内政治生活的若干准则》和《中国共产党党内监督条例》的说明［N］. 人民日报，2016-11-03（2）.

［2］ 习近平.关于《关于新形势下党内政治生活的若干准则》和《中国共产党党内监督条例》的说明［N］. 人民日报，2016-11-03（2）.

［3］ 关于新形势下党内政治生活的若干准则（2016年10月27日中国共产党第十八届中央委员会第六次全体会议通过）［N］. 人民日报，2016-11-03（5）.

［4］ 中共中央关于全面深化改革若干重大问题的决定［N］. 人民日报，2013-11-16（1）.

［5］ 把思想政治工作贯穿教育教学全过程　开创我国高等教育事业发展新局面［N］. 人民日报，2016-12-09（1）.

［6］ 袁贵仁.加强和改进高校党的建设牢牢把握办学方向［J］. 紫光阁，2015，（2）：28-29.

［7］ 把思想政治工作贯穿教育教学全过程　开创我国高等教育事业发展新局面［N］. 人民日报，2016-12-09（1）.

（本文于2017年4月15日发表在CSSCI来源期刊《思想理论教育》2017年第4期）

以全面从严治党来引领基层党建

2015年12月9日，湖南省委书记、省人大常委会主任徐守盛在市州委书记履行党建工作责任的“联述联评联考”大会上强调，要深入贯彻落实习近平关于加强基层党组织建设的系列重要讲话精神，树牢“抓好党建就是最大政绩”的意识，始终保持抓铁有痕、踏石留印的决心和韧劲，紧盯基层党建各项任务，真正做到抓有所成、抓有所进。这充分体现了湖南省委领导班子以全面从严治党引领基层党组织建设的思想自觉和行动自觉，为新形势下扎实推进全省基层党组织建设提供了思想引领和强大动能！

一、充分认识基层党组织在全面从严治党中的地位

1.基层党组织处于最基础的地位

基层组织是我们党的基本细胞。截至2014年年底，全党共有党员8779.3万名，活跃在436.0万个基层组织中。党通过各领域各单位的基层组织，把广大党员组织起来，从而构成一个有统一意志、统一目标、统一行动的整体；基层党组织是党的全部工作和战斗力的基础。根据党章的规定，党的基层组织是党在社会基层组织中的战斗堡垒，党的路线方针政策能不能贯彻实施，党的各项任务能不能落实到位，关键取决于基层党组织的作用发挥怎么样；基层党组织是党联系群众的桥梁和纽带。党的基层组织建立在社会基层，置身于人民群众之中，与人民群众联系最直接、最经常、最密切，能够直接听民声、察民情、解民忧，也能够宣传群众、凝聚群众、引领群众，从而把广大群众紧密团结在党的周围。“基础不牢，地动山摇。”实践证明，党的规模越大、事业越是发展，越要重视基层党组织建设。

2.基层党组织状况是反映全面从严治党水平的“晴雨表”

我们党作为一个马克思主义政党，先进性是生命所系、力量所在，党的先进性在很大程度上要靠广大基层党组织来体现。人民群众评价我们党，很多时候是从他们身边的党组织的具体形象出发的。因此，每一个基层党组织的表现如何，展现的是党的整体形象。2014年习近平总书记提出“全面从严治党”的新思想，开拓了党的建设的新航程，目前中央正在举全党之力扎实推进全面从严治党，其效果和水平归根到底是要通过党的基层组织状况表现出来。人民群众是创造历史的主体，是评

价党的历史的主体，全面从严治党水平如何，人民群众最有发言权。从人民群众的视角出发，真正看得见、摸得着、感受更为直观的，最有事实说服力的，还是要看基层党组织的凝聚力、战斗力强不强。常言道：“一叶落而知天下秋”，人们正是以基层党组织的状况作为晴雨表，来观察和评价全面从严治党的水平。

3. 基层党组织建设是全面从严治党的关键一环

全面从严治党实际上是一个整体推进的系统工程，基层党组织建设是其中最为关键的一环。因为，基层党组织建设是全面从严治党的重要基点，全面从严治党的方针只有贯彻到基层党组织建设的全部过程和各项工作，才能真正落实到位、取得实效；基层党组织建设也是全面从严治党的薄弱环节，目前有一部分基层党组织软弱涣散，成为全面从严治党亟待破解的一大难题；基层党组织建设更是全面从严治党的重要抓手，加强基层党组织建设有利于夯实基层、自下而上推进全面从严治党；基层党组织建设还是全面从严治党的重要切入点和突破口，抓好基层党组织建设，能够起到先行先试、以点带面的示范引领作用，为全面从严治党探索出一条科学推进之路。

二、坚持问题导向，切实加强基层党组织建设

近年来，尤其是党的十八大以来，中央高度重视基层党组织建设，基层党组织建设取得了显著成效，但不容忽视的是，基层党组织建设离全面从严治党的要求还有一定的差距，存在一些较为突出的问题，主要表现为：基层党组织的职责、功能、权限有待进一步精准定位，基层党组织的设置模式有待进一步创新，党内组织生活和党员教育管理有待进一步规范，发展党员工作的质量有待进一步提升，人才支撑和条件保障有待进一步强化。这些问题如不加以解决，势必会影响基层党组织的战斗力、凝聚力和创新力，也将损害全面从严治党的根基。

在新的历史时期，必须坚持问题导向，以全面严治党为引领切实加强基层党组织建设。一是要加强顶层设计。深入学习领会习近平总书记系列重要讲话精神、深刻把握从严治党规律，抓紧研究制定《关于贯彻全面从严治党方针加强基层党组织建设的意见》，着眼于全面从严治党新常态，探索构建符合时代要求、对接工作实际的基层党组织建设长效机制。二是要强化制度建设。建立健全基层党组织建设工作责任制，建立健全基层党组织建设考核评价机制，建立健全基层党组织书记党建工作述职评评议制度，建立健全基层党组织向党员大会定期报告工作并接受评议制度。三是要推进工作创新。创新理论学习载体，优化党支部设置方式，创新党支部

活动内容和方式，创新党员教育管理机制，创新党支部联系服务群众的形式。四是要加大保障力度。选好配强党支部书记队伍，落实专项津贴和相关待遇，开展职业化、专业化培训；制定并实施基层党组织建设经费标准，改善基层党组织的办公条件，建立多种形式的党员实践服务基地，加强基层党建信息化建设，搭建网上党员教育管理服务平台。

（本文于2015年12月10日发表在湖南红网，后被新浪网全文转载；2016年1月在中共湖南省委教育工委主办的湖南省高校党员干部“学讲话用讲话”心得录交流活动中获实践案例类三等奖）

奏响哲学社会科学发展的“第一提琴”

恩格斯关于“经济上落后的国家在哲学上仍然能演奏第一提琴”的名言中，逻辑地包含着社会意识决定于社会存在但可以适当超前于社会存在的重要观点，为我们深刻把握中国特色哲学社会科学的发展走向和当代使命提供了理论指引和重要遵循。对此，习近平总书记2016年5月17日在哲学社会科学工作座谈会上的讲话中，第一次明确提出了“加快构建中国特色哲学社会科学”的宏大命题和战略部署，这表明我党对哲学社会科学发展的规律性认识达到了一个新的高度。

构建中国特色哲学社会科学，使中国在哲学社会科学上奏响“第一提琴”，是一个具有前瞻性、系统性、长期性的宏大工程，应该坚持统筹谋划，由短板入手，以问题导向，从五个路径加以协同推进。

1.夯实内功，不断提高哲学社会科学的理论水平

“一个民族要想站在科学的最高峰，就一刻也不能没有理论思维”，[1]一个国家要走到世界的前列，就一刻也不能或缺繁荣的哲学社会科学，一个政党要真正引领和凝聚人民群众，就一刻也不能停止科学理论的创新。重视哲学社会科学理论的创新和发展历来是我们党的一个优良传统，但从现实情况来看，我国的哲学社会科学理论在总体上是滞后于实践创新的。坚持和发展中国特色社会主义，实现中华民族伟大复兴的中国梦，是一项在人类历史上前无古人后启来者、最为宏大而独特的实践创新，迫切需要有成熟、一流、卓越且能够与时俱进的哲学社会科学理论提供价值引领、精神动力和智力支撑。当前，我国的哲学社会科学应该着力在自身的内涵建设和内容创新上下功夫，尤其是要围绕“什么是中华民族伟大复兴、怎么样实现中华民族伟大复兴”的时代课题，从多学科、多角度、多维度进行深入研究，力争在哲学社会科学的一些关键领域、核心问题、基础理论上取得重大突破，形成一大批集继承性、民族性、原创性、时代性、规范性、专业性于一体的标志性理论成果，从而在整体上构建21世纪中国的哲学社会科学理论。

2.搭建平台，不断完善哲学社会科学的条件支撑

哲学社会科学理论的创新和发展是人们思想和智慧的结晶，但是精神生产在本质上是一个投入与产出的过程，同样也需要多方面的物质条件。如果没有强有力的条件支撑，哲学社会科学发展就会成为“空中楼阁”。马克思主义中国化、时代化、大众化的历史经验告诉我们：决不能仅仅依靠理论工作者“单枪匹马”、用“一张嘴、一支笔”去战斗，时代越是往前发展，哲学社会科学理论的创新、发展和传播越需要立体式、多样化、高水平的平台。当务之急就是要大力实施哲学社会科学创新工程，搭建哲学社会科学创新平台，充分发挥马克思主义理论研究和建设工程、中国特色社会主义理论体系研究中心、马克思主义学院、报刊网络理论宣传等思想理论工作平台的示范引领作用，建设和创办一批权威的哲学社会科学理论研究学术期刊并组织出版高水平思想理论创新文库，运用互联网和大数据技术，加强哲学社会科学图书文献、网络、数据库等基础设施和信息化建设，加快国家哲学社会科学文献中心建设，构建方便快捷、资源共享的哲学社会科学研究信息化平台，从而为中国特色哲学社会科学的创新和发展筑牢基础。

3.破解难题，不断增强哲学社会科学的实用功效

马克思说过：“以往的哲学家们只是用不同的方式解释世界，而问题在于改变世界。”[2]理论归根到底是用来指导实践、改造世界的。中国特色哲学社会科学要真正取信于民、广传于世，最关键最根本也是最能体现自身水平的，不在于发表了多少篇论文、出版了多少部著作、提出了多少种理论观点，而在于能不能用中国理论、中国智慧、中国精神破解本国民众乃至世界人民所关心关注的实际问题、所困惑困扰的发展难题。长期以来，国际国内社会对我国哲学社会科学存在一些成见和误解，甚至颇有微词，使得哲学社会科学发展一度进入“叫好不叫座、有亮点无卖点”的尴尬境地，要从根本上改变这一现状，最有效的办法还是通过服务现实、引领未来来彰显哲学社会科学“不可替代”的地位和价值。当代中国和当今世界都在经历着最为广泛而深刻的社会变革和最为迅猛而持续的跨越发展，无论是国家、社会还是群体、个体，在很多领域、很多方面、很多层次都遭遇到一些发展难题和现实挑战，诸如价值观的裂变、贫富差距的拉大、社会矛盾的积压、生态危机的威胁、科学技术的非理性使用、国际关系的冲突等，这在客观上呼唤哲学社会科学开出有益、有效、有用的“药方”。因此，哲学社会科学研究不应只关注历史的问题，而应该把更多的目光投向当代和未来的问题，不应该只注重对理论的诠释和佐证，而更应该把更多的笔墨撒向带民族性和世界性的发展问题以及人民群众在日常生活中的共性问题，通过揭示其中的大逻辑大趋势、提出相应的正确思路和有效办法，为社会良性发展和民众幸福生活注入源源不断的大智慧与正能量。

4.加强传播，不断扩大哲学社会科学的广泛影响

马克思主义理论作为一种外来的理论，之所以能够成功地跨越东西方文化大峡谷，漂洋过海来到中国，并在中国落地生根、开花结果，除了其内在的强大生命力和普遍适应力以外，在很大程度上得益于中国共产党人始终坚持“理论创新每前进一步，理论武装就跟进一步”，在最广大的人民群众中间进行传播和推广。在马克思主义的指导下构建起来的中国特色哲学社会科学，融通了马克思主义的资源、中华民族优秀传统文化的资源、国外哲学社会科学的资源，其科学性正在逐渐被中国的成功实践所证明，应该说在根本上中国哲学社会科学确实是可信、可靠、可行、可用的好理论，但是面对当前哲学社会科学领域存在的“西强我弱”的严峻形势，我们急需通过广泛深入、切实有效的传播，推动中国哲学社会科学理论走向人民大众的生活和实践，同时也要让世界知道“哲学社会科学中的中国”。一方面，加强大众化传播，要主动贴近人民大众的日常生活、顺应人民大众的生活愿景、契合人民大众的发展需求、回应人民大众的理论关切、回答人民大众的思想困惑，以精炼、务实、管用的内容和通俗易懂、生动形象的形式，使中国特色哲学社会科学理论从书斋、课本走向人民大众的生活场景和实践舞台，真正成为人民大众认识世界、改造世界的锐利武器；另一方面，加强国际化传播，要加强理论体系和话语体系的转化，把中国的经济社会发展优势转化为哲学社会科学的理论优势，切实讲好中国精彩故事，精心提炼标识性概念，注重打造易于为国际社会科学所理解和接受的新概念、新范畴、新表述、新体系，引导国际学术界展开研究和讨论。推动中国哲学社会科学大胆走出去，在国际学术研究和交流中发出中国的声音、亮出中国的观点、奉献中国的智慧、彰显中国的理论自信和理论优势。

5.创新机制，不断激发哲学社会科学的内生动力

体制机制在很大程度上决定事业发展的活力。过去我们不太注重遵循哲学社会科学发展的内在规律，习惯于用行政管理的思维方式和工作模式来管理哲学社会科学领域的人和事，导致了管理体制不顺畅、运行机制不灵活等一系列问题，从而构成了哲学社会科学发展中较为突出的一块短板。在新的历史起点上，要构建中国特色哲学社会科学，说到底要增强哲学社会科学发展能力，这需要打破传统的僵化的体制机制束缚，探索建立既能把握正确方向又能激发学术活力的哲学社会科学发展体制机制。当前，要着力在三个方面下功夫：一是在经费投入体制机制创新上下功夫，切实改革和创新科研经费的分配、自助、管理体制，更好地发挥国家哲学社会科学基金的引领支和撑作用，把财政拨款和专项资助有机结合起来，把普遍性经费资助和竞争性经费资助有机结合起来，把政府资助和社会捐赠有机结合起来，逐步加大科研投入，不断提高科研经费使用效率，使科研经费够用、好用、真正用到

“刀刃”上、用出效果来。二是在成果评价体制机制创新上下功夫，深入探索哲学社会科学成果产出的内在规律，牢固确立哲学社会科学成果的价值导向，把“第三方”评估和质量认证体系引入哲学社会科学发展之中，建立真实可信、科学权威、公开透明的哲学社会科学成果评价体系，建立多层次、多渠道、立体式、社会化的优秀成果奖励和推介制度，把优秀研究成果真正评出来、推广开、送一线、落地用。三是在人才发展体制机制创新上下功夫。切实把哲学社会科学人才工程作为科教兴国和人才强国战略的重要抓手，“构建种类齐全、梯队衔接的哲学社会科学人才体系，完善哲学社会科学领域职称评定和人才遴选制度，建立规范有序的奖励体系，形成培养哲学社会科学人才的良好激励机制，切实用体制机制创新最大限度地释放哲学社会科学五路大军的学术活力和潜力”。

参考文献

[1] 中共中央马克思恩格斯列宁斯大林著作编译局.马克思恩格斯选集（第3卷）[M].北京：人民出版社，1995：467.

[2] 中共中央马克思恩格斯列宁斯大林著作编译局.马克思恩格斯选集（第3卷）[M].北京：人民出版社，1995：75.

（本文于2016年10月10日发表在湖南红网，后被新浪网、湖北高校思政网全文转载）

全面建成小康社会，一个不能少

习近平总书记在十九届中共中央政治局常委同中外记者见面时，庄严宣告：“全面建成小康社会，一个不能少”。[1]“全面建成小康社会”是突出目标引领，以其高大上而鼓舞人心，而“一个不能少”则强调主体共享，以其接地气而更让人“走心”，两者内在统一、完美结合，构成一份暖乎乎、沉甸甸、响当当的政治承诺，成为党的十九大会议精神园地里的一道亮丽风景线，更成为习近平新时代中国特色社会主义思想精髓的一种通俗表达。

这份承诺有温度，充满民本情怀。96年来，中国人民之所以义无反顾地选择了我们党，坚定不移地跟党走，最根本的原因就在于我们党始终为人民谋幸福，始终和人民同呼吸、共命运、心连心、肩并肩。过去，我们党领导革命推翻“三座大山”，让人民翻身做主人，没有落下一个；今天，我们党推进改革全面建成小康社会，让人民共享新生活，也同样“一个不能少”。这种强烈而深沉的民本情怀，既源自马克思主义的唯物史观，也植根于中国优秀传统文化，更淬炼于革命、建设和改革的伟大实践，生动展现中国共产党人至高至纯、至诚至真的“红色初心”。

这份承诺有高度，体现责任担当。满足全体人民对美好生活的向往，是古今中外治国理政的最高价值追求，也是人类文明发展中最宏大、最具挑战性的实践难题。过去资本主义国家用了300多年的洪荒之力，不但没有破解这个千古难题，反而使之变得越来越复杂。对于中国这样一个曾经遭遇过百年屈辱、而今有着13亿多人口的最大发展中国家，能够把全体人民“一个不落”地带进全面建成小康社会的新时代，这完全称得上是一项亘古未有、彪炳史册的壮丽事业，也必将成为一个让世界惊叹和敬仰的历史奇迹。从价值哲学的维度来看，这是对资本主义发展道路和西方价值观的历史性、系统性、辩证性超越，充分体现中国共产党人开天辟地、顶天立地的历史担当。

这份承诺有气度，彰显政治自信。由于历史和现实、客观与主观、内在和外在等诸多因素交织，目前我国的发展还存在不平衡不充分的突出问题。为新时代顺应全体人民对美好生活的向往，近年来党和国家在大力推进经济社会发展稳中求进的同时，举全党全国之力打响脱贫攻坚战并取得了决定性进展。从提出“小康不小康，关键看老乡”到强调“全面建成小康社会、一个不能少”，习总书记平实无华的“誓言”中，蕴含着中国共产党历经苦难而铸就辉煌、从胜利走向胜利的磅礴之力，更彰显出中国共产党作为世界上最大的政党勇立时代潮头、永葆蓬勃朝气的政治自信。

参考文献

［1］ 习近平.中国人民生活一定会一年更比一年好——习近平总书记在十九届中共中央政治局常委同中外记者见面时的讲话［J］. 人民论坛，2017（S2）：13.

（本文于2017年10月30日发表在湖北高校思政网）

以伟大改革开放精神引领新时代大学生的信仰信念信心

习近平总书记在庆祝改革开放40周年大会上的重要讲话中，深刻指出“改革开放铸就的伟大改革开放精神，极大丰富了民族精神内涵，成为当代中国人民最鲜明的精神标识”，特别强调：“信仰、信念、信心，任何时候都至关重要。小到一个人、一个集体，大到一个政党、一个民族、一个国家，只要有信仰、信念、信心，就会愈挫愈奋、愈战愈勇，否则就会不战自败、不打自垮。无论过去、现在还是将来，对马克思主义的信仰，对中国特色社会主义的信念，对实现中华民族伟大复兴中国梦的信心，都是指引和支撑中国人民站起来、富起来、强起来的强大精神力量。”[1]这些重要论述逻辑地蕴含着伟大改革开放精神与新时代中国人民信仰、信念、信心之间的内在联系，生动地阐发了改革开放40年铸就的伟大改革开放精神所蕴含的时代价值和育人功能，彰显出深邃的历史眼光、深厚的家国情怀、深切的现实体悟和高度的思想自觉、高超的哲学智慧和高远的精神格局，为我们立足于新时代深入挖掘改革开放40年的丰厚精神资源从而正确引领大学生不断坚定信仰信念信心提供了思想引领和方法指导。

一、以伟大改革开放精神引领新时代大学生坚定对马克思主义的信仰

历史昭示我们，一种伟大精神，既来自伟大时代的孕育，也根源于伟大实践的催生，更得益于科学真理的引领。改革开放40年铸就的伟大改革开放精神，是中国共产党团结和带领全国各族人民，创造性地将马克思主义的普遍真理与当代中国的实际相结合，通过40年的披荆斩棘、砥砺奋进，在成功开辟中国特色社会主义道理、理论、制度、文化的伟大实践中形成的一种民族精神和时代精神。从某种意义上讲，它是马克思主义扎根中国、融入中国、改变中国的精神结晶，是当代中国马克思主义和21世纪马克思主义中国的重要表征，以无可辩驳的事实科学验证了马克思主义作为真理所具有的强大而持久的生命力和影响力，以令人惊叹的奇迹生动展现了马克思主义作为时代精神的精华和整个人类精神的精华所蕴含的可贵品质。高校作为宣传和传播马克思主义的重要基地，应该把马克思主义作为自身最鲜亮的底色，着力推动新时代中国特色社会主义思想这一当代中国马克思主义在校园里落地生根、开花结果，尤其是要自觉地将伟大改革开放精神转化为鲜活生动的教学素

材，在课堂教学中切实讲好、讲活改革开放40年的精彩故事和经典案例，提升青年大学生对马克思主义的亲近感、认同感、获得感，从而引导青年大学生坚定对马克思主义的信仰。

二、以伟大改革开放精神引领新时代大学生坚守对中国特色社会主义的信念

实践启示我们：方向决定前途，道路决定命运。从某种意义上讲，改革开放40年，最大的贡献就在于成功地开辟并坚持和发展了中国特色社会主义这条道路，最大的亮点就在于不断赋予中国特色社会主义以鲜明的实践特色、理论特色、民族特色、时代特色，最大的意义就在于使中国特色社会主义实现了从创立、发展到完善的伟大飞跃。改革开放40年，最值得我们感到欣慰、自豪和骄傲的是，曾经饱受太多磨难、付出巨大牺牲、富有拼搏精神的中国人民，沿着中国特色社会主义这条康庄大道大踏步追赶时代，只用了几十年时间就走完了发达国家几百年走过的工业化历程，在全球化发展的“马拉松赛跑”中，实现了从起跑到跟跑再到并跑进而加速走向领跑。这个前无古人后启来者的伟大奇迹深刻诠释了改革开放的历史逻辑和实践逻辑：只有中国特色社会主义才能发展中国。高校作为培养社会主义建设者和接班人的摇篮，必须始终坚持、认真落实立德树人的根本任务，着力研究好、宣传好、贯彻好习近平新时代中国特色社会主义思想，积极弘扬、培育和践行社会主义核心价值观，尤其是要将伟大改革开放精神转化为取之不竭的思想资源，在学术研究中积极阐发、阐明改革开放的历史经验和内在逻辑，增强青年大学生对中国特色社会主义的道路自信、理论自信、制度自信、文化自信，从而引导学生坚守对中国特色社会主义的信念。

三、以伟大改革开放精神引领新时代大学生坚持对实现中华民族伟大复兴中国梦的信心

时代召唤我们：实干托举梦想，奋斗创造幸福。立足于新时代，以中华民族伟大复兴中国梦作为价值坐标，就会更加深刻地把握和体悟改革开放40年的历史地位和深远意义。改革开放不仅极大地改变了国家、民族以及党和人民的面貌，而且推动中华民族从站起来、富起来走向强起来；改革开放不仅是决定当代中国命运的关键一招，也是决定实现“两个一百年”奋斗目标，实现中华民族伟大复兴的关键一招；改革开放不仅培育并展现了中国人民的伟大梦想精神、中华民族的变革和开

放精神以及中国共产党的奋斗精神，而且积聚并彰显了中国人民、中华民族和中国共产党势不可挡的磅礴力量。可以肯定地说，中国人民、中华民族和中国共产党在40年艰辛探索中铸就的伟大改革开放精神，必将为实现中华民族伟大复兴中国梦注入源源不断的洪荒伟力和强大能量。高校作为经济社会发展的重要引领者和重要动力源，理当坚持把服务中华民族伟大复兴作为重要使命，着力培养造就德智体美劳全面发展、担当民族复兴大任的时代新人，尤其是要将伟大改革开放精神转化为正确的价值引领，在实践育人中自觉唱响、唱好改革开放的主旋律和民族复兴的最强音，提振青年大学生“忠于祖国、忠于人民”“立鸿鹄志、做奋斗者”“求真学问、练真本领”“知行合一、做实干家”[2]的精气神，引导学生坚定对实现中华民族伟大复兴中国梦的信心。

参考文献

［1］ 习近平.在庆祝改革开放40周年大会上的讲话［N］. 人民日报，2018-12-18（2）.

［2］ 习近平.在北京大学师生座谈会上的讲话［N］. 人民日报，2018-05-03（2）.

（本文于2018年12月20日发表在中国理论网）

四个示范引领：新时代马克思主义学院的新担当

中国特色社会主义进入新时代，这一新的历史方位为高校马克思主义学院发展提供了新的逻辑起点和实践场域。面对“举旗帜、聚民心、育新人、兴文化、展形象”的宣传思想工作新使命，在新时代中国特色社会主义高等教育改革发展的宏大格局中，在新马克思主义学院应有什么样的新担当、怎样落实好这样的新担当、如何用新担当激发自身发展的内驱力，这是当前科学谋划马克思主义学院发展方略、科学把握马克思主义学院发展规律、科学评价马克思主义学院发展成效的重要课题。党的十八大以来，习近平总书记站在时代和全局的高度，对马克思主义学院的建设和发展作出了一系列重要指示和精辟论述，为我们深刻把握新时代马克思主义学院的新担当提供了思想引领和行动指南。立足于新时代，马克思主义学院应提高政治站位，创新发展思路，切实聚焦主业，着力务本务实，在整体推进内涵建设、实现高质量发展的基础上切实发挥好四个方面的示范引领作用。

一、在巩固马克思主义指导地位上发挥示范引领作用

马克思主义是中国特色社会主义大学最鲜亮的底色。习近平总书记深刻指出：“马克思主义是我们立党立国的根本指导思想，也是我国大学最鲜亮的底色”[1]。“底色”问题至关重要，昭示社会主义大学的政治方向，也彰显社会主义大学的内在灵魂，还体现社会主义大学的精神格局，更支撑社会主义大学的战略发展。从某种意义上讲，大学要涵养大气魄、办出高质量，归根到底就在于底色鲜亮。底色不鲜亮，一切都是空谈，也难免流于花哨。作为社会主义大学，首要的政治任务就是扎根中国大地擦亮自身底色，使马克思主义这面伟大的旗帜在高校始终高高飘扬。马克思主义学院在社会主义大学的整体格局中扮演着极其重要而特殊的角色，既是马克思主义理论学科建设和发展的主要载体和重要平台，也是学习、研究、阐释、传播马克思主义理论的坚强阵地和重要园地，更是继续推进马克思主义中国化、时代化、大众化的学术依托和骨干力量。对此，习近平总书记2018年5月2日在北京大学考察时强调：“高校马克思主义学院就是要坚持‘马院姓马，在马言马’的鲜明导向和办学原则，为巩固马克思主义在意识形态领域的指导地位，推动马克思主义进校园、进课堂、进学生头脑，发挥应有作用。”[2]这为新时代马克思主义学院的

建设和发展指明了方向和路径，也注入了强大的精神动力。“马院姓马、在马言马”在客观上要求“爱马信马、敬马为马、兴马护马”，从这个意义上讲，巩固马克思主义的指导地位是新时代马克思主义学院的“第一使命”。马克思主义学院只有深深扎根于中国大地，大胆面向世界和未来，心无旁骛、集中力量办好、建强、做精马克思主义理论学科，才能在未来发展的进程中保持正确方向，在意识形态的复杂形势下立于不败之地，在民族复兴的大局中彰显自身价值。

马克思主义学院的示范引领是巩固马克思主义指导地位的必然要求。一是要在强化理论自觉上当标兵，在整体把握马克思主义理论逻辑体系的前提下，对马克思主义中国化的理论成果尤其是习近平新时代中国特色社会主义思想，要带着自觉、带着问题、联系实际，先学一步、深学一层、精学一分，坚持读原著、学原文、悟原理，切实在学懂、弄通、做实上下功夫，把理论学习作为一种生活方式、一种精神追求、一种责任使命，把理论成果内化于心灵中、沉淀在血脉中、融入行动中。二是要在增强理论自信上做标杆，在“学习和实践马克思主义，不断从中汲取科学智慧和理论力量”[3]的基础上，把马克思主义中国化的理论成果尤其是习近平新时代中国特色社会主义思想，放在世界社会主义五百年发展历史、中国共产党九十多年辉煌历程、改革开放四十年伟大成就、当代世界和中国发展大势中去理解和把握，进一步在思想深处培植高度的理论认同和坚定的理论自信，进而通过有内涵、高质量的思想政治理论课，把理论自信源源不断地传递给广大青年学生。三是要在推进理论自强上立标识，在积极投身实现伟大复兴中国梦的实践中，紧紧围绕当代中国继续推进马克思主义中国化、时代化、大众化这个宏大主题，传承和弘扬马克思主义理论的创新品格和文化基因，积极关注、思考、把握时代脉搏、时代问题、时代声音，善于发现、挖掘、总结新时代中国改革和发展的新鲜经验，切实把中国大地涌现出来的生动案例、鲜活素材和精彩故事转化为学术研究的不竭“源头活水”，着力研究好、阐释好中国特色社会主义的理论逻辑、历史逻辑、实践逻辑、时代逻辑和价值逻辑，力争推出一系列有深度、有分量、有特色、有影响的学术成果。

二、在落实立德树人根本任务上发挥示范引领作用

立德树人是新时代高校的立身之本。中国特色社会主义进入新时代，高等教育也随之迈入新时代，党和国家事业发展“对高等教育的需要比以往任何时候都更为迫切，对科学知识和卓越人才的渴求比以往任何时候都更加强烈，”[5]。面对经济社会发展和广大人民群众对高等教育的多样化、个性化需求，高校必须始终恪守并牢

牢把握自己的“初心”。对此，习近平总书记在全国高校思想政治工作会议上强调，我国高等教育发展方向要同我国发展的现实目标和未来方向紧密联系在一起，为人民服务，为中国共产党治国理政服务，为巩固和发展中国特色社会主义制度服务，为改革开放和社会主义现代化建设服务。“四个服务”为高等教育发展确立了时代坐标和价值定位，为高校思考和谋划“为什么要培养人、为谁培养人、培养什么人、培养人的什么、如何培养人、用什么培养人、依靠谁来培养人”等一系列深层次、根本性的问题提供了基本遵循。作为中国特色社会主义大学，应该坚持把立德树人作为自身的根本任务和立身之本，努力培养德智体美全面发展的社会主义建设者和接班人。高校人才培养是一个复杂的系统工程，涵盖了学科体系、教学体系、教材体系、管理体系、服务体系等，而首当其冲、贯通其中的是思想政治工作体系，从某种意义上讲，思想政治工作体系的实效性，在很大程度上决定着高校人才培养的质量。在高校思想政治工作体系的实际运行中，马克思主义学院不仅传播主流意识形态并传递思想正能量，而且把握思想政治理论课教学这个主阵地和主渠道并汇聚思想政治理论课教师这支主力军，因而在立德树人方面具有自身的优势，也理应有更大的担当。

马克思主义学院的示范引领是落实立德树人根本任务的内在要求。一是要推动“立德树人”的理念在教师心中落地生根，在教师中组织开展以学思践悟习近平总书记教育思想为主题的学习小组和学术沙龙，引导教师原原本本学习习近平总书记关于立德树人的系列重要论述，当前尤其是要重点学深、学精、学透习近平总书记在《在全国高校思想政治工作会议上的讲话》和《在北京大学师生座谈会上的讲话》，全面、系统、精准地把握“立德”和“树人”的时代内蕴及其辩证关系，切实把“立德树人”的理念升华为终生从教、教书育人的“红色初心”，立足自己的岗位，把全部身心投入教书育人、科研育人、管理育人、服务人员的实践中去，真正做到“回归常识、回归本分、回归初心、回归梦想”。二是要推动社会主义核心价值观融入育人的全方位、全过程，引导广大教师不断强化思想自觉，以思想政治理论课的课堂教学和实践教学为渠道，推进社会主义核心价值观的系统化、通俗化阐释，以校园文化活动和新兴媒体平台为载体，推进社会主义核心价值观的多样化、艺术化传播，以中国精彩故事和身边典型人物为素材，推进社会主义核心价值观的生动化、具体化宣传，以学院规章制度和文明行为规范为保障，推进社会主义核心价值观的制度化、规范化养成，使社会主义核心价值观能够入脑入心、入规入矩、入言入行，从而引导和帮助青年学生“扣好人生的第一粒扣子”。三是要推动思政课程与课程思政同向同行、协同育人。一方面，要守好责任田，认真贯彻落实《新时代高校思想政治理论课教学工作基本要求》，精心办好高质量、有特色的思想政治理论课，不断提高思想政治理论课亲和力、针对性和实效性，另一方面，要当好引领者，建立思政课教师与其他课程教师联系制度和教学共同体，组织思政课教师与其他课程教师进行主动对接和积极引导，挖掘通识教育课程、专业课程中的育人价值并设计融入“思政元素”，积极推动思政课程向课程思政创造性转化，从而形成思政课程与课程思政同向同行、协同育人的新格局。

三、在加强高校基层党组织建设上发挥示范引领作用

加强高校基层党组织建设是当前高校党建工作的现实课题。基础不牢，地动山摇。基层党组织是我们党执政的组织基础，提高党的执政能力归根到底是要抓紧抓实党的基层组织建设。习近平总书记在2018年7月3日至4日举行的全国组织工作会议上明确指出：“要加强企业、农村、机关、事业单位、社区等各领域党建工作，推动基层党组织全面进步、全面过硬。”[4]基于高校在推进党的建设新的伟大工程中的独特地位，面对高校党建工作面临的新情况、新矛盾、新问题、新挑战，必须充分认识新时代加强高校基层党组织建设的极端重要性和现实紧迫性。从某种意义上讲，加强高校基层党组织建设既是推动全面从严治党在高校落地生根并向纵深发展的重要切入点，也是确保高校改革发展始终沿着正确方向前进的重要支撑点，还是解决高校党的领导和党的建设弱化等问题的重要突破点，更是提升高校基层党建工作科学化水平和高校基层党组织创造力、凝聚力、战斗力的重要发力点。加强高校基层党组织建设是一个系统工程，既需要举全校之力整体推进，也需要从抓关键部位重点突破。与其他院系和二级机构相比，马克思主义学院在党建工作中集聚了更多的有效资源、积极力量和支撑条件，并具有突出的政治优势、理论优势、人才优势、队伍优势、平台优势、机制优势，理应在加强基层党组织建设方面走在全校的前列，充分发挥好示范引领作用，从而带动和助推全校党建整体工作上台阶。

马克思主义学院的示范引领是加强高校基层党组织建设的迫切需要。一是要在基层党组织规范化建设上抓实抓好，科学合理设置基层党组织，不断推进基层党建工作的全覆盖，整体构建“纵向到底、横向到边、条块结合”的基层党建工作网络；选优配强基层党组织书记，加强党务干部专业化培训，培育党建学术双带头人，开展年度党组织书记抓基层党建工作述职评议考核；严格落实“三会一课”等制度，精心组织党员主题日活动，切实规范基层党组织生活；实施党员先锋工程

和党员名师工程，创建“党员责任区”和“党员教师示范课”“党员管理服务示范岗”，使师生党员进一步发挥先锋模范作用。二是要在基层党建工作创新上先行先试，充分考虑马克思主义学院的实际情况，深入挖掘和探索马克思主义学院党建工作的特色和亮点，大力推进基层党建工作的理念、内容、方式、平台、载体、机制的创新，树立和践行“红色马院”“党建育人”的理念，在统筹推进基层党建工作与学院其他各项工作的过程中不断拓展基层党建工作的新内容和新路径，积极探索“互联网+智慧党建”的新平台、新模式，整体构建教师党支部、学生党支部、社区党支部三方结对共建的长效机制，从而打造符合时代需要、彰显马院特色的基层党建工作“样本”和“范本”。三是要在以党建工作引领学院事业发展上落细落小。切实把党建工作作为引领和推动发展的“红色引擎”，坚持围绕学院事业发展的大局抓党建工作、以党建工作引领学院事业高质量发展的理念，以“两学一做”学习教育和“不忘初心、牢记使命”主题教育作为主要抓手，整体构建“思想导航、理论提升、目标激励、队伍优化、骨干带动、平台构筑、项目驱动、文化传承”相结合的基层党建工作体系，使党建工作在学院事业发展中能够全面融入、完全贯通、落到实处、持续发力，从而进一步提升党建工作对学员事业发展的引领力。

四、在强化高校师德师风建设上发挥示范引领作用

加强师德师风建设是新时代高校培元固本的基础工程。一方面，师德师风直接反映大学的内涵。“大学之道，在明明德，在亲民，在止于至善”，某种意义上讲，高尚的师德师风是大学最显著的精神徽章，也是大学最重要的文化基因，更是大学在社会历史发展中得以安身立命、生生不息的重要根基。另一方面，师德师风直接影响学生的内心。教师是人类灵魂的塑造者，是学生的引路人，更是打造中华民族“梦之队”的筑梦人。他们的思想政治素质和道德情操，对青年学生具有很强的影响力和感染力，在传道授业解惑中具有十分重要的作用，只有为人师表，德为人先，行为世范，才能让学生“亲其师而信其道”。从一定意义上说，有什么样的师德，就有什么样的教师；有什么样的教师，就有什么样的教育；有什么样的教育，就有什么样的学生。进入新时代，社会思想道德领域和大学生思想道德教育都面临着一系列新情况、新问题、新矛盾，全社会对高校的师德师风问题给予了更广泛的关注和更深刻的反思，同时提出了新的更高的要求。习近平总书记把高校师德师风建设提到了一个前所未有的高度，并作出了一系列具有前瞻性和针对性的重要论述，赋予了高校师德师风新的时代内蕴。他强调要加强师德师风建设，把师德师

风作为“评价教师队伍素质的第一标准”[6]，引导广大教师“以德立身、以德立学、以德施教”[7]，坚持“教书与育人相统一、言传与身教相统一、潜心问道与关注社会相统一、学术自由与学术规范相统一”[8]，争做“有理想信念、道德情操、要有扎实学识、要有仁爱之心”[9]的“四有”好教师。思想政治理论课教师是高校思想政治理论课教育教学和马克思主义理论学科建设的主要承担者，也是高校思想政治工作和大学生思想政治教育的骨干力量，更是党的理论、路线、方针、政策的学习者、研究者和宣讲者，在整个高校教师队伍中具有特殊的地位，马克思主义学院应该以更高的思想自觉、更严的政治标准、更大的工作力度，切实抓紧抓实师德师风建设，引导思想政治理论课教师坚定不移跟党走，自觉成为“先进思想文化的传播者、党执政的坚定支持者，更好担起学生健康成长指导者和引路人的责任”[10]。

马克思主义学院的示范引领是加强师德师风建设的现实要求。一是坚持教育者先受教育，着力在加强师德师风主题教育上下功夫。把师德师风教育作为学院工作的重中之重，摆在更加突出的位置，常抓不懈，常抓常新，把师德师风教育与政治理论学习、校史校情教育、职业生涯规划、教师入职培训、核心素养提升、岗位能力研修、院本专题培训、社会实践考察、教育经验分享、户外拓展训练、卓越团队培养、教学督导评价、院系文化活动相结合，高度重视青年教师尤其是高学历、高职称教师的思想教育引导，注重培养和启发全体教师“修师德、铸师魂、扬师风、树形象”的思想自觉和行动自觉。二是坚持制度化常态化长效化，着力在健全师德师风建设工作机制上出实招。把师德师风作为教师考核的第一指标，构建个人自评、学生测评、同事互评、单位考评、家长网评相结合的师德师风考核机制；把师德师风作为教学质量监控和教育督导评估的重要内容，构建学校职能部门、院系相关机构、教师、学生、家长和社会多方参与、协同配合的师德师风监督机制；把师德师风作为评优评奖评先的首要条件，加大师德师风在教师职务（职称）晋升和岗位聘用以及各类人才项目和荣誉项目评选中的权重，构建有利于调动教师立德树人积极性、主动性的师德师风激励机制；把师德师风纳入以教育部规定的高校教师师德“红七条”为依据的制度规范约束之中，构建集严肃性、人本性、可操作性于一体的违反师德行为惩处机制。三是坚持虚功实做久久为功，在营造师德师风建设舆论氛围上使真劲。把师德师风宣传作为教师思想政治工作和院系文化建设的重要一环，充分利用重要契机、专题活动、校园平台和新兴媒体，大力开展以学习习近平关于师德师风论述、教育法规中有关师德师风要求为主题的理论和政策宣讲活动，集中宣传新时代高校教师尤其是思想政治理论教师队伍中“名家名师”以及身边典型人物的感人事迹，努力营造“崇尚师德师风、礼敬名家名师”的校园环境和舆论氛围，为广大教师源源不断传递思想精气神和道德正能量。

参考文献

[1] 习近平.在北京大学师生座谈会上的讲话［N］. 人民日报，2018-05-03（2）.
[2] 习近平在北京大学考察时强调 抓住培养社会主义建设者和接班人根本任务努力建设中国特色世界一流大学［N］. 人民日报，2018-05-03（1）.
[3] 习近平. 在纪念马克思诞辰200周年大会上的讲话［N］. 人民日报，2018-05-05（2）.
[4] 习近平：切实贯彻落实新时代党的组织路线 全党努力把党建设得更加坚强有力［N］. 人民日报，2018-07-05（1）.
[5] 习近平在全国高校思想政治工作会议上强调：把思想政治工作贯穿教育教学全过程 开创我国高等教育事业发展新局面［N］. 人民日报，2016-12-09（1）.
[6] 习近平在北京大学考察时强调抓住培养社会主义建设者和接班人根本任务努力建设中国特色世界一流大学［N］. 人民日报，2018-05-03（1）.
[7] 习近平在全国高校思想政治工作会议上强调：把思想政治工作贯穿教育教学全过程 开创我国高等教育事业发展新局面［N］. 人民日报，2016-12-09（1）.
[8] 习近平在全国高校思想政治工作会议上强调：把思想政治工作贯穿教育教学全过程 开创我国高等教育事业发展新局面［N］. 人民日报，2016-12-09（1）.
[9] 习近平. 做党和人民满意的好老师——同北京师范大学师生代表座谈时的讲话［N］. 人民日报，2014-09-09（1）.
[10] 习近平在全国高校思想政治工作会议上强调：把思想政治工作贯穿教育教学全过程 开创我国高等教育事业发展新局面［N］. 人民日报，2016-12-09（1）.

（本文于2019年1月1日发表在《毛泽东思想研究》2019年第1期，第二作者为郝琦）

第二章 湖湘发展之论

文化融合与区域发展

——以长株潭城市群发展为视角

如何推进长株潭一体化，是关乎湖南发展、中部崛起的一个战略问题。近年来，人们大多是从经济、行政等方面来思考对策，但很少有人关注文化在长株潭一体化中的地位和作用。随着知识经济的发展，文化日益成为经济发展的重要动力和重要资源，从一定意义上说，文化的发展水平能够体现一个区域乃至一个国家的发展水平。因此，在推进长株潭一体化的进程中，必须认真做好文化融合这篇文章。

1. 内生与必然：历史文化发展奠定融合的基石

长期以来在行政建制上的统一性，文化上的同源性、互补性，使长株潭文化融合具有共同的文化基因。

（1）历史沿革的统一性为长株潭文化融合奠定了历史基础。长株潭地区不仅在自然地理环境上具有明显的区域性，而且在中国历史上也是以同一区域出现的，只是在不同的历史时期有不同的命名而已。据史料记载，商周时期、秦朝先后设置黔中郡、长沙郡，三国时期东吴设湘乡、建宁（今株洲）等县，唐朝时候潭州正式得名，清代时期长沙府置有湘潭县、长沙县等地，在漫长的历史长河中，长株潭在区域上始终保持着统一性，相同的历史沿革，使长株潭地区形成了共同的文化传统、乡土语言和风俗习惯。新中国成立后，在社会发展等因素的基础上，长沙先后划分出湘潭、株洲，尽管三市分割以后整体上出现了离散，但作为文化的一些基本载体如语言、风俗习惯和价值取向大体上还没有发生根本变化，这给文化的整合奠定了历史基础。

（2）文化的同源性为长株潭文化融合提供了思想条件。长株潭本土文化的繁荣从某种意义上说代表着湖湘文化的精华所在，它们的形成及其发展，实际上也就是湖湘文化不断积淀的过程。湖湘文化集中反映了三地的人们精神风貌、道德观念、心理态势、个性特征，体现了三市共同的区域文化性格。一是经世致用的务实精神。经世致用是湖湘文化的精华和特色，强调既要志存高远，胸怀天下，又要学以致用，脚踏实地，注重实效。二是兼收并蓄的开放精神。湖湘文化锤炼了长株潭人们的理性和胸怀，使之不囿成见、广征博取、兼容并蓄、宽厚大气，最终形成了顽强坚毅和灵性飘逸相结合的文化性格。三是心忧天下的爱国精神。受湖湘文化的影响，长株潭地区在中国近现代史上曾涌现出三次人才群体，第一次是以曾国藩、左宗棠为代表的人才群体，第二次是谭嗣同、黄兴为代表，第三次是以毛泽东、刘少奇、彭德怀为代表。他们践行“心忧天下”的爱国主义传统，积极投身救亡图存的爱国洪流之中，影响并改变了中国近现代历史。四是敢为人先的创新精神。因此，长株潭本土文化虽然各具特色，但都植根于并最后归结于湖湘文化。本土文化的同宗同源为长株潭文化融合提供了思想条件。

（3）文化的多元互补性为长株潭文化融合创造了有利条件。长株潭本土文化在形成发展的过程中，虽同承湖湘文化的血脉，但由于区域的分分合合，历史和文化的不断变迁，又呈现出各自的个性。长沙鲜明的人文文化、独特的大众文化、独秀的影视传媒卡通文化，湘潭的伟人文化、名人文化，株洲的炎帝文化、红色文化、移民文化都在全省乃至全国具有重要影响力。由此看来，文化的多元互补性为长株潭文化融合创造了有利条件。

2.驱动与张力：文化融合对城市群发展的促动

文化是一个庞大的系统，不仅包括意识形态、科技、教育等领域，而且经济基础中也包含着许多与文化相关的要素。随着知识经济时代的到来，经济和文化一体化的趋势日益明显。文化与经济融合、互动的发展规律，我们可以展望文化融合将在长株潭一体化的进程中产生巨大的张力。

（1）文化融合将为长株潭一体化提供强大的精神力量。长株潭地区的本土文化融合，将为该地区建构出一种新的区域文化。这种新的区域文化经过一定时期的挖掘、整合、归纳、成型，被三地的人们所认可进而深入人心后，它就会成为一种黏合剂，形成统一的区域意识、精神状态、价值取向、行为模式，从而为长株潭一体化提供强大的精神动力。同时文化融合所带来的文化认同和区域文化的向心力也将促使长株潭人民人心思合，消除融城过程中三市人们的思想混乱和思维阻碍，更有利于长株潭三市迅速融合成一个城市，有了共同的心理期望和文化背景，区域行政一体化也就有思想基础。

（2）文化融合将塑造长株潭区域的特色经济。区域经济决定区域文化，区域文化又反作用于区域经济。区域特色文化渗透到区域经济活动的各个环节，从而形成区域特色经济，最典型的例子是“从商文化”形成温州经济，“创新+创业”文化打造了硅谷。在区域文化与区域经济走向一体化的背景下，以湖湘文化作为思想基础和精神内核来推进长株潭文化融合，将有利于促进湖湘文化渗透到长株潭区域经济发展中，建构起与长株潭经济社会发展相适应的思想意识、价值观念、法律制度、伦理道德等文化理念体系，从而形成独具特色的长株潭区域经济模式；同时，有利于推动湖湘文化由资源优势向产业优势和产品优势转化。一方面，湖湘文化作为一种文化要素直接进入相关产业，促进传统产业的升级，催生新的产业，引导长株潭区域合理调整产业结构，从而形成有特色的产业集群。另一方面，湖湘文化以知识、信息等形式，形成特色技术，并渗透进企业的整个生产、经营过程，渗透进产品中，渗透进品牌中，从而形成长株潭区域的特色产品。

（3）文化融合有利于打造长株潭区域的人才高地。当今社会已经进入知识经济时代，区域竞争归根到底是科技和人才的竞争。“按照国际上的通行标准，一个地区或城市的综合竞争力不仅包含了这个地区或城市的经济结构、基础设施、生产力水平、教育投入等定量化的硬性指标，尤其还包含着这个地区或城市的公民素质以及作为一种整合力量的价值体系，也就是人文精神”[2]。推进长株潭文化融合有利于打破三市在人才方面相互设防、各自为政、画地为牢的局面，共同营造一个有利于人才脱颖而出的大环境，加快推进长株潭人才一体化战略，以整体优势来造就一代又一代的湖湘人才，吸引一批又一批的外来精英，同时营造尊重劳动、尊重知识、尊重人才、尊重创造的社会氛围，激发三市人们创业、创新、创优的能力和激情，从而为长株潭经济社会发展提供强大的智力支撑。

（4）文化融合有利于提升长株潭文化产业的整体实力。随着知识经济的发展，文化产业已成为国民经济的支柱产业，成为拉动现代经济增长的重要力量。近年来长株潭三市都积极实施文化发展战略，文化产业取得了长足发展，例如长沙涌现出了载誉全国的传媒湘军、出版湘军、文化体育湘军、动漫湘军等，形成了以媒体传播、文化旅游、出版发行、娱乐文化、文博会展、文化体育、动漫产业七个支柱文化产业；株洲初步形成了以出版发行和版权服务、文化娱乐、文化服务及相关文化用品与设备的生产和销售为代表的文化产业链；湘潭凭借“伟人故里、名人之乡”这一得天独厚的资源优势，构建以文化旅游产业为龙头的文化产业集群。但与长三角、珠三角等发达区域相比，长株潭文化产业总体实力不足，缺乏整体性的竞争力。推进长株潭文化融合，可以促进三市文化产业之间的渗透和整合，建立相互协调的发展环境，拓开文化产业的发展空间，形成各具特色、分工明晰的大文化产业格局，共同培育长株潭文化产业的知名品牌，从而实现1+1+1>3的整体效应。

3. 对策与措施：文化融合重在打造整体优势

长株潭文化融合不是简单的组合，而是要通过沟通、合作、创新使三市的本土文化实现融合，从而形成文化整体优势。推进长株潭文化融合，应该从观念、政策、市场、产业布局四个方面入手：

（1）确立“共赢”和“协同”思维。实现长株潭文化融合，首先是观念问题。要破除以我为中心的“独赢”思维，确立共同利益基础上的“共赢”思维、“协同”思维，正确认识发展自身与服务长株潭的关系。从这个意义上讲，三市之间与其说是竞争，还不如说是“合作协同”，通过实行战略协同和联盟，既能体现开放条件下地区整体融合的要求，又有利于产生创新成果的扩散效应和地区优势的互补效应，放大长株潭整体的文化生产竞争力。

（2）制订区域文化发展政策。目前，长株潭三市在文化发展上的产业规划、设施建设、市场建设、人才流动和知识产权交易、信息资源共享等方面的政策上都存在一定的差异，缺乏区域文化一体化发展的制度和规范，因而有必要制定一个有利于在统一平台上共同发展的区域文化发展政策。要从有利于推动文化共同发展的大局出发，共同研究、制订、执行统一的文化政策。通过政策实施，整合区域文化资源，调动一切积极因素，形成区域文化共同发展合力。

（3）优化区域文化产业布局。由于受行政区划和传统体制的束缚和影响，在很大程度上造成了长株潭文化发展中的重复建设和资源浪费。为适应长株潭文化融合的要求，必须整合资源，加强合作，互相利用，互为补充，使文化资源得到充分、有效利用。要从影视文化、传媒文化、娱乐文化、旅游文化、会展文化等方面多角度开拓、多层次探索、多资源利用，为区域文化协调发展创造更新、更广的互补空间。同时，要坚持因地制宜，正确定位，突出重点。根据文化产业现有发展基础以及未来发展趋势，长株潭地区应该重点发展传媒、动漫、出版、文化旅游、文体娱乐、文博会展等产业，打造区域性的文化产业发展中心。文化产业的合理定位、科学布局将有力地推动长株潭区域文化整体的跨越式发展。

（4）建立区域文化共同市场。推进长株潭文化融合必须消除市场分割的体制性因素，建立规范、统一、完善的区域文化市场体系，保证各种文化生产要素能够通过市场自由地流动，保证区域内各城市文化产业主体的发展有统一的文化市场为基础。要充分运用现代信息技术和互联网，建立健全各种文化生产要素市场的网络体系，组建各类文化专业市场的联合体，进而在促进三地文化市场充分发育的基础上，构建长株潭区域统一的文化大市场。

参 考 文 献

[1] 谭仲池. 以文化为动力推进泛珠三角区域合作与发展 [J]. 学习导报，2005（9）：45-46.

[2] 袁华明. 对文化软实力的思考 [J]. 学习月刊，2005（11）：16-17.

（本文于2009年12月28日发表在《现代城市》2009年第4期）

长株潭城市群呼唤现代大学城

在高等教育发达国家中，几乎没有哪一所名牌大学是孤零零地存在于某个区域，往往是不同类型的大学聚集在一起，互动发展，共生共荣，逐步形成具有一定规模的城镇，通常被人们称为“大学城”，如美国的波士顿大学城，英国的牛津和剑桥等大学城，日本的筑波大学城等。从国外大学城的经验看，大学城是大学群集约化发展的有效路径，也是城市和区域发展的重要助推器。

20世纪90年代以来，大学城作为一种新的办学模式在中国大地上迅速崛起，一些城市竞相投入其中，形成了一股建设大学城的热潮，如廊坊东方大学城，南京仙林大学城、广东珠海大学城、上海松江大学城，广州大学城、深圳大学城、重庆大学城等。在大学城建设“蓬勃发展”的背后，既有必然性的一面，也有盲目性的一面。从现实情况来看，大学城建设确实达到了扩大高等教育供给，促进经济发展、推进城市化进程，提高办学质量的效果，但同时也带来了违规圈地、资源浪费、债务危机等一系列问题。但不能因此而从根本上否定大学城的功能，更不能因此而完全排斥大学城建设。对此，我们应深刻把握大学城基本内涵和建设规律，因地制宜、积极稳妥、科学有效地推进大学城又好又快发展。

顺应高等教育和区域经济社会协同发展的趋势，结合湖南尤其是长株潭城市群的实际，我们提出长株潭城市群建设现代大学城的构想，围绕“应不应该规划建设大学城？建设大学城有没有可能性？建设什么样的现代大学城？怎样建设这样的大学城？等四个问题进行了思考和探讨。

一、长株潭城市群建设现代大学城的现实必要性

（一）长株潭城市群建设现代大学城是加快推进湖南教育强省建设的内在要求

1. 长株潭城市群建设现代大学城是提高湖南高等教育大众化水平的需要

湖南省是一个人口大省，但高等教育大众化还处于初级阶段，根据《中共湖南省委湖南省人民政府关于建设教育强省的决定》，到2015年基本建设教育强省，其中高等教育毛入学率达到40%。由此可见，在“十二五”期间，湖南高等教育毛入学率几乎要翻一番，高等教育大众化发展的任务十分艰巨，依靠全省现有的高等教育资源以及高校自身的发展能力，很难实现这一宏伟目标，因此加快高等教育基础

设施建设，提高高等教育资源供给能力已经刻不容缓，迫切需要政府打破原来的办学模式，从更高的起点、更广阔的视野，统筹规划建设一个可以辐射全省的大学城，只有这样，才能从根本上解决人民群众日益增长的对高等教育尤其优质高等教育的需求与高等教育资源供给能力不足的矛盾，从而尽快提高湖南高等教育大众化的水平。

2. 长株潭城市群建设现代大学城是提升湖南高校整体竞争力的需要

湖南是一个高等教育大省，但却不是一个高等教育强省，虽有几所引以为豪的重点大学，但整体水平不高。这与建设教育强省的要求还有较大的差距。《湖南省建设教育强省规划纲要（2010—2020）》提出到2020年，高等教育整体实力进入全国先进行列。要提升湖南高校整体竞争力，必须克服相互独立、条块分割的弊病、改变分散办学、各自为战的模式，避免重复建设、恶性竞争的现象，树立湖南高校协同发展、共生共荣的新理念，促进高校合理定位、发展互补、设施共建、资源共享，探索建立与国内外一流高校合作办学的新机制，这在客观上需要构建一个规模宏大的大学城作为载体和空间。

3. 长株潭城市群建设现代大学城是推动长株潭高校群集约化发展的需要

长株潭城市群是湖南高等教育资源的集中地，拥有60所高校，但这些高校在空间布局上并不集中，分属于三个市的若干个区、县，近年来，长株潭的多所高校根据自身发展需要，纷纷在三市的新区扩征土地建设新校区，这种各自为政的小规模扩张行为影响了长株潭城市群的整体规划和土地资源的有效利用。目前长株潭三市特别是省会长沙中心城区用地已远远不能支持高校再发展的需要，高教发展与用地紧张之间的矛盾变得日益突出。虽然长沙加大投入规划建设岳麓山大学城，但发展实效不尽人意，岳麓山大学城名义上拥有44平方公里的面积，但实际上只容纳了中南大学、湖南大学、湖南师范大学等几所大学，而且该区域内大部分空间已为工业、商业和居民生活所占用，高校的发展空间比较狭小。基于此，迫切需要规划建设一个新的大学城，从而推进长株潭城市群教育综合改革，推动长株潭高校群集约化发展，提高长株潭高校群在全国的竞争优势。

（二）长株潭城市群建设现代大学城是切实推动长株潭城市群又好又快发展的迫切需要

1. 长株潭城市群建设现代大学城是推进长株潭城市群城市化进程的需要

城市化是城市群协调快速发展的强大“引擎”。近年来，长株潭城市群积极推进新型城市化进程，取得了积极进展和明显成效，已成为湖南经济发展水平最高、要素聚集能力最强、最具发展潜力的经济走廊和城市群。根据发展规划，2020年长株潭城市群的城市化率达到82%，经济总量将占到全省的一半。现在面临的一个问题是，随着城市化率进入加速发展期，载体和空间的关系，即城市群模式的选择，就突出地显现了出来。就现实情况来看，在长株潭城市化过程中，存在着重拓展中心城区而轻统筹城乡发展的现象，导致三市的城市化发展极不均衡，如果不采取超常规的措施来加快城市化速度，三市的结合地带很有可能会拖长株潭城市群城市化的后腿！这需要政府运用大手笔，在长株潭城市群之间建设一个大学城，充分发挥高等教育的关联和扩散效应，带动三市之间的大片农村地带和城乡接合部快速转化为城区，大大提升长株潭城市群的城市化速度，同时对周边城市也能起到一定的辐射作用。

2. 长株潭城市群建设现代大学城是促进长株潭城市群“两型社会”建设的需要

长株潭城市群是国家批准建立的资源节约型和环境友好型社会建设综合配套改革试验区，两型社会建设需要以高等教育的快速发展作为引领和支撑。一方面，从经济、科技与教育的关系来看，“两型社会”建设的关键在于依靠创新科技产业带动城市经济繁荣，而创新科技产业的形成需要有很多的研发机构和大学的配合。大学城是经济、科技、教育一体化的产物，它不仅为大学高新技术成果迅速商品化、产业化提供合适的环境和条件，而且为“两型社会”建设提供智力与人才支持，为社会的良性运行提供知识能量和精神动力，这是推动长株潭城市群经济社会快速发展的必要条件。另一方面，从“两型”产业体系的整体构建来看，高等教育具有很强的关联和扩散效应，除其本身对经济增长做出贡献外，还可以带动相关产业的发展。目前长株潭城市群在“两型”产业的布局方面，对高等教育及其特殊价值重视不够，没有把高等教育纳入“两型”产业体系之中，从长远来看，这对两型社会建设非常不利。长株潭城市群的未来产业发展趋势，需要“高度集聚、规划合理、环境优美、具有强劲的规模效应、辐射效应、关联效应和产业提升效应”的现代化大学城，这样才能迅速拉动长株潭城市群高科技产业、商业、服务业、房地产业、旅游业、交通运输业、文化娱乐业等产业的发展。

3. 长株潭城市群建设现代大学城是提升长株潭城市群国际形象的需要

从20世纪90年代以来，在长株潭经济一体化、两型社会建设、中部崛起等一系列重大战略的带动下，长株潭城市群在国内外的知名度得到迅速提升，然而城市功能的最终实现还要通过科技、教育、产业和文化的创新来完成。目前，长株潭城市群尚未培养出能够代表其整体形象的城市名片，城市知名度尚显薄弱，尤其在国际上的影响力远远不够。当今时代，以知识经济而崛起的新型城市形态逐渐取代工业经济为主的城市形态，这种新型的城市形态把各城市间的发展差距归之于知识生产、获取、交流的差距，它昭示着城市的建设要走“知识与发展”的道路。基于这样的时代背景，长株潭城市群要想在国内众多的城市群、都市圈中脱颖而出，走向世界舞台，树立良好的国际形象，必须顺应知识经济时代的要求，坚持科教兴市战略，发挥湖湘文化的优势，大力建设创新型城市，打造符合时代需要、具有国际视野、彰显自身特色的城市名片，从而提高长株潭城市群在国际上的知名度和美誉度。从这个意义上说，建设大学城是提升长株潭城市群国际形象、增强长株潭城市群国际竞争力的迫切要求。

二、长株潭城市群建设现代大学城的基础条件

（一）深厚的历史底蕴

长株潭城市群是湖湘文化的集中区，也是湖南教育的发祥地，长期以来，湖湘文化与湖南教育在这里交融发展、薪火相传，形成了自己的传统、特色与优势，培育出了一代又一代的杰出英才，在国内外享有“惟楚有才、于斯为盛”的美誉。同时，长株潭城市群是一代伟人毛泽东同志的家乡，也是毛泽东早年求学、工作和从事革命活动的地方，具有得天独厚的政治资源和独一无二的政治地位，多年来，湖湘人民基于政治角度对领袖人物的崇敬，对长株潭城市群的发展进行了艰苦的求索，20世纪50年代初就提出了长沙、株洲、湘潭三市合一，建立“毛泽东城”，以及湖南大学、湖南第一师范等学校合并，组建“毛泽东大学”等一系列宏大设想，虽然后来未能付诸实施，但这一构想深入人心、广为传颂，在国内外产生了很大影响。我们今天构想在长株潭城市群建设现代大学城，正是植根于湖湘文化和湖南教育的深厚历史底蕴之中，充分利用毛泽东的伟人效应，以人名城、以人名教、以人名校，从而提升长株潭城市群的国际形象和国际竞争力。

（二）难得的战略机遇

随着知识经济的快速发展，高等教育发展进入一个新的“黄金时代”，立足于世情、国情、省情，长株潭城市群建设现代大学城面临着十分难得的战略机遇。一方面，国家大力实施科教兴国战略和人才强国战略，优先发展教育，2010年召开的全国教育工作会议和颁布实施的《国家中长期教育改革与发展规划纲要（2010—2020）》，奏响了“加快从教育大国向教育强国、从人力资源大国向人力资源强国迈进”的时代强音。在建设高等教育强国的战略部署中，国家做出了一系列有利于长

株潭城市群高等教育发展的重要决策，包括设立支持地方高等教育专项资金，实施中西部高等教育振兴计划，建立长株潭城市群教育综合改革国家试验区，等等，这就从国家战略的层面为长株潭城市群建设现代大学城提供了有力的支持。另一方面，湖南在新的起点上加快推进教育强省建设，未来十年是湖南建设教育强省的关键期，湖南作为教育部确定的全国9个试点省份之一，着眼于全国教育改革发展的大局和富民强省的实际需要，科学制定了《湖南省建设教育强省规划纲要（2010—2020年）》，从而引领湖南高等教育科学发展、加快发展。规划提出：湖南省人民政府与教育部共建“长株潭城市群教育综合改革试验区”，其中包括探索区域高等学校资源共享的方式和途径，推进高水平大学和重点学科建设，增强高校服务能力，提高长株潭高校群在全国的竞争优势。开展扩大省级政府教育统筹权的试点，逐步推进湖南自主确定省属高校布局和设置普通本专科学校，等等，这无疑给长株潭城市群建设现代大学城带来了良好契机和强大的推动力。

（三）强大的区域依托

长株潭城市群已经进入发展的“黄金时代”，在客观上既需要有发达的高等教育作为支撑，同时又具备了支撑高等教育跨越发展的综合实力。第一，区位优势突出。长株潭城市群位于中部地区的经济腹地，处于我国东西和南北的结合部和我国“十”字形一级发展轴线的交汇处，是长江流域经济带和京广铁路经济带的交汇中心，铁路、水运、公路、空运优势均十分明显，是名副其实的综合交通枢纽。第二，增长潜力强大。长株潭城市群是湖南省的经济发展核心区，聚散功能强劲，增长潜力较强。第三，科教资源丰富。长株潭城市群拥有60多所高等院校，两院院士达51人，10个国家级重点实验室、5个国家级工程技术研究中心、49个博士后流动工作站。第四，产业基础雄厚，长株潭城市群拥有3个国家级高新技术产业区，形成了分工合理、优势互补的产业发展新格局，在先进装备制造、新材料、文化创意、生物、新能源、信息和节能环保等七大战略性新兴产业具有坚实的基础和明显的优势，未来一个时期，长株潭城市群将发展成为全国重要的战略性新兴产业创新基地和生产制造基地。长株潭城市群快速增长的综合实力和发展潜力，将为现代大学城建设提供强大的依托和后盾。

（四）较好的现实基础

第一，从地理环境来看，长株潭城市群沿湘江而建，呈“品”字形分布，结构十分紧凑，两两相距不足40公里，近年来随着融城步伐的加快，三市城区面积不断拓展，相互之间的距离逐渐缩小，最近处只有20多公里。长株潭城市群核心区面积为8448.14平方公里，地貌以平原、岗地、丘陵为主，拥有较为充足的水资源和森林资源，具备较强的环境承载能力，适宜进行大学城建设。第二，从基础设施来看，经过多年的努力，长株潭城市群已初步形成交通同环、电力同网、信息同享、金融同城、环境同治的基本格局，尤其是随着长潭西线高速、芙蓉大道、红易大道的陆续开通，以及长株潭城际轻轨，湘江沿江风光带等重大项目的实施，“2012年年底长株潭城市群将形成半小时通勤圈”，从而为建设现代大学城提供更为便捷的条件。第三，从高校布局来看，近年来伴随着长株潭一体化的进程，长株潭的高校加快发展步伐，纷纷拓址新建或征地扩建，形成了若干个具有一定规模的高校集中区，如长沙的岳麓山大学城、含浦科教产业园，株洲的职教大学城，湘潭的湘潭大学科技城以及正在兴起之中的九华大学城，从版图上看，它们同处在一个长方形带状区域。基于这一现状，完全可以在湘江风光带和长潭西线高速之间，建设一个规模宏大的现代大学城，这样就能够把上述分散在各处的大学园区连接贯通、连成一片，打造长株潭的乃至全省的“文化教育科技走廊”，并与长沙的大河西先导区、株洲的云龙示范区和湘潭的九华示范区相互呼应，成为湖南乃至中部地区的新“硅谷”。

三、现代大学城的功能定位

建设大学城，首先必须有合理而明确的功能定位。从大学城的基本内涵看，大学城作为一种新型城市社区，包括“大学”和“城”两个基本要素，兼具“大学”和“城”的双重功能。一方面，大学城具备城市的基本特征，具有齐全的基础设施、完善的服务体系，并且提供一个人才流动、信息交互、教育资源共享的开放式场所；另一方面，大学城体现大学的特质，培育锐意出新的原创思想、“以人为本”的人文精神，营造出一个富有现代文明气息的环境，对其周边社区能够起到先导、引领、辐射的作用，从而提升整个区域的文化氛围和文明程度。据此，我们设想在长株潭城市群建设现代大学城，绝不是仅仅把现有的大学复制放大并简单集中，而是要立足于湖南教育强省建设的实际，着眼于区域经济社会发展的全局，对接长株潭城市群“两型”社会建设试点，高起点、高标准、高水平建设符合时代需要、具有综合优势、充满创新活力、彰显湖南特色的“高等教育特区”。其具体的功能定位可以概括为六个方面：

（一）高校集约化发展的先导区

我们提出建设现代大学城这一构想的初衷，就是要适应教育强省的需要，扩大高等教育供给，提高高校办学质量和效益。对照高等教育的发展需求，我省高等教育资源供给显得不足，其中长株潭地区相当一部分高校发展空间受到制约，但三市中心城区用地已无法满足高校扩建的需要。为了有效解决高校发展与用地紧张之间的突出矛盾，规范高校的征地行为，使有限的教育资源实现效益最大化，我们设想由省政府统筹规划，在长株潭城市群建设一个规模宏大的现代大学城。今后长株潭城市群的高校建设新校区或者设立二级学院，统一设计规划在现代大学城，筹建的技师学院、民办高等院校新建校址也可安排在此。同时，鼓励允许其他市州有特色有实力的高校如衡阳的南华大学，湘西自治州的吉首大学，岳阳的湖南理工学院在此设立新校区或二级学院。这样就可以通过现代大学城这个载体，把各有特色、蕴含潜力的高校聚集起来，引领长株潭高校群向集约化发展，一方面，实现教育资源共享，大学城的各个高校将共享水、电、道路等基础设施，共享体育休闲娱乐设施，共享生活后勤服务设施，共享教师、课程、实验室、图书等教学资源；另一方面，促进高校集群发展，不同类型的高校积聚在大学城内，传承和发扬各自的优势和特色，在竞争中互相学习、彼此借鉴、互动交融、有机聚合、优势互补、共同发展，从而从整体上提高长株潭高校群在全国的竞争优势。

（二）高等教育改革的试验区

目前，我国教育改革已进入了“深水区”，2010年全国教育工作会议和《国家中长期教育改革和发展规划纲要（2010—2020年）》明确提出，“要以体制机制改革为重点，鼓励地方和学校大胆探索和试验，加快重要领域和关键环节改革步伐。创新人才培养体制、办学体制、教育管理体制，改革质量评价和考试招生制度，改革教学内容、方法、手段，建设现代学校制度。”

湖南省是教育部确定的全国9个试点省份之一，2009年湖南省人民政府与教育部协议共建“长株潭城市群教育综合改革国家试验区”，旨在探索建立落实教育优先发展战略的长效机制，探索区域教育一体化发展的体制机制，为全国统筹区域教育发展提供示范和借鉴。基于这一历史性的机遇和任务，我们认为应该把现代大学城建设成为长株潭城市群高等教育改革的实验区。实验区当然重在实验，重在探索高等教育创新发展之路。现代大学城应着力在四个方面加以探索：一是探索中部地区高等教育发展道路，要在遵循高等教育发展规律的前提下，把中央的决策部署和中部的实际情况有机结合起来，从整体上探索建立与“两型”社会建设相适应的高等教育发展之路。二是探索湖南建设高等教育强省的现实路径，建设高等教育强省既是建设高等教育强国的重要基础，也是湖南区域经济社会发展的内在需要，到底如何建设高等教育强省，需要立足湖南的实际，在试点的基础上强化集成、形成配套。三是探索长株潭区域高等教育发展模式，探索区域高等学校资源共享的方式和途径，探索区域高等教育多元化、优质化、特色化、国际化、集约化的办学道路，增强高等教育的发展后劲和综合实力，打造长株潭区域高等教育的新的增长极，提高长株潭高校群在全国的竞争优势。四是在一些关键领域和重要环节进行大胆探索，推进高校人才培养体制、考试招生制度、办学体制改革，开展现代大学制度建设、落实高校办学自主权和扩大省级政府高等教育统筹权的试点，为中部地区乃至全国高等教育改革创新积累经验、提供借鉴。

（三）高等教育开放的引领区

当今世界，教育开放越来越成为一种国际化的趋势，也是我国建设教育强国的必由之路。因此，《国家中长期教育改革和发展规划纲要（2010—2020年）》，强调要“坚持以开放促改革、促发展。开展多层次、宽领域的教育交流与合作，提高我国教育国际化水平”。湖南是一个内陆省份，在建设教育强省的进程中，更应该拓宽国际视野，扩大教育开放。基于此，我们认为，建设长株潭大学城应该立足湖南，面向中国，放眼世界，努力办成湖南高等教育开放的引领区。第一，要引进国内外优质高等教育资源。充分利用国际友好城市、政府和民间的合作优势，吸引国际知名大学落户现代大学城设立分校，同时以湖南省人民政府与北京大学等国内顶尖大学签订的战略性合作协议为平台，支持国内顶尖级大学在现代大学城设立新校区或举办二级学院，让湖南的学生在自家门口就可以享受国内外知名大学的优质教育。第二，要加强高等教育国际交流，鼓励湖南本土高校以现代大学城为基地，开展与国外知名高校的合作，成建制引进国外高水平学科和团队，广泛开展跨国跨境学生培养、教师交流等多种形式的合作，引进国外先进的课程体系，共同举办一批中外合作办学项目，探索合作培养本科学生和高层次的硕士、博士研究生。第三，要发展外国留学生教育。深度挖掘湖南本土高校的特色与优势，在现代大学城建立外国留学生教育中心，开展大规模、高层次的留学生教育，为世界各国尤其是发展中国家培养培训专门人才；同时要充分利用“汉语桥”世界大学生中文比赛的平台，在现代大学城建立国际汉语教育与传播基地，设立一批高质量、高水平的孔子学院和孔子课堂，对外传播中华文化和湖湘文化，从而打造现代大学城的国际教育品牌。

（四）区域科技和产业创新的核心区

科学研究和社会服务是现代大学的两大重要职能，随着知识经济的发展，大学在区域创新体系中扮演着越来越重要的角色，日益成为引导科技创新和产业创新的核心力量。大学城作为大学的集聚区，其功能应该是以高校教育、科技创新和产业培育三位一体。从国外大学城发展的经验来看，大学城和科学城往往是有机结合、融为一体，例如，日本的筑波大学城，设有60多个教育、科研与企业机构，拥有13000名研究及辅助人员，曾涌现出4名诺贝尔奖获得者，是日本的科研教育中心，也是日本的电子、宇航、生物技术和机器人等高技术的科研、设计和生产基地，被誉为日本的“硅谷”；法国的南法兰西大学城，拥有包括巴黎大学等11所大学、萨库雷原子能研究中心和航空研究所在内的40多个科研、教育与企业机构，是法国的原子能、电子学和生物技术等高技术的研究与生产设计中心。基于此，我们必须认识到，建设现代大学城不仅仅是单纯的发展高等教育的问题，而且要充分体现教育、科技、产业互动的良性机制，建设成为21世纪湖南的创新型人才培养中心、科学研究和交流中心、知识创新中心、研制开发中心、技术服务中心和成果转化中心。一方面，要扩大“外引”，利用长株潭城市群的美誉度和“两型”社会建设实验区的综合优势以及大学城的竞争优势和办学特色，吸引国内外的知名大学、研究机构到现代大学城设立重点实验室、研究中心、工程中心、博士后流动站等科研平台，争取国际跨国公司、国内特大型企业将产品和技术研发中心迁至现代大学城，吸纳国内外银行、证券、保险等金融机构及各类行业协会、中介服务机构来现代大学城创办产业创新平台；另一方面，要加大“内培”，要整合湖南本土高校的学科优势和人才优势，对接湖南的支柱产业尤其是七大战略性新兴产业，积极开展重点领域、重大项目和关键技术的研究，形成原创性成果，解决重大基础科学与关键技术问题，用知识创新打造新兴产业，构筑产业创新平台，促进大学校区、科技园区、公共社区的产学研联动发展，从而打造湖南的“硅谷”。

（五）新型城市化建设的样板区

大学城是以大学为纽带，辐射周边地区，集教育功能、产业功能和生活服务功能为一体，文化氛围浓厚、科技产业发达、优秀人才汇聚、生态环境良好的现代化新型城市社区。从上海、重庆、广州、杭州等城市的经验来看，创建大学城是城市化的一种有效路径选择，通过创建大学城，不仅能够在一定程度上增加城市人口占总人口的比重而提高城市化水平，而且能够极大增强城市的承载能力，改善城市的文化品位，拉动城市相关产业的快速发展。当前，湖南正在大力推进新型城市化建设，长株潭城市群作为全国“两型”社会建设实验区和湖南经济社会发展的核心增长极，理应先行先试，大胆探索，走出一条具有长株潭区域特色的新型城市化道路。在推进长株潭区域新型城市化建设的过程中，我们把大学城建设纳入新型城市化建设的总体规划之中，着眼于充分发挥大学城的集聚功能和辐射功能，努力把毛泽东大学建设成为新型城市化建设的样板区。第一，要坚持以大学为核心，聚集来自国内外的高等教育资源，组建长株潭区域新的高校群，并以此带动高科技、现代服务业、房地产等相关产业，快速形成一个以教育、科技、产业高度融合为特色的现代化新型城区。第二，要坚持以“两型”为引领，把“两型”理念贯穿于大学城建设的全过程，不仅要构建高等学校资源共享的长效机制，还要促进城市的基础设施和公共服务向集约化、低碳化发展，使大学城成为资源节约、环境友好的首善之区。第三，要坚持以城乡统筹为手段，将大学城建设与建设社会主义新农村、促进农村人口转移以及发展现代服务业结合起来，推动城市基础设施向农村延伸、城市公共服务向农村覆盖、城市现代文明向农村辐射，促进教育造福农民、科技服务农民、产业吸纳农民，形成城区与乡村互动发展、共同繁荣，市民与村民各安其所、和谐相处的良好局面。

（六）湖湘文化旅游的新景区

大学城是一座城市的窗口和形象展示区，蕴含着极为独特的旅游开发价值，是城市旅游中一笔不可多得的宝贵资源。从国内其他省市的经验来看，大学城建成之后，往往成为当地文化旅游的一个新景区。例如，广州大学城，不但拥有建筑风格各异、培养人才多样、文化内涵深厚的高校景观修学资源，还拥有一系列可圈可点的新兴景点，包括集中了岭南地区的民间传统特色于一身的岭南印象园；华南地区规模最大的中医药博物馆—广州中医药博物馆，集有科普教育、科技成果展示、学术交流和休闲旅游四大功能于一身、被称为广东的“科技航母”的广东科学中心。近年来，当地旅游部门整合广州大学城的旅游资源，开发了一条以“品味文化感受现代”为主题的“大学城科技文化之旅”，在广州及周边地区取得了良好的反应，许多家长带着孩子利用周末和节假日往来参观考察，并因此而选择就读大学城。广州大学城的成功经验给我们提供了有益的启示，大学城的建设既要遵循高等教育发展的内在规律，也要体现教育、文化与旅游高度融合的良性机制。长株潭城市群是湖湘文化的集中区，底蕴深厚，人文荟萃，资源丰富，极具旅游开发价值。基于此，我们认为，长株潭城市群建设现代大学城，应适应建设文化强省和旅游强省的战略需要，把大学城建设和湖湘文化旅游发展有机结合起来，打造一个具有独特魅力的湖湘文化旅游新景区。第一，要注重校园环境建设，把个性化、智能化、现代化的理念融入校园基础设施建设之中，同时营造良好的人文环境和生态环境，把大学城打造成为一座特色鲜明、内涵丰富的人文公园。第二，要挖掘湖湘文化特色，充分利用一代伟人毛泽东的品牌效应和湖湘文化的深远影响，在大学城内设计开发一批高层次的精品文化项目，如湖湘文化博物馆、湘籍名人蜡像馆，等等，使大学城成为湖湘文化旅游的一个窗口。第三，要整合周边的文化旅游资源，把大学城与周边的韶山、岳麓书院、昭山、爱晚亭、橘子洲头、湖南一师、曾国藩墓地联结起来，开发一条以“品读湖湘文化，引领青年成才”为主题的精品文化旅游线路。

四、现代大学城建设的对策建议

长株潭城市群建设现代大学城，是我们基于理论和现实的综合分析提出的一个构想。那么，具体到实践操作当中，如何才能建好现代大学城？这是一个极为复杂的难题，难就难在“建设规划怎么做，谁来推进建设工作，选择哪一种模式，采取什么样的扶持政策，建设资金如何解决”。对此，我们提出如下对策建议：

（一）认真做好规划

建设大学城的当务之急是要认真搞好规划，加强可行性研究，对大学城的选址和发展规模，进行科学论证，使大学城的规划建设建立在科学的基础之上。建议在长沙岳麓区与湘潭九华区的结合部，东至湘江沿江分光带、西至长潭西线高速公路，南至湘潭大学科技城、西至岳麓山大学城，划出一个呈走廊形状的区域来规划建设现代大学城，用地面积为30平方公里左右，能够容纳10所高校和15万学生，城镇总人口可达30万人（包括村镇人口），力争在“十二五”期间建成并投入使用，成为全国一流、中部领先的大学城。

（二）加强组织领导

建议省委、省政府把建设现代大学城纳入重要议事日程，成立现代大学城建设领导小组，聘请湘籍党和国家领导人以及关于有关领导担任顾问，省委、省政府主要领导任组长，省直有关部门和市、区党委政府负责同志参加，及时召开高层协调会议，共同研究现代大学城建设工作中的重大问题，同时成立类似于开发区管委会的建设机构和开发实体，吸收进驻大学城的相关高校和各类机构参与，具体负责实施现代大学城建设的规划和方案。

（三）正确选择模式

从目前国内大学城建设的经验来看，其经营特点与运作模式各具特色，归纳起来主要有五种模式：一是北京–廊坊模式，由企业出资，实行“校企共建、学校为主、各校合作”的运作机制；二是深圳模式，政府出钱建成大学城，高校入驻负责办学并开办研究院；三是江浙模式，建设资金以高校自筹和社会力量参与为主，高校主要是通过土地置换筹资建设大学城；四是广州模式，采取政府统筹、高校主体运行和社会力量参与相结合；五是珠海模式，采取赠地的方式吸引全国著名高校异地办学，不求所有，但求所在。这些城市建设大学城的成功经验，对现代大学城的建设具有重要的参考价值和借鉴作用，但归根到底，应结合湖南的实际情况来选择现代大学城的建设模式。

（四）加大政策扶持

建设现代大学城是教育强省的基础工程，更是富民强省的德政工程，可以说惠及三湘、泽被后人。高校作为大学城的主体成员，是受益者，更是开拓者，将会造福于民、助推发展。根据我省高等教育发展的现状，政府给高校无偿提供办学和发展所需的土地是完全必要也是切实可行的，因此，我们建议省、市、区各级政府借鉴国内发达省市的经验，从建设高等教育强省的高度出发，采取无偿赠地的方式吸纳国内外知名高校进入大学城办学，尤其是要支持湖南本土高校实现低成本扩建，同时通过制定各种优惠政策，引导企业先期投入基础设施建设，为高校入驻大学城创造基本条件。

（五）筹集建设经费

建设现代大学城，需要一笔巨额资金，应充分调动各方面的积极性，拓宽经费筹措渠道。一是政府要加大投入，建议省委、省政府向中央申请专项资金，在省本级财政预算中安排专项经费，同时把分配给所有申请入驻大学城的高校的基本建设经费集中投入大学城建设；二是高校要自筹经费，通过提高办学收入、拓展服务项目、降低办学成本以及银行贷款等方式自筹一定的资金投入大学城建设；三是吸纳社会资金，以财政、税收、金融和土地等优惠政策，吸引企业、社会团体、个人出资参与大学城建设，尤其要注重发挥“湘商”的力量，同时在全省范围内发行教育彩票和大学城建设债券；四是引进国际教育投资基金，积极争取境外捐赠。

（本文的主要内容于2015年10月1日发表在湖南红网，后被新浪网全文转载）

用幸福生活梦照亮脱贫致富小康路

在欢度国庆佳节、共享盛世华章的鼓乐声中，红网隆重推出大型网络视频新闻纪实系列报道《小康路上》，以视频、文字、图片有机组合的生动方式，通过实景、实事、实人，讲小康故事，聊小康心声，向我们展现三湘儿女践行“四个全面”、全力奔向小康的坚实足迹和辉煌成果，也向我们传递湖南省各省直厅局、市县区党委政府为人民实现梦想而不懈努力的坚定决心和使命担当，更向我们昭示湖南省委、省政府坚持用幸福生活梦照亮乡亲们脱贫致富小康路的民本情怀和战略定力。

中国梦归根到底是人民的幸福生活梦。习近平总书记深情地说：“我们的人民热爱生活，期盼有更好的教育、更稳定的工作、更满意的收入、更可靠的社会保障、更高水平的医疗卫生服务、更舒适的居住条件、更优美的环境，期盼着孩子们能成长得更好、工作得更好、生活得更好。”[1]中国梦属于所有对美好生活有向往有追求的中国人，在梦想面前人人平等，无论发达地区先富起来的城里人，还是偏远山区尚在贫困线下的乡亲们，都有筑梦的权利、逐梦的能力和圆梦的机会。“木桶理论”告诉我们，全面建成小康社会的最终实现水平并不是取决于高收入群体这块长板，而是取决于农村贫困人口这块短板。因此，在全面奔向小康的路上，那些偏远山区父老乡亲的梦想更值得我们去关注和帮衬，省委书记、省人大常委会主任徐守盛说：“要动员全省上下的力量，全民发动，举全省之力解决这部分群众脱贫致富奔小康的问题”。

乡亲们的幸福生活梦连着乡亲们的脱贫致富小康路，这正是元帅故里洪家关“山乡巨变”带来的生动启示。有了幸福生活梦，脱贫致富小康路才有指南针，“怎样奔小康，首先问老乡”，在偏远山区推进全面小康到底走什么路，首先必须看清乡亲们缺什么、听懂乡亲们想什么、摸透乡亲们盼什么，真正把乡亲们对美好生活的向往和追求作为党和政府的奋斗目标与工作引领。有了幸福生活梦，脱贫致富小康路才有原动力，“能不能小康，关键是老乡”，乡亲们才是偏远山区脱贫致富奔小康的主体力量和关键因素，只有用幸福生活梦，点燃乡亲们的致富信念、奋斗激情和创业智慧，才能真正引领和推动他们在小康路上越走越自觉、越勇敢、越稳健。有了幸福生活梦，脱贫致富小康路才有度量衡，“小康没小康，最终看老乡”，全面小康的丰富内涵和最终成效不完全是一组组数据所衡量，更重要的是看乡亲们的幸福生活梦是否成真、精彩几何，看乡亲们在实现幸福生活梦的过程中享受到多少存在感、获得感、幸福感，乡亲们都说日子好过了，那才是真幸福、真小康。

用幸福生活梦照亮乡亲们的脱贫致富小康路，贵在“众人拾柴火焰高”“汇聚星火成燎原”。这需要党和政府领着干，从政策规划、资金扶持、基础设施、搭建平台、产业开发等方面实施精准扶贫、加快发展步伐；也需要父老乡亲加油干，最大限度把乡亲们组织起来、调动起来、凝聚起来，切实推动偏远山区的大众创业、万众创新；还需要全社会一起干，包括媒体在内的社会各界，都应当积极对接偏远山区发展的需求，找准扶贫助民的突破口和着力点，整合资源、发挥优势、形成合力，为乡亲们的脱贫致富奔小康路源源不断地输入正能量。

我们有理由坚信：在幸福生活梦的引领下，一定会有越来越多的父老乡亲像洪家关人一样，踏着湘江北去的湖湘序曲，早日抵达全面小康的胜利彼岸。

参 考 文 献

[1] 习近平. 始终与人民心心相印、同甘共苦——在新一届中央政治局常委同中外记者见面会上的讲话［J］. 党的生活，2012（12）：23.

（本文于2015年10月5日发表在湖南红网，后被新浪网、网易网全文转载）

忧患意识为建设新湖南注入强大精神动力

在湖南省十二届人民代表大会第七次会议闭幕会上，省委书记、省人大常委会主任杜家毫向全省人民庄严承诺“不负使命、继续前进”。他语重心长地指出：“人民群众所思、所盼、所忧、所虑的很多问题还没有得到解决，实现人民向往的美好生活还有很长的路要走。”[1]

尤其令人敬佩的是，他以辩证思维对湖南的发展作出理性分析：虽然以高速、高铁等为标志的“大建设”搞得很好，但农村公路、农民饮水、电网改造、垃圾处理等“微建设”差距不小。全省高校面貌、城镇中小学改造成绩斐然，但不少农村孩子上学仍然辛苦跋涉，难以寄宿。城市高楼林立、流光溢彩，但还有不少百姓居住在危房和棚户之中。外出打工增加了农民收入，但老人缺少笑容、儿童缺少母爱、妇女缺少温暖的“三留”困境，却是我们最揪心的痛。这一番直白充分彰显出“建设富饶美丽幸福新湖南、夺取全面建成小康社会新胜利”的自觉自信，更由衷表达了“思民众之所思、盼民众之所盼、忧民众之所忧、虑民众之所虑”的忧患意识。

2016年是“十三五”开局之年，面对全球经济复苏乏力，国内经济下行压力加大，省内传统产业遭遇“天花板”等多重困境，7300万湖南人民凝心聚力、攻坚克难、奋勇争先，使湖南经济总量首次突破3万亿元，跃居全国第九位。这是一份金灿灿、沉甸甸的成绩单，对此湖南人民完全有理由、有底气、有资格充满自信和自豪。

在这种鼓舞人心的特殊节点，以杜家毫同志为班长的湖南领导班子仍然保持强烈的忧患意识，实属难得、尤为珍贵。这种忧患意识不是言之无物的空谈，而是对经济新常态运行特征及规律要求的深刻把握、对湖南经济社会发展现实短板的理性认识；也不是一时兴起的壮语，而是对人民公仆红色初心的切实坚守、对湖南民生问题和人民福祉的极大关切；更不是吸人眼球的作秀，而是对全面建成小康社会决胜之道的深邃思考，对湖南改革发展强力推进的使命担当。这种忧患意识具有鲜明的“湖湘标识”，从某种意义上讲，它实际上代表了新时期湖南人的精气神，彰显了7300万湖湘儿女“心忧天下、敢为人先”的文化自信，构成湖南软实力、巧实力中不可或缺更不容忽视的一部分，必将为建设富饶美丽幸福新湖南注入强大精神动力。

建设富饶美丽幸福新湖南是一场新的“长征”，呼唤更多、更深、更强的忧患意识在湖湘儿女心中落地生根、开花结果。一方面，要让忧患意识成为全省上下的普遍共识，通过这次省人大会议，忧患意识已经在752名省人大代表中引起了共鸣，仅此“关键少数”还远远不够，应当充分运用各种平台和载体，抓紧开展形式多样、切实有效的宣传教育，使这种忧患意识由会堂走向社会、从人大代表深入人民大众，在全省广大党员干部和人民群众中实现共振，让每一个湖南人都能在忧患中走向自觉自信自强。

另一方面，要把忧患意识转化为攻坚克难的自觉行动。在新的历史起点上，在新的竞争格局中，湖南发展可谓前有标兵后有追兵，不发展是最大的风险，发展不快也会掉队，对此我们有清醒的认识，但不能仅仅停留在思想上的居安思危，关键是要有奋起直追、迎难而上的自觉行动，举全省人民磅礴之力，为建设富饶美丽幸福新湖南撸起袖子加油干！

参考文献

［1］ 湖南省十二届人大七次会议胜利闭幕　杜家毫发表讲话［N］. 湖南日报，2017-01-20（1）.

（本文于2017年1月22日发表在湖南红网，后被东方网全文转载）

从哲学“多棱镜”视角看袁隆平的超级稻

习惯了对“世界杂交水稻之父”袁隆平院士的崇敬膜拜，前不久还为今年的诺贝尔和平奖没有颁给袁隆平院士而愤愤不平，近日却很意外地拜读到袁隆平院士发表在《环球时报》的文章《请别再向超级稻泼脏水》，可谓“寥寥千余字，字字重千钧，满篇大白话，句句敲心坎”。这是一个耄耋老人对舆论质疑的正面回应，也是一个科技专家对科学尊严的自觉维护、对技术创新的不懈追求，更是一个人民赤子对粮食安全的深邃思考、对国家发展的使命担当、对民生福祉的真诚关切。在文章的最后，袁隆平院士以他一贯的宽厚和温润，由衷地表达了一个希望：“不要再向我们的超级稻泼脏水了”，这不仅强烈地震撼了我们的心灵，而且引发出一系列值得全社会深思的问题：对长期以来广受人们赞誉而如今深陷舆论漩涡之中的超级稻，我们究竟应该从何处看、看什么、怎么看，如何才能做到客观、公正、理性？这要求我们从感性上升到理性的高度，自觉用马克思主义哲学的“多棱镜”来看袁隆平院士的超级稻，着力解决其中蕴含和派生出来的四个认识问题。

第一，看超级稻该站在谁的立场看？以马克思主义的唯物史观为指导，必须站在人民群众的立场来看超级稻。“人民是历史的创造者，群众是真正的英雄”，这是唯物史观的基本观点之一。评价任何一个人物和事物，都必须始终站在人民群众的立场上，从人民群众的根本利益出发。因为“人民群众对美好生活的向往就是我们的奋斗目标”，“给老百姓做事就是最大的公认度”。而对于袁隆平院士和他的超级稻，人民群众尤其是广大的农民才是最亲近的，也是最了解的，更是最有发言权和评价权的。20世纪80年代，在我国广大农村曾流传这样一句顺口溜：农民吃饭靠“两平”，一靠搞责任制的邓小平，二靠培育出杂交水稻的袁隆平。如果说杂交水稻只是解决了广大人民群众的温饱问题，而超级稻则是为了以高产量和高质量更好地保证全国人民的粮食需求、满足人民群众对美好生活的期待，这就是袁隆平院士和他的科研团队在超级稻研究中持续攻关、追求卓越的原动力和新梦想。站在人民群众的立场来看超级稻，无论国家对超级稻多么重视都不为过，无论社会对超级稻多么关注都合情理，无论百姓给超级稻再多的点赞都不算多，但那些泼向超级稻的脏水，哪怕有一滴也是对人民的蔑视和亵渎。

第二，看超级稻关键是看什么？马克思主义的价值论启示我们，关键是看超级稻的时代价值。在人类社会生活中，客体以特定的属性满足主体的需要，从而形成价值。价值是判断和评价人们实践活动成功与否的一个重要尺度。价值具有多维性，对袁隆平院士的超级稻的时代价值，必须做全面的考察和分析。从科研价值来看，超级稻作为一项自主知识产权的世界领先技术，已经屡创粮食生产的国际新纪录，并且在多个领域取得了创新和突破，让最早提出超级稻的日本人望尘莫及。从经济价值来看，超级稻就像一枚农业种子革命的“深水炸弹”，在短短20多年间引爆了水稻革命，使水稻的亩产量从1995年的402公斤攀升到2014年的超过1000公斤，我们不必地细算它为中国带来多大的经济效益，只知道一粒小小的超级稻种子改变了中国也改变了世界。从社会价值来看，超级稻作为一个人人可享的“福利品”，不仅彻底解决了广大人民群众曾经寝食难安的吃饭问题，而且把我国广大农村的父老乡亲引向了农业产业化、全面奔小康的光明大道上。从政治价值来看，超级稻作为一项重要技术支撑，不仅让中国人把饭碗牢牢地捧在了自己手里，切实保证了一个泱泱大国的粮食安全，而且为世界大粮仓注入了中国贡献和中国品牌，极大提升了和谐中国的国际形象。早在1994年，美国地球政策研究所所长莱斯特·布朗就曾在《谁来养活中国人？》一文中指出：“如果中国人不能养活自己，那么他们将使世界挨饿”。第三，看超级稻究竟应该怎么看？马克思主义的唯物辩证法告诉我们，必须坚持用辩证的思维看超级稻。按照唯物辩证法的观点，世界任何事物都是辩证的，需要我们学会辩证地看待事物。首先，要用矛盾的观点来看超级稻，“人无完人，金无足赤”，超级稻既有自己的突出优势，也必然包含一定的不足，关键是要看什么是主流，而那些足以震撼中国和世界的多样性的时代价值就是超级稻不可磨灭的主流，绝对不能“一叶障目而看不见整个森林”。其次，要用联系的观点看超级稻，世界万事万物都是普遍联系而且互相影响、互相制约，超级稻要实现高产、高质、高抗，优种、优法、优壤、优态一个都不能少，在PM2.5居高难下、土地肥力日渐堪忧、粮农素质有待提高的今天，袁院士的超级稻的表现已经超级棒了。再次，要用发展的观点来看超级稻，超级稻虽然已经“芳龄二十”，但是放在世界粮食的历史长河中，它仍然是一个新生事物，仍处在发展之中，其优越性正在一点一滴、持续不断地被人们所发现并感受，我们应该有耐心、有信心去期待超级稻未来的快速成长和更大成功。实践证明：只有自觉运用辩证法看超级稻，才能够真正把超级稻的过去、现在和未来看得清清楚楚、明明白白、真真切切。第四，通过看超级稻让我们看清了什么？根据马克思主义的认识论，必须透过泼向超级稻的脏水看清其中隐藏的意识形态的东西。袁隆平院士的超级稻是中国特色社会主义的一项重大胜利成果，也是社会主义先进生产力和社会主义制度优越性的一个典型代表，更是中国优秀传统文化中“民以食为天”思想的一种有力诠释，还是勤劳勇敢、充满智慧、仁爱精诚的中国人民对世界人民尤其是发展中国家人民的一大突出贡献。也正是因为这些，袁隆平院士的超级稻掀动了某些人企图独占的“奶酪”，招惹了一小撮人早已迷失的“神经”，所以必然会引来一些无法回避的“脏水”。马克思认识论教导我们，要透过现象看本质。习近平总书记一再告诫我们：欲灭其国，必先去其史。历史规律启示我们：欲去其史，必先诋毁其时代英雄和伟大成果。对此，我们必须铭记：任何一个热爱祖国、热爱民族、有正义感、有良知的中国人，都应该为超级稻点赞，而绝不应该向超级稻泼脏水，哪怕是一小滴。让我们倍感欣慰、倍加崇敬、倍受振奋的是，面对“脏水”，袁隆平依然豪情万丈地说：“超级稻研究事关国家荣誉和粮食安全，无论遇到什么困难，我绝不会退缩。现在我们的科研团队正在向超级稻第五期攻关，向着更高产量和更高质量奋进。”伟哉、壮哉，袁院士！美哉、优哉，超级稻！马克思说：“如果我们选择了最能为人类福利而劳动的职业，那么，重担就不能把我们压倒，因为这是为大家而献身；那时我们所感到的就不是可怜的、有限的、自私的乐趣，我们的幸福将属于千百万人，我们的事业将默默地，但是永恒发挥作用地存在下去，而面对我们的骨灰，高尚的人们将洒下热泪。”在马克思主义哲学的“多棱镜”的照耀下，我们完全有理由坚信：未来中国人民乃至世界人民一定会对袁隆平院士和他的超级稻洒下高尚的热泪。

（本文于在2015年10月12日发表在湖南红网，后被新浪网、中国大学生在线网站全文转载，主要观点被《光明日报》2015年10月15日的新闻报道《“无论遇到什么困难，我决不会退缩”》引用；在2015年中共湖南省委教育工委和湖南省教育厅主办的湖南省首届高校网络宣传思想教育优秀作品评选中获评优秀网络文章）

屠呦呦的湖南故事带给湖南小康之路的新启示

国庆假期中接连有两则新闻澎湃了正奋进在小康路上的湖南人：一是2015年10月5日各大媒体竞相报道的头条新闻，中国女药学家屠呦呦因为研究抗疟疾药青蒿素获得2015年诺贝尔生理学或医学奖，这是中国科学家在中国本土进行的科学研究第一次获得诺贝尔科学奖，也是中国医学界迄今为止获得的最高奖项，更是中医药成果获得的最高奖项。二是2015年10月6日湖南日报挖掘、首次公开报道的鲜为人知的《屠呦呦的湖南故事》，真实地还原了屠呦呦将青蒿引入到湖南的全过程，正是因为得益于屠呦呦的技术支持，湖南有幸成为全国第二个青蒿素的生产省份，武陵山区的一些老乡通过种植青蒿走上了脱贫致富小康路。因为青蒿素，屠呦呦引领中医走向世界最终荣膺诺贝尔奖，让包括湖南人在内的炎黄子孙无不扬眉吐气，也正是因为青蒿素，屠呦呦结缘三湘大地并留下方兴未艾的湖南故事，让心怀天下又重情重义的湖南人增添了一份认同感和自豪感。

站在湖南奋力冲刺全面小康的重要节点上，迎着瞬间刮起并漫卷全球的“青蒿素旋风”，品读“中医药女神”屠呦呦的湖南故事，我们在深受感动、倍感振奋、肃然起敬的同时，更深切地感受到屠呦呦的湖南故事蕴藏着极大的发展能量，给湖南小康之路带来了一系列新启示。

启示之一：它彰显出一种向上向善的精神力量，需要我们切实讲好屠呦呦的精彩故事。

屠呦呦的成功不是孤立的，也不是偶然的，而是她诸多精神元素和品格力量深度融合、长期积淀、不断升华的结晶。作为一个科学家，她凭着超强的“洞察力、视野和顽强信念”，扎根青蒿素的研究园地，坚持40多年不间断，经历190多次失败不放弃，以身试毒患肝病不后悔，年过八旬继续科研不歇息，没有得到应有荣誉不抱怨，面对外国高薪聘请不动心，置身荣誉之前不贪功，这无疑是一种科学精神的坚守和执着。她“选择了最能为人类福利而劳动的职业”，用自己研制的青蒿素“挽救了全球特别是发展中国家的数百万人的生命”，给湖南湘西等边远山区的乡亲们送去了脱贫致富的福音。就是这位“情非得已”的妻子、母亲、外婆，却在家中摆满女儿和外孙女照片，还让老伴始终如一地“心疼她也支持她”，这其实是一种家国情怀的奉献和担当。“青蒿素之母”屠呦呦虽然不是湖南人，但她的故事与

“世界杂交水稻之父”袁隆平、“中国试管婴儿之母”卢光琇等当代湖湘英才的事迹交相辉映，她的精神与“忠诚，担当，求是，图强”的湖南精神息息相通，因此，屠呦呦和她的精彩故事同样会极大地振奋、激励和推动7200万三湘儿女在践行“四个全面”、奔向全面小康的伟大征途中脚踏实地、奋勇向前。

对此，我们要立足湖湘大地切实讲好屠呦呦的精彩故事，要以习近平总书记系列重要讲话精神为指导，组织广大党员干部深入学习领会李克强总理致国家中医药管理局的贺信精神，整合和发挥我省在新闻、出版、理论方面的优势，充分利用各种媒体和平台，以通俗易懂、生动活泼、贴近大众的方式，广泛宣传屠呦呦的重大成果和优秀事迹，总结提炼屠呦呦精神的深刻内涵和时代价值，在全省各地、各部门、各行业、各团体开展“向屠呦呦同志学习，为湖南小康梦奋斗”的主题活动，使广大人民群众从屠呦呦的精彩故事中筑牢中国特色社会主义的理想信念、汲取脱贫致富奔小康的强大动力、点燃大众创业、万众创新的内在激情，强化实现中华民族伟大复兴的使命担当。

启示之二：它蕴含了一笔不可多得的文化资源，需要我们做足做精中医药的湖南文章。

屠呦呦以青蒿素获得诺贝尔生理学或医学奖，不仅仅是中国科技繁荣进步的重要体现，更重要的是中国中医药走向世界赢得国际认可的一个象征。屠呦呦对青蒿素的先驱性发现，源自对《肘后备急方》等中医古典文献的研读和挖掘，被业内人士称之为“中医药知识继承和创新相结合的典范”，屠呦呦在获奖后向世界传递了一种自豪的声音：“青蒿素是传统中医药送给世界人民的礼物”“这次获奖，说明中医药是个伟大的宝库”。我们必须清醒地看到，未来中医药的伟大复兴绝非靠屠呦呦一人之力、青蒿素一药之功、诺贝尔一奖之荣就能达成，只有当中医药作为一种优秀民族文化在全世界广为传播推广，不断渗透并影响世界人民的价值理念、思维方式、文化性格，中医药才能够全面走向世界、最终引领世界。由此说来，屠呦呦获奖还有另一层更为深刻的意义，就在于她把中国传统文化的瑰宝之一——中医药文化，成功地推向了世界科技文化的最高殿堂，为世界人民了解中医药这个博大精深的文化宝库打开了一扇窗，同时也极大了提升了中国人民对包括中医药文化在内的中国优秀传统文化的自觉自信。我国的中医药文化源远流长、宝藏丰富，传承、弘扬、创新中医药文化是我们义不容辞的文化使命。湖南是中医药大省，自古就有神农氏遍尝百草的传说，又承载着医祖、道医、医圣、药王等诸中医大家，还有堪称中医珍宝的马王堆古医书，这使得湖湘中医文化更加厚重，成为中医药文化的一枝独秀。对此，我们要挖掘文化资源做足做精中医药的湖南文章，要加强中医药文化的多维研究，打造中医药文化的名著、名家、名校，探索建立传承文化经典、符合时代要求、彰显湖湘特色的中医药文化理论体系和话语体系，把湖湘中医药文化真正“立起来”；要加大中医药文化的对外传播，推动中医药文化进宣传媒体、进孔子课堂、进国际节会、进外事活动，开展多层次、多形式、多渠道的对外文化交流，让湖湘中医药文化大胆“走出去”；要充分运用“互联网+”的思维和产业化运作的模式，把中医药文化的开发与旅游、健康、餐饮、养老、家政、美容、商贸、文化创意、休闲娱乐等相关产业结合起来，使湖湘中医药文化不断“火起来”。

启示之三：它预示着一个千载难逢的发展契机，需要我们加快培育湖南的青蒿素产业。

青蒿素不仅为屠呦呦赢得了诺贝尔奖的桂冠，也为全世界所有疟疾病人带来了福音，更将给中国青蒿素产业带来一个春天。疟疾是全球关注的重要公共卫生问题之一，广泛流行于世界各地，而“青蒿素的发现不仅增加一个抗疟新药，更重要的意义还在于发现这一新化合物的独特化学结构，它将为合成设计新药指出方向”。由此带动中国青蒿素的产业化，青蒿素是当前中国被国际承认的唯一创新药物，在世界很多国家和地区深受青睐，产生了很大的社会效益和经济效益，现在有了诺贝尔奖这层光环，中国青蒿素产业的发展前景不可限量。

湖南是全国第二个青蒿素生产省份，正因为有屠呦呦的技术支持，加之适宜的自然条件和较好的群众基础，近年来不仅在青蒿的人工种植方面已经初成规模，而且在青蒿素生物制剂方面取得了骄人成绩。有资料显示，早在2007年湖南“青蒿素”生物制剂就已经成功打入世界市场，但不可否认的是，目前湖南青蒿素生产的规模和效益仍不尽人意，此次屠呦呦的诺贝尔奖无疑给湖南带来了利好消息和难得机遇。对此，我们抓住发展契机加快培育湖南的青蒿素产业，要发挥政府的引领作用，做好顶层设计和产业规划，加大政策、资金、人才等多方面的扶持力度；要强化市场的基础作用，让更多的社会资本关注并投向青蒿素产业，使行业内各种主体、资源、平台不断整合形成完整的青蒿素产业链；要调动人们的主体作用，吸引和凝聚一支数量充足、素质较高、能力互补的青蒿素产业大军，以青蒿素为物质载体推进大众创业、万众创新，用青蒿的芬芳去点缀湖南小康之路！

（本文于2015年10月8日发表在湖南红网，后被新浪网、网易网全文转载）

从策论潇湘看湖南智库的转型升级

刚刚过去的2015年，是湖南社科理论界极不平凡、实现突破的一年。在这一年，具有光荣传统和深邃思考的湖南省社科理论界，坚持立足湖南看全国、全球，放眼全国、全球看湖南，在精准把握世情、国情、省情的基础上，围绕当前热点民生及重大战略问题，举办了一系列主题鲜明、形式多样、颇具关注度与创新力的学术活动，为湖南经济、社会、文化、民生的发展分析把脉、出谋划策，堪称湖南智库建设的排头兵，为新时期湖南智库转型升级提供了示范引领。对奋进中的湖南智库来说，转型升级势在必行。首先，转型升级是落实中央决策部署的必然要求。党的十八大以来，以习近平同志为总书记的新一届党中央，把智库的转型升级提到了新的高度，2015年1月，中共中央办公厅、国务院办公厅印发的《关于加强中国特色新型智库建设的意见》，明确提出建设中国新型特色智库的指导思想、基本原则、总体目标、分类要求、体制创新、制度保障。贯彻落实中央的决策部署，必然要求各类智库在主攻方向、组织形式、管理方式、运行机制等方面进行转型，在内生能力、整合资源、人才队伍、服务水平等方面实现升级。其次，转型升级是传承优良传统的现实要求。“惟楚有才，于斯为盛”，湖南历来具有“传道济民、爱国务实、经世致用、兼容并蓄”的文化传统，“心忧天下、敢为人先”的湖湘文化传统，归根到底就是成为中国最一流的“智囊团”和“思想库”，在中国近现代和当代史上就曾有多次“史上第一智库”的先例和范本，如陶澍、曾国藩、胡林翼、左宗棠、彭玉麟、黄兴、蔡锷、毛泽东、刘少奇、任弼时、彭德怀、贺龙、罗荣桓、胡耀邦、朱镕基等，要传承湖湘先贤和先哲们的优良传统和精神财富，必须在新时期尽一切努力去实现湖南智库的转型升级。再次，转型升级是破解发展难题的内在要求，湖南作为区位优势突出、历史底蕴深厚、文化传统最美、理论创新前沿、智库资源丰硕、发展前景广阔的高地，适逢“一带一路”“长江经济带”“中部崛起”“沿海产业转移”“对接东盟”“两型实验”“长株潭一体化”“5+2”城市群等多种机遇，特别需要在发展理念、整体规划、产业布局、民生事业等多方面加以突破和创新，坚信在习近平为总书记的新一届党中央的引领下，湖南会发展得更好、更高、更广、更优、更精、更美，这在客观上迫切需要湖南智库转型升级，为湖南未来发展助力给力、加油加“芯”。

湖南智库转型升级，一定要站稳立场、创新思路、精准定位、广开渠道、以民为本。湖南智库建设，一是一定要站稳立场，以马克思主义中国化、时代化、大众化和习近平总书记系列重要讲话为引领，为湖南发展的舆论导向、政策落实、资源整合鼓与呼；二是创新思路，既要立足湖南想未来，又要跳出湖南谋发展，充分整合互联网+智库的资源，推动湖南智库的创新发展；三是精准定位，必须领会好省委、省政府“十三五”的顶层设计和发展思路，必须着眼于为湖南经济、社会、民生等各方面、各领域的发展提供思想、理论、人才和智力的支持；四是广开渠道，“一个好汉三个帮”，“每个人都有自己的思想”，在湖南迫切需要的前提下，肯定要最大限度地拓宽视野、打穿通道、整合资源，以实际行动为湖南的发展做最深入的思考；五是以民为本。不管因何事何理、在何时何地、作为湖南智库，必须始终即坚持以最广大人民的根本利益为代表、以“人民群众对美好生活的向往和期待”为出发点、以湖湘大地7000多万父老乡亲的期许为着力点，扎扎实实履行好智库的使命和担当！湖湘智库，红网当先，潇湘策论，走向未来。

（本文于2016年1月9日发表在湖南红网，后被新浪网、网易网、湖南智库网全文转载）

“三个唯恐”彰显时代楷模的本色

“三严三实”好干部左亭先进事迹中，最震撼、最打动、最感染我的是他对自己的从严要求。

像左亭这样一位忠诚担当、勤勉敬业、清正廉洁的领导干部，却时刻“唯恐工作没有干好，辜负领导的信任和厚爱；唯恐现在舒适的工作环境让我迷失方向；唯恐思想产生波动，放松对自己的要求。”这“三个唯恐”实际上是一种高度的思想自觉和政治自醒，是严以修身、严以用权、严以律己的生动诠释，彰显的是一个共产党员至高至精的事业追求、至真至纯的党性品格、至诚至爱的民本情怀，传递的是一种向上、向善、向好、向美的强大精神力量。

用奔驰的火车头来赞美左亭，非常形象、非常贴切、非常精准，这不仅仅是因为左亭大半生都是与铁路和火车头打交道，也不完全是因为他获得过铁道部最高荣誉称号——“火车头奖章”，更重要的是因为他和火车头在精神内涵上是相同的。火车头总是沿着正确的方向和轨道，负重前行、冲锋在前、奋勇争先、一往无前、不知疲倦、永不停歇，也总是唯恐自己载得不够、跑得不快、开得不稳、行得不远。从某种意义上讲，正是这种“唯恐”为火车头的奔驰注入了永恒的强大的精神动能。

在中国特色社会主义的光明大道上，在全面建成小康社会的决胜阶段，我们需要有更多像左亭这样奔驰的“火车头”，承载广大人民群众对美好生活的向往，稳稳当当、风驰电掣地奔向明天。

（本文于2016年2月28日发表在湖南红网，后被新浪网全文转载，主要观点被《光明日报》2016年3月1日新闻报道《全国各地干部群众热议左亭：“他是我们干事创业的好榜样”》引用）

向上的力量

近日，包括湘女彭新华在内的九位女学霸荣获“中国青年女科学家奖”的消息沸腾了网络世界，也刷新了人们的妇女观、事业观和成才观，其励志故事更是给许多正在打拼人生、奋发向上的年轻人注入了强大的精神动能。尽管她们的成长经历不尽相同、职场传奇各有特点，但彰显的却是一个共同的人生哲理：人生要实现华丽的转身，必须始终保持向上的力量。

向上，是万物生长的方向，也是人生发展的方向。对于“最富有朝气、最富有梦想”的年轻人来说，唯有向上才能紧跟时代、勇立潮头，也唯有向上才能安身立命、不负此生，更唯有向上才能担当责任、奉献社会。这群平均年龄为35.8岁的女科学家，既有硕果累累的知名科学家，也有异军突起的“80后”新锐，分别在宇宙空间的物理探索、神经细胞的基础研究、量子计算、利用流星余迹通讯、情绪解码以及癌症的攻克与治疗等研究领域，取得了令人惊叹和信服的研究成果。在这个花一样的年华，她们何以能够安守于寂寞而清苦的学术生活，让青春在科学的世界里绽放最美丽、最精彩的光芒？究其原因，无疑是多方面的，但归根到底是一种向上的力量，支撑她们不断走向人生的新高度。这种向上的力量适用于不同时代、不同性别、不同行业的青年，贯穿于青年为人生梦想和壮丽事业而奋斗的全过程之中，是一种普遍的力量，也是一种永恒的力量，更是一种崇高的力量。

向上的力量从哪里来？作为时代青年，如何让自己保持源源不断的向上的力量？这是我们理性阅读九位女科学家的励志故事之后最应该深思的人生课题。马克思主义哲学告诉我们，内因才是事物变化发展的内在根据。这种向上的力量固然需要良好的外部环境，但绝不可能完全依赖外力，归根到底是要靠内生。要从坚定的信仰和信念中汲取向上的力量，用马克思主义为人生导航，始终坚持中国特色社会主义的道路自信、理论自信、制度自信；要从家国情怀和使命担当中汲取向上的力量，用“中国梦”“青春梦”为人生加油，勇于担当党和人民赋予青年的时代使命；要从道德和文化中汲取向上的力量，用社会主义核心价值观为人生铸魂，切实扣好人生的第一粒扣子；要从实践和磨砺中汲取向上的力量，用“大众创业、万众创新”为人生加码，在改革发展的火热实践中砥砺自我、奉献自我、超越自我。

天高任鸟飞，海阔凭鱼跃。我们完全有理由坚信：在中国特色社会主义的光辉大道上，一定会有越来越多的年轻人会像九位女科学家一样，用智慧和汗水书写出无愧于时代召唤、无愧于人民期待的精彩人生故事！

（本文于2016年1月18日发表在湖南红网，后被东方网全文转载；于2016年2月22日以《以向上的力量托起梦想》为题发表在《湖南日报》）

关于零陵古城旅游开发的四点思考

当下，永州市零陵古城旅游开发如火如荼、方兴正艾，作为一个旅居外省的游子，发自内心地为家乡的发展满怀期冀、深感自豪，但作为一个独立思考的学人，却又必须实事求是地审视事实、展望未来。在为之鼓与呼的同时，有必要给家乡的父老乡亲们提点建设性意见，绝不是要制造噪音、泄劲熄火，而是希望以此为家乡旅游开发注入正能量，使父老乡亲们能够祛除虚火、保持清醒。心静才清醒，谋定而后动，实干方兴业！

一、当务之急是要理清零陵的独特文化内涵

许多人一提及零陵，总以“历史古城、文化宝地”而沾沾自喜，似乎随地挖个洞、拾块砖都可以当文物、显文气，其实这是一种盲目的自信，若不能提炼出其中的文化内涵，所谓古城只不过是一堆麻石、青砖、瓦砾的混合体而已。那么，数十年来人们在关于零陵文化的高谈阔论中，不妨扪心自问：我们是否真的读懂了历史先贤们留给这一方土、这一片山、这一江水、这一座城的丰厚遗存？在犹如珠落散地的零陵文化碎片中，有没有一些贯通其中和传承千年的东西，它的灵魂到底是什么？在今天这样一个浮躁与梦想共有的时代，零陵文化能给世人尤其是零陵之外的人们提供什么样的精神正能量？如果不能提供一些与众不同而又切实有用的文化力量，我们凭什么让那些习惯于“世界那么大、我想去看看”的休闲一族不远千里来零陵古城，又拿什么让他们“来了不想走，走了还想来”？

必须承认，零陵在历史上曾经是南蛮之地、穷僻之野，更是谪官贬居之乡。柳宗元、范纯仁、张浚等，无一不是被朝廷逐放至此！这不是零陵的历史包袱，而恰恰是零陵文化的荣耀！以柳宗元为例，试看：柳宗元被贬零陵之时，在仕途上曾是何等失意落魄，几乎濒临精神崩溃边缘，而在零陵十年，柳宗元在文坛上又是何等意气风发，居然实现人生巨大逆转。试问：除了零陵的文化，还有什么能给他柳暗花明、蹶而后振的智慧？由此，我们完全可以把零陵的文化内涵归结为一种隐忍不屈、参透进取、厚积薄发的人生哲学。试想：如果能让全中国失意的人到零陵去追寻先贤的足迹、参悟人生的禅意、汲取崛起的力量，那么零陵必将成为全中国最给力、最砥砺的文化古城！这种独特的文化内涵是历史赋予零陵的一笔无与伦比、不

可复制的宝贵财富，构成了零陵文化旅游开发最深厚的底蕴、最耀眼的亮点！

二、重要之举是要挖掘零陵的深厚文化资源

当下，在全国数以千计的中小城市中，凭什么去吸引人们不远千里万里来到零陵？又以什么让他们来到零陵后就想住下来？再用什么使他们来了还想来、不但自己来还要带着亲朋好友一起来？在旅游业进入新时代的今天，对人们最有吸引力的当属文化，文化是一种最基本、最深沉、最持久的力量，因为文化，因为故事，一个小城才能成为人们心中的美好向往。

零陵也许并不物华天宝，也并非人杰地灵，更不算是光彩照人，但它的优势和特色资源在任何时候是不能忽视的。早在旧石器时代，零陵就已经有人类群居，零陵黄田铺镇中学校内的那个硕大的石棚，撑起了远古人群在雨中生活的一片天空，留下了人定胜天、安居乐业的明证！汉光武帝二十五年，龙氏先祖龙伯高迁居零陵太守，“在郡四年，威廉赫赫”，名贯古今，德传万里，因为留恋这片土地，自葬于零陵古城，成为零陵千年第一墓！英雄辈出的三国时代，张飞率军攻取零陵城，在城北的梅溪寨子岭安营扎寨，后从大忠桥发兵，一只铁靴扔至接履桥，城内守军被吓破了胆，最后只能开门迎接，这是何等的英勇、何等的豪迈、何等的畅快，无怪乎张飞要用红艳艳、辣乎乎的零陵血鸭来犒劳三军！最难忘莫过于大唐，大文豪柳宗元怀着一颗赤诚而又复杂的心，千里迢迢谪居在这被称为南蛮之地的零陵城，上承元结之风骨，远接禹锡之厚谊，走遍了零陵的山山水水，写下了千古流芳的《零陵八记》和《江雪》等数百余篇雄文，尤其难能可贵的是，他从愚溪经湘江一路行舟到达城北的黄溪，在梅花香万里的梅子洲体察民情，与当地居民把酒共欢之余写下万世名篇《捕蛇者说》，成为零陵古城永远不老的老传说！唐朝怀素大和尚在东山上，对零陵的美酒情有独钟、千杯不醉，饮至尽兴处伫立于绿蕉楼前，尽情狂草，笔走龙蛇，挥洒自如，开拓了中国草书第一人的境界！宋朝，范仲淹的次子、人称“布衣宰相”的范纯仁和抗金名将张浚，“大隐隐于市”，把零陵当成了第二故乡，为我们留下了可供瞻仰的故地！明朝的朱姓王侯，以今天的朱家巷和水晶巷为基地，扩建城池，兴盛百业，开创了零陵古城的辉煌图景，也留下了不可磨灭的历史风貌。这一切的一切，都给今天零陵古城的旅游开发提供了丰厚的历史文化资源。

三、关键所在是要拓展零陵的丰富文化元素

有人曾说过，张家界是一幅美丽动人的画，常德桃源是一个流传千年的传说，益阳桃江是一首婉转悠扬的歌，而零陵则是一本底蕴深厚的书。客观地说，我们无法用一个简单的符号来概括零陵的神韵。实践证明，越是走进走近零陵，就越能感受到零陵文化的博大精深，越是常居深居零陵，就能体验零陵文化的丰富多样。

按照文化的内在逻辑和系统构成，我们应该从文化的四个层面去解读和把握零陵的丰富文化元素。第一，在精神文化层面，自古以来就有“零陵最性情”“巧不过零陵”之说，零陵这片独特的文化土壤，孕育了零陵文化特有的文化性格和价值追求。因为丘陵地区和山水之间的特殊地情，零陵人总是在选择最有效率、最有效益的生活范式，总是以最小的代价追求最美好的生活，这绝不是零陵人的吝啬，而是零陵人对“最精、最妙、最好、最美”精神的追求。第二，在物质文化层面，零陵从南到北、由东至西，不仅有数以百计的物质文化遗存，包括原始人石棚、龙太守墓、柳公八愚和柳子庙、东山文武双庙、古零陵八景、周家大院以及徐家井、司马塘、神仙岭、何仙观等古地名，还有零陵血鸭、水晶板鸭、零陵喝螺、零陵薄荷、香零山香草、零陵异蛇等一大批美食和特产，构成零陵古城的永恒魅力之源。第三，在制度文化层面，零陵具有自己的文化传统和乡村规约。在零陵，耕读世家的文化传统弦歌不绝，“再苦不能苦孩子，再穷不能穷教育”“家家户户，不比楼房高低、不比存款多少，只比孩子有多大出息”早已内化为当地民众的一种价值准则和人生信念。在零陵，各种乡规民约深入人心，“礼尚往来”“礼轻情谊重”“情谊值千金”“ 买卖不成仁义在”“信义高于天”等，一直是百姓心中的道德准则和行为规范。第四，在行为文化层面，也许会有人说出零陵人的诸多缺点和不足，但人们不能不承认，零陵人向来有目标、敢拼搏、愿吃苦、舍得干、有韧劲、能坚持、有担当，只要认准了的事情，一定会一往无前，不达目的，决不罢休。正是因为如此，零陵人无论是作士兵还是作员工，都备受欢迎。

四、归根到底是要构建零陵的完整文化产业

在“世界那么大，我想去看看”的旅游新时代，人们对旅游的需求趋于多样化、个性化、集约化、艺术化，就零陵古城的旅游开发而言，要使其保持源源不断的生命力，并催生强劲广阔的辐射力，绝不能只依赖于其某一个特点和亮点，而应该以人民的旅游需求为基点，根据旅游体验的内在机理，努力构建零陵的完整文化产业。

构建零陵的完整文化产业，必须从整体视野、系统思维入手。第一，要坚持集约化，按照游客“食、住、行、游、购、娱”一体化的要求，把零陵的各种文化资源和文化要素进行整合，努力打造“追寻先贤足迹”的历史文化游、“品鉴零陵韵味”的特色品味游、“亲近青山秀水”的自然风光游等多条精品线路，让天南地北的游客形成“住在古城、品尝美食、悠闲出行、轻松游览、订购特产、全程欢乐”的整体印象和美妙观感。第二，要坚持协同化，要克服单打独斗、特立独行的惯性思维，主动与周边的旅游资源和旅游产业进行对接和融合，切实融入以衡阳衡山、邵阳崀山、郴州东江湖、韶关丹霞、宁远九嶷山、双牌阳明山、桂林山水等为基点的矩形黄金旅游圈，实现规划共行、项目共建、线路共营、资源共通、标准共构、信息共有、利益共享，提升对特色旅游消费群体的吸引力。第三，要坚持特色化，要把零陵古城旅游开发放到全国城市旅游产业的整个格局中去加以谋划，因地制宜，因时而进，积极探索符合时代发展趋势、契合美好生活需要、彰显零陵文化特色的旅游开发新资源、新项目、新元素、新目标、新路径、新方略，努力使零陵的特色文化产业在日益激烈的市场竞争中能够脱颖而出、立于不败之地、实现基业长青。

（本文于2017年10月25日发表在东方网，后被人民网、新华网、凤凰网、华声在线全文转载；于2017年10月26日以《零陵古城旅游开发重在构建完整文化产业》为题发表在湖南红网；中共永州市零陵区委、永州市零陵区人民政府主办的《零陵瞭望》2017年第11期以《以人民的旅游需求为基点，努力构建零陵完整的文化产业——关于零陵古城旅游开发的几点思考》为题转发）

从家政学看湖南最严"限宴令"的时代价值

婚丧喜庆原本是每个家庭的家常事，无论是红白喜事，家家都会有，人人免不了，既然是家常事，理应在家庭内部和亲属之间进行，重在表达血浓亲情、体现相互关怀、传承风俗文化、增进家庭福祉。但是在现实生活中，人们却把这种家常事扩大化、复杂化甚至异化，尤其是一些公职人员热衷于大操大办婚丧喜庆事宜，不但助长了铺张奢靡之风，有的还滋生了不正之风和腐败问题，如何让跑偏的婚丧喜庆回归本原、回归正途成为时代的迫切要求和群众的强烈呼声。2013年，湖南率先出台《关于党和国家工作人员操办婚丧喜庆事宜的暂行规定》，被称为史上最严"限宴令"，短短的两年间全省因违反"限宴令"而受处分的案例不时见于各级纪委网站。日前，省纪委办公厅又再次发出通知，重申贯彻落实《暂行规定》，在社会上尤其是机关事业单位中引发了更为强烈的震动。那么，如何引导人们尤其是广大公职人员理性地看待湖南最严"限宴令"，从而提高贯彻落实的思想自觉和行动自觉？这不仅需要从党风廉政建设的角度加以解读和审视其具体章法，更有必要从家政学的视角来阐释其时代价值。

一、最严"限宴令"有助于倡导低碳健康的生活理念

家政学认为：生活理念和生活方式直接影响家庭生活质量和人民幸福指数，同时也会影响人类社会的可持续发展。在建设生态文明、构建两型社会的今天，迫切需要每个家庭践行低碳生活。但是，与家庭生活低碳化不相适应的是，大操大办婚丧喜庆作为一种生活陋习在一些地方仍然盛行且愈演愈烈，从表象看映衬出生活小康、人际和谐、亲情浓厚，殊不知，这种大规模、集中性、高频度、无防护的合餐制酒宴，一是增加了各种传染病交叉感染的概率，存在较大的公共卫生安全隐患；二是容易导致暴饮暴食、醉酒酗酒，对身体有百害而无一益；三是造成大量的资源浪费和环境污染，尤其是由婚丧喜庆产生的餐厨垃圾已经成为政府建设文明城市和美丽乡村的"心头大患"。对此，我省强力推出最严"限宴令"，对公职人员操办婚丧喜庆事宜，在规模、标准、程序上作出严格规定，这并非"多管闲事"，更不是"不近人情"，而是率先垂范从我做起，推动公职人员队伍当好低碳健康生活的践行者和引领者，从而在全社会倡导低碳生活、共建生态文明。事实已经证明，这道最严"限宴令"日渐成为湖南人民创建"两型家庭"、共享"两型生活"的助推器。

二、最严“限宴令”有助于促进家庭消费理财科学化

家政学强调：理性消费、科学理财是不断提高家庭生活水平的重要基础。中国有句谚语：“吃不穷、穿不穷、算计不好一世穷”。长期以来，人情往来一直是很多家庭的一项重大支出，近年来随着人民生活的小康化，各种名目的喜庆宴请日益繁多，礼金的标准也逐年水涨船高，尤其是少数掌握公权力的人员利用各种喜庆宴请借机敛财，红色请帖如同“罚款单”，有公职人员坦言“一年的工资收入还不够支付酒席钱，但是碍于人情和面子不送又不行”。这也让不少人心生“今天做人情送出去，日后办酒宴再收回来”的想法，最后形成“你方唱罢我登场”的“宴请马拉松”。事实上，对每个家庭来说，这种以礼金作为主要形式的现金流本质上只能贬值而决不能保值增值，正如很多人所说：“送礼金和收礼金的其实都没赚钱，真正赚钱的是商家”。我省出台最严“限宴令”，实际上就是用制度的力量，使广大党员干部从沉重的礼金负担和恶性的宴请应酬中解脱出来，进而把人情方面的节约资金用于其他的消费和理财，这在客观上有助于促进家庭理性消费、科学理财，帮助更多的家庭提高生活水平。

三、最严“限宴令”有助于理顺家庭亲情和人际伦理

在家政学的视域下，家庭亲情和人际伦理是维系家庭这个生活共同体有序运转的重要纽带，也是提升家庭成员生活幸福指数的重要支撑。我国是一个重视亲情伦理的国家，对家中的婚丧喜庆，进行正常、适度地操办确有必要，既符合中国人的传统风俗和内心诉求，也有利于增进亲情伦理和家庭向心力。但是必须明确的是，为婚丧喜庆而举办的任何形式的宴请聚会，从本源上讲，只是传递家庭亲情伦理的一种活动载体，而且它应当只限定于家庭成员和有密切关系的亲属之间，如果人为地将其扩大化、复杂化甚至异化，那就违背了其初衷和本真。不容忽视的是，近年来社会上确有少数公职人员热衷于大操大办婚丧喜庆，在宴请名目上五花八门，除了传统的结婚宴，还要办生日宴、满月宴、乔迁宴、升学宴等等，在宴请对象上不分亲疏，除了直系亲属、三代以内旁系亲属及近姻亲，还要请同事、同学、朋友甚至有求于自己的业务对象，以至于同桌的宾客大都互不认识；在宴请内容上，不外乎是找个酒店、办个仪式、备点酒菜、收点礼金、吃喝一番、热闹一下。这种跑偏变味的宴请，实际上是互相攀比出来的结果，除了挣点面子和“票子”以外，并没有多少真正的人情味，相反还冲淡了家庭的亲情观念、扭曲了人际伦理，甚至还演变成腐败问题。湖南省出台最严“限宴令”，非但没有影响人

们正常人情交往，而是极大地促进了人际关系的正常化，逐渐让家庭亲情和人际伦理回归本真、回归正途，让越来越多的人在正常的婚丧喜庆活动中找回家的感觉、体验到亲情的温暖。

四、最严“限宴令”有助于传承和创新传统家政文化

家政学作为一门现代学科，虽然诞生在170多年前的美国，但是从文化渊源上讲，它是以中国儒家学派“修身齐家之道”作为自己的根本理念和精神内核。中国传统家政文化源远流长、博大精深，家和万事兴，天伦之乐、尊老爱幼、贤妻良母、相夫教子、勤俭持家等思想，都是中国传统家政文化的精髓。如何在包括婚丧喜庆在内的一切家事活动中更好地传承和创新中国传统家政文化，是当前我国家庭建设亟待解决的一个现实课题，也是以家庭为基点培育和践行社会核心价值观的一个落脚点。而社会上那些无受约束甚至跑偏变味的婚丧喜庆宴请，完全违背了家庭生活和人际交往的内在规律，异化为拉关系、走门子、讲排场、摆阔气、竞奢华、争面子、搞铺张、纵享乐的平台，不仅助长奢靡之风，带坏社会风气，而且极大地破坏中国传统家政文化的基因，并消解中华民族传统家庭美德的生命力，如果放任自流、长此以往，对巩固和增强家庭的多元功能、实现广大人民的幸福生活梦极为不利。我省出台最严“限宴令”，正是顺应了当代家庭发展的内在需求，找准了家庭文化建设的痛点问题，有助于传承和创新传统家政文化，从而以公职人员的良好家风引领和带动社会风气向上向善。

（本文于2015年10月5日发表在湖南红网，后被新浪网全文转载）

第三章 女性教育之思

关于研究和开发湘女文化的思考

湘女文化是湖湘文化的重要一脉，也是中国女性文化的一朵奇葩。在湖南建设文化强省的背景下，研究和开发湘女文化意义重大。

一、湘女文化的含义

湘女文化是生长在湖湘大地上的区域文化，是湖湘女性在长期的历史实践中创造出来的一切以女性为主题的物质成果和精神成果的总和。其独特内涵体现为：心怀天下、忧国忧民的爱国情怀；倡导女权、崇尚和谐的性别意识；独立自信、自强刚烈的坚强性格；思变求新、敢为人先的创新意识；融合百家、兼容并蓄的开放精神；实事求是、经世致用的务实作风；艰苦奋斗、吃苦耐劳的创业精神；温柔善良、重情博爱的人文品质；端庄秀美、聪慧灵巧的独特气质；贤惠能干、勤俭持家的优良传统。从整体上看，湘女文化涵盖了物质文化、制度文化、精神文化等三个层次，其中物质文化是表层结构，制度文化是中层结构；精神文化是内核和深层结构。

二、湘女文化的历史地位和现代价值

湘女文化具有特殊的历史地位。一方面，湘女文化培育了一大批女性精英，同盟会第一个女会员唐群英，中共第一位女党员缪伯英，中共第一任妇女部长向警予，新中国第一任妇女主席蔡畅，女革命家杨开慧等，这在中国妇女运动史上具有重要的地位。另一方面，湘女文化所包含的丰富多彩的女性文化遗产，如世界上唯一存在的性别文字“女书”，闻名中外的手工艺品“湘绣”，等等，都是中华文明不可或缺的重要组成部分，集中体现了湖湘女性对中华文明发展所做的杰出贡献。

湘女文化蕴涵着巨大的现代价值。第一，精神与道德价值。湘女文化凝结着湖南女性为民族独立、妇女解放、国家振兴而艰苦奋斗的光荣历史，对于新时期湖南女性发展具有重要的引领作用。第二，文化艺术价值。湘女文化包含了一批国家和省级非物质文化遗产，如“女书”，民间文学“舜帝二妃娥皇、女英的故事”等，发掘、整理、保护这些文化遗产，有助于传承和创新湖南地方传统文化艺术。第三，对外交流价值。湘女文化底蕴深厚、内涵丰富、独具特色，应该打造成为一张文化名片，在对外文化交流以及区域文化融合中彰显湖南的文化魅力。第四，旅游开发价值。湖南是名副其实的“中华女杰之乡”，同时拥有马王堆千年女尸、桃花江的美人窝等大量珍贵的女性人文资源和景观，蕴涵着巨大旅游开发价值。

三、研究和开发湘女文化的基本路径

着眼于文化强省的战略需要，应该从五个方面来研究和开发湘女文化。

第一，深入研究湖南妇女运动史特别是杰出女性的历史资料，总结提炼出新时期“湘女精神”，并纳入湖南女性素质工程，推动湖南妇女事业的发展。

第二，开发湘女文化的地方特色课程，让湘女精神走进校园，促进湖南大、中、小学的女学生素质教育，活跃校园文化，提升校园文化的品位。

第三，挖掘湘女文化的历史底蕴和精神内涵，融入湖南文化产业之中，打造一批以湘女文化为主题的特色项目和文化品牌，从而助推湖南文化产业发展。

第四，整合湘女文化的人文资源和特色产品并进行全方位的开发，打造一条湘女文化之旅，并使之成为湖南文化旅游中具有深厚内涵和独特魅力的品牌线路。

第五，抓住女性经济快速发展的契机，在湖南的服饰、餐饮、娱乐、美容、家政等产业中培育一批“女字号”的品牌。

四、高校在研究和开发湘女文化中的应有作为

高校担负着文化传承创新的重要使命，要顺应文化强省建设的时代需要，切实担负起研究和开发湘女文化的责任。

第一，加强理论研究。依托相关的高水平学术平台，组织一批文化学、历史学、教育学等学科的专家、学者，以课题的形式对湘女精神进行研究，构建湘女文化的基本理论体系。

第二，推进文化传播。积极推动湘女精神进校园，全方位建构以湘女精神为核心的特色校园文化。以杰出湘女命名校园主体建筑和道路，在教学楼、图书馆、学生公寓悬挂杰出湘女画像，在图书馆设立湘女研究文库，开设湘女文化论坛，举办杰出湘女系列讲座。

第三，开展主题活动。以“弘扬湘女精神、争做时代湘女”为主题，在女生中

开展“六个一”活动，即读一本介绍杰出湘女的书，看一部讴歌湘女风采的电影或电视剧，选一名杰出湘女作为心灵偶像，访一名新时期的优秀湘女，走一条湘女文化旅游线路，写一篇关于湘女文化的文章。

（本文于2016年2月28日发表在湖南红网，后被新浪网、湘潭在线网站全文转载）

我国女子高校百年发展历程的回顾

在我国近现代高等教育史上，女子高校是一个内蕴深厚的历史符号。从1905年首开先河，到1952年退出历史舞台，女子高校走过了近半个世纪的风雨历程，虽历尽艰辛、负重前行，但女性教育的传统一直薪火相传、弦歌不绝，同时也孕育了一批很有影响的女子大学，如金陵女子大学、华南女子大学，成为中国近现代高等教育史上的一个丰碑。改革开放后女子高校应运而生、重显生机，尤其是21世纪头十年，先后诞生了三所独立设置的女子本科院校，形成了“北有中华女子学院、南有湖南女子学院、东有山东女子学院”的“三足鼎立”之势，成为我国高等教育园地中一道充满生机活力的独特风景。女子高校的独特“身世”和蓬勃之势，引发了社会特别是教育工作者们的广泛而强烈的关注。基于此，本文从历史的视角，对女子高校的百年发展历程进行回顾和梳理，认真地总结其办学的经验和教训，继承与发扬其优良传统，对于今天推动女子高校的科学发展必将有所裨益。

一、兴起——清朝末年到五四运动（1905～1919年）

在我国高等教育近代化的过程中，受“女子无才便是德”的封建文化影响，在相当长的一段时间内，女性被排斥在高等教育机构的门外。这种状况一直延续到民国初期，1912～1913年民国政府颁布的《壬子癸丑学制》，虽有女子学校的规定，但没有明确女子高等教育的地位，大学不设女校，不招女生，女学至师范学校及中学为止。直到五四运动前，当时我国自己的84所国立和私立高等教育，共19921名学生中，无一女子高校，无一女生。[1]

在这种特殊的社会背景下，我国最早出现的女子高校只能是教会女子大学。19世纪末20世纪初，教会女子教育在我国得到了迅猛发展，为满足教会中等女子学校发展对教师的需求和为教会女子中学的毕业生提供升学场所，在华西方教会开始筹划设立女子大学。1905年5月，中华基督教教育会在上海召开会议，商讨决定在华北、华南、华中和华西分别筹建一所女子大学，以推动教会女子教育向更高层次发展。当年，他们在原有的北京贝满女子中学的基础上，创办了华北协和女子大学，这是基督教传教士在中国开办的第一所女子大学，也是中国教育史上的第一所女子高校，开创了中国女子高等教育的先河。随后又有1907年正式成立的广州夏葛女子医学院，1908年由美以美会在福州创办的华南女子文理学院，1915年由美国教会在南京创办的金陵女子大学开学。华北协和女子大学、福州华南女子文理学院是从早期的教会女学演变而来的，而金陵女子大学一开始即是作为大学创办的，是我国高等教育史上第一所具有完全大学水准的女子高校。

教会女子大学在其初始阶段主要是为基督教的传播服务，旨在训练基督教会的领导者，其办学理念具有明显的宗教色彩，如华南女子文理学院的校训“受当施”、金陵女子大学的校训“厚生”均出自《圣经》，渗透着一种基督教的理念。教会女子大学建校之初，不论是师资还是生源都极为缺乏，办学规模很小，华北协和女子大学从1905年到1919年共毕业本科生22人，专科生27人。金陵女子大学第一届注册的学生只有11人；开设的专业也比较少，主要限于师范、理化、宗教、医学类，课程设置方面参差不齐，除了四年的本科课程外，兼有二年的专科课程和预科课程，其中，华南女子大学创办伊始只设有预科班，经过数年的努力，才于1914年开设了两年制的大专课程，及至1917年正式开办四年制本科课程。同时，这些学校的办学经费也非常紧缺，主要依靠西方教会的资助和海外的捐款，办学条件十分简陋，如金陵女子大学，创办伊始甚至没有自己的校舍，只能租用官宦人家的旧平房来办学。尽管如此，但由于这些教会女子大学是按照英美大学的标准设置的，其毕业生出国深造的机会较多，如华南女子大学首届5名毕业生中，有4名留学美国和加拿大。金陵女子大学前三届毕业生中，赴美深造获得硕士、博士学位者有20人，大多事业有成。她们的成就及其所担任的角色，为初期教会女子大学赢得了较佳的声誉，并使得教会女子大学对出身于社会上层家庭的女性具有较大的吸引力。

历史昭示我们：我国女子高校是从教会女子大学中孕育诞生的。从其产生的时代背景来看，这些教会女子大学诚然是与西方殖民主义相伴而来，带有明显的文化侵略特征，但在当时的中国却为女性接受高等教育开辟了一条蹊径，同时也成为我国女子高校的历史源头。

二、发展——五四运动到新中国成立（1919～1949年）

在五四运动的推动下，男女平等、女性解放成为时代的呼声，长期以来对女性封闭的高等教育机构大门洞开，1920年北京大学首开女禁，实现了大学男女同校的先例。教会女子大学不再是我国女性上大学的唯一途径，她们还可以选择到男女合校的大学里接受高等教育。但当时仍有一些女生因自身及家庭对男女同校不习惯，而自愿选择进女子大学，这为女子大学的发展提供了动力和空间，同时随着对女子教育重要性认识的不断提高，政府部门和教会组织都积极推动女子高等教育的发展，在随后的近30年间，女子大学在历史的变迁中不断增加，先后出现了9所独立设置的女子本科院校，包括教会女子大学和国立女子大学两类。

第一类是教会女子大学，除华北女子协和大学于1920年并入燕京大学外，广州夏葛女子医学院于1936年并入孙逸仙医学院外，1924年美国基督教会创办了上海女子医学院，这是当时上海唯一的女子医学院，在女子医学高等教育领域取得了卓越的成就，直到1942年因为抗战的原因而停办。1937年天主教会在上海创办了震旦女子文理学院，这是天主教会在我国创办的唯一一所女子高等院校，它和同期的金陵女子大学和华南女子大学一样，始终坚守女性高等教育的阵地，在动荡和曲折之中保持基业长青，成为当时教会女子大学的典范。

第二类是国立女子大学，1919年北京女子师范学校改制为北京女子高等师范学校，1924年改为国立北京女子师范大学，是我国历史上第一所国立的女子高等学府，也是当时全国女子高等教育的最高学府，后于1927年改为国立京师大学女子第一部。1929年河北省政府在天津成立河北女子师范学院，其前身是1906年创立的北洋女子师范学堂，这是当时唯一的省立女子高等学府，抗战前成为全国最著名的公立女子高校，在1937年抗战爆发后，学院避敌内迁，与国立北平大学、国立北洋工学院和国立北平师范大学合并为国立西北联合大学，1945年国立西北联合大学中的原河北省立女子师范学院部分迁回天津原址，复校改建为河北省立女子师范学院，并于1949年8月与国立国术体育师范专科学校合并组建河北师范学院。1940年国立女子师范学院战时陪都重庆成立，成为民国后期影响最大的国立女子大学。新中国成立前我国女子高校情况如表1所示。

表1　新中国成立前我国女子高校一览表

名称	建校地址	开办时间	所属关系	合并（停办）时间	实际存在时间	备注
华北协和女子大学	北京	1905年	教会	1920年	15年	
广州夏葛女子医学院	广州	1907年	教会	1936年	29年	
华南女子大学	福州	1908年	教会	1951年	43年	
北京协和女子医学院	北京	1908年	教会	1924年	16年	
金陵女子大学	南京	1915年	教会	1951年	36年	
北京女子高等师范学校	北京	1919年	国立	1931年	12年	

续表

名称	建校地址	开办时间	所属关系	合并（停办）时间	实际存在时间	备注
上海女子医学院	上海	1924年	教会	1942年	18年	
河北省立女子师范学院	天津	1929年	国立	1949年	12年	1937~1945年并入国立西北联合大学
中国女子大学	延安	1939年	中共	1940年	1年	1941年并入延安大学
震旦女子文理学院	上海	1937年	教会	1951年	14年	
国立女子师范学院	重庆	1940年	国立	1950年	10年	

在这一阶段，先后有两个历史事件对女子大学的发展产生了重要而深远的影响。一是，19世纪20年代中国社会爆发的非基督教运动和收回教育权运动，成为教会女子大学发展中的一个重要转折点。1925～1928年民国政府先后颁布了一系列旨在有关收回教会学校教育管理权的法令，规定教会学校须向中国政府注册，不得以传教为宗旨，不得以宗教科目为必修科，不得强迫学生参加宗教仪式，不得以外国人为校长，须组织华人为多数的校董会。按照这些规定，1927年后教会女子大学纷纷向民国政府注册立案，这次注册使教会女子大学得到了根本性的改造，从而开启了女子高等教育走向中国化、本土化的新程，例如，金陵女子大学，1928年春开始交给国人办理，同年11月由吴贻芳正式接任校长，1930年经教育部注册立案，并按要求更名为“金陵女子文理学院”。通过这次注册，金陵女子大学被纳入中国政府的高等教育体系使她拥有了更广阔的发展空间，更加靠近并逐渐融入中国的主流文化之中[2]。正如有专家所言，这场危机虽然使得金陵女子大学被迫在宗教等方面作出了痛苦的改变，但在吴贻芳及其同仁们的共同努力下，这种改变成了一次发展的机遇。[3]二是，1937～1945年的全面抗战，使当时所有的女子大学经受了严峻的考验和历史的锤炼。无情的战火摧毁了校园的设施，侵略者的残暴容不下平静的书桌，大部分女子大学被迫选择迁移到后方，如金陵女子大学和华南女子大学分别在四川成都和福建南平继续坚持独立办学，1940年国立女子师范学院在战时陪都重庆得以创办，而河北女子师范学院内迁到西安以后并入国立西北联合大学，震旦女子文理学院和上海女子医学院在上海沦陷后惨淡经营，1942年上海女子医学院因为拒绝到日伪政府注册登记而自动解散。战争的影响使女子大学不得不面对实验器材缺乏、生活环境恶劣等各种困难，但也正是因为战争，女子大学才得以进一步培植自

己的内聚力，才有机会展现共赴国难、为国效力的奉献精神和巾帼不让须眉的独特风采。通过艰苦的努力，女子大学更加为国人所认可、为社会所接受，并融入中国的主流教育之中。

回顾这一段历史，令人倍感惊喜的是，这些女子大学在动荡和曲折之中保持了不断发展的势头，虽然办学规模都相对较小，但专业与课程设置、教学水平和人才培养质量都达到了较高的水平。她们分别设置了一系列相应的文、理、医和师范类的专业，主要开设四年制的本科课程，其中上海女子医学院还开设了医学博士学位课程，在师资力量方面，虽然教师总量不足、整体实力不强，但是在一些特色和优势的专业领域，她们聚集了当时国内一流的师资力量，其中不乏当时国内颇有声望的名教授、国外毕业的博士以及英美大学的兼职教授。同时这些女子大学大多都是按照英美大学的标准开展教学，有些课程是用英语进行教学，学生的外语水平、基础知识、专业能力和综合素质得到了一些国外高水平大学的认可。以金陵女子大学为例，从1919年拥有首届毕业生，到1948年达到全盛时期，注册学生达482人，学生来源超出长江流域而遍布全国17个省份，甚至有海外负笈入校求学的侨生，设置16个四年级学科，包括中文、英语、历史、社会、音乐、体育、化学、生物、家政以及医学专科等，其中社会学、家政学、体育、音乐是最有特色的专业，这些专业在国内高校中率先创立，课程设置完备，资力量雄厚，名师荟萃，人才辈出，在国内外享有盛誉。当时金陵女子大学的办学水平在国内小型规模的学院中居于前列，并实现了与英美大学的有效对接，其毕业生出国深造有资格进入美国任何大学的研究院。

三、中断——新中国成立到改革开放初期（1949～1984年）

新中国成立初期，我国尚存四所女子高校，即重庆的国立女子师范学院、南京的金陵女子大学、上海的震旦女子文理学院、福州的华南女子大学。当时的中国处于全面改造、百废待兴之际，中央人民政府收回教育主权，并对私立高等学校以及接受国外津贴的教会进行接管和改造，为了适应新中国建设对人才培养的需求，使高等教育更加有效地服务于经济建设，又进行了大规模的院系调整，同时为了废除各种男女不平等的制度，使女性真正享受平等受教育的权利，政府撤销了女子高校，实行男女合校同班制。在这些政策的推动下，女子高校纷纷选择了与其他大学合并，其中，国立女子师范学院于1950年10月和原四川省立教育学院合并建立西南师范学院；华南女子大学于1951年4月与福建协和大学合并成立福州大学，后改名为福建师范学院；震旦女子文理学院于1951年8月并入震旦大学文学院、理工学院和法学院，后随震旦大学并入复旦大学与交通大学；金陵女子大学于1951年10月和金陵大学合并，成立“公立金陵大学”，后改名为南京师范学院。自此，女子高校淡出了历史的舞台，在随后的30多年间，女子高校一直销声匿迹，从而形成了历史的断裂现象。

四、新生——改革开放初期至今

改革开放后，随着经济体制改革的不断深入，女性受教育逐渐成为新时期妇女运动关注的核心问题，为了提高妇女文化素质和社会地位、推动男女平等基本国策，各级妇联组织积极发展女性高等教育，创办了一批独立设置的女子高等院校，其中，1984年全国妇联将所属的妇女干部学校升格改建为全国妇联管理干部学院，这是新中国成立后第一所独立设置的女子成人高校，同年陕西省政协倡导一部分民主党派人士、社会名流创办了西安培华女子大学，这是新中国成立后第一所民办公助的全日制女子职业大学；1985年湖南省妇联创办了湖南女子职业大学，这是新中国成立后第一所公办女子普通高等学校，同年一部分旅居海内外的原华南女子大学的老校友创办了福建华南女子职业学院，这是全国第一所具有国家承认学历教育招生资格的全日制民办女子普通高等学校。由于发展起点低、基础薄弱、资源缺乏，这些女子高校在建校伊始办学层次比较低，主要是专科层次，而且大多属于成人教育和民办教育的序列。

1993年《中国教育改革和发展纲要》颁布实施，1995年联合国第四次世界妇女大会在北京举行，为女子高等院校的跨越式发展提供了契机和动力。在全国妇联的极力推动下，全国妇女干部管理学院及其山东分院于1995年更名为中华女子学院、中华女子学院山东分院，正式由成人教育转向普通高等教育，并且开始尝试与其他普通本科院校合作办学，培养本科层次的学生。随着高等教育大众化、特色化发展，这些女子高等院校抓住机遇，加快发展，提升办学层次，向普通本科院校迈进，经过长期的努力奋斗，中华女子学院于2002年2月被批准为普通本科院校，成为新时期我国第一所独立设置的女子本科院校，湖南女子学院和山东女子学院于2010年3月同时获批升格为普通本科院校，此外还有同济大学女子学院、天津师范大学国际女子学院、南京师范大学金陵女子学院、上海师范大学女子学院、大连大学女子学院、温州大学温州女子学院、培华学院女子学院迅速发展壮大，成为综合型大学里特色鲜明、优势突出的二级学院；广东女子职业技术学院、华南女子职业学院、河北女子职业技术学院，陆续成为我国高职院校中的佼佼者；长沙竞男女子专修学院、浙江女子专修学院、江西女子专修学院、齐齐哈尔女子专修学院坚持以特色立校，在民办高校中声名鹊起。这些表明女子高校在销声匿迹近半个世纪之后重返我国高等教育的园地，并呈现出蓬勃发展的良好势头，成为我国女性高等教育发展中的一个重要里程碑。

参考文献

［1］ 张建奇.我国女子高校的历史回顾与发展趋势探讨［J］. 妇女研究论丛，2003（6）.
［2］ 金一虹.吴贻芳的教育思想与实践［M］. 南京：江苏人民出版社，2005：119.
［3］ 德本康夫人.蔡路德.金陵女子大学［M］. 珠海：珠海出版社，1999：79.

（本文于2013年7月11日发表在全国中文核心期刊《教育与职业》2013年第20期）

关于我国女子高校的历史评价

我国女子高校从20世纪初期诞生，到今天已经走过了极不平凡的百年奋进历程，它们虽然总体数量少、规模相对较小、存续时间不长，其间还经历了很多波折，但是不容忽视的是，作为一种以女性教育为中心的高等教育机构，女子高校在办学育人和社会服务等各个方面都取得了比较显著的成绩，为我国女性接受高等教育提供了一个重要途径，在女性高等教育方面走出了一条特色之路，对推动我国近现代妇女解放事业和高等教育事业发展起到了不可替代的作用。

一、助推了中国妇女解放运动

受教育是妇女实现解放的重要条件，女性教育是妇女解放运动的重要组成部分，历史证明，我国女校的兴起、演变和发展始终与妇女解放运动紧密相关，可以说女校的发展既是妇女解放运动催生的结果，同时又是推动妇女解放运动的重要动力。女子高校作为我国女校教育的最高机构和集大成者，在推动妇女解放运动发展方面发挥了极其重要的作用。

第一，为妇女解放运动提供了思想先导。中国第一批女子高校，都是教会女子大学，当时的西方传教士正是以这些教会女子大学作为窗口，向中国传播和推广西方的女权主义和男女平等思想的，正如李湘敏所言：近代中国妇女摆脱封建束缚、争取女性解放和自由，是以接受西方教育为契机的[1]。而开女子本科院校办学之先的基督教教会女子大学，恰恰为此提供了先行的机会，为中国引进了现代女子高等教育的模式，这是一种真正建立在男女平等基础上的教育，是一种真正把女子与男子一样平等的人的教育，是中国女子由“非人”教育向“真正人”的教育的根本转变。而当时国人创办的女子大学，在女子觉醒和解放方面，深得风气之先，引领时代潮流。以名噪一时的北京女子师范大学为例，从蔡元培“立学立业立人格”的教诲，到胡适对旧家庭旧文化的质问，到李大钊马克思主义女权思想的传布，到周作人鼓励女学子“表达自己”“知道自己”，再到鲁迅对出走“娜拉”命运的思考，北京女高师成为当时中国妇女解放思想传播的前沿阵地，学生以觉醒的女性意识，积极投入到轰轰烈烈的妇女解放运动与社会改造运动之中，由此所酿就的人格独立个性解放的品格，对中国现代女性的发展产生了极其深远的影响[2]。

第二，为妇女解放运动提供了人才支持。无论是教会女子大学还是国立女子大学，都为国家和民族培养了一批积极参与社会活动、推动社会变革的女性领导人才。如金陵女子大学，无论是在民国时期还是在1949年新中国成立以后，都有一批校友活跃在妇女工作领域。例如首届毕业生吴贻芳，1928～1950年担任金陵女子大学校长，1947年当选为世界妇女界中国协会会长，在新中国成立后先后担任江苏省教育厅长、副省长，全国妇联副主席，把一生奉献给了中国妇女教育和妇女解放事业；金陵女子大学的另一位校友张素我曾任全国妇联副主席，在1999年全国妇联成立 50 周年大会上，全国妇联为她颁奖。国立北京女子师范高等学校也是我国早期女权运动的人才摇篮，培养出了中国共产党第一位女党员缪伯英等一批妇女运动的先锋人物。20 世纪 20 年代，在李大钊的关心、指导下，国立北京女子师范高等学校的学生缪伯英、周敏等分别参与“女子参政运动”“北京女权运动同盟”，其中“北京女权运动同盟”的主要负责人及基本成员均为国立北京女子师范高等学校的学生，其会所也设于该校。她们以这些团体为阵地，提出了完整的妇女运动纲领，积极争取妇女在政治、法律、教育、职业上的权利，推动妇女平等参与政治活动，在全国产生了积极而深远的影响。

第三，为妇女解放运动提供了实践范例。在当时男尊女卑的文化背景下，妇女的社会地位极为低下，她们大多没有自己的名字，甚至连生活的基本权利也没有，完全依附于男性、困守在家庭，社会和家庭对她们的要求就是做一个贤妻良母。女子院校诞生，给她们提供了接受现代女子高等教育的机会，激发起了其女性的主体自觉意识，使她们由此产生了一种内在精神诉求：即挣脱传统命运的束缚，做一个与男子享有同等权利又能充分发挥女性才能的人，做一个堂堂正正、人格独立的人；同时，通过接受高等教育，女性树立了自信心和自立精神，提高了自身的文化素质，并掌握了适合社会工作的各项技能，能够与男子并肩同行地改造世界。由此可以看出，男女教育的平权，是实现女性解放、提升女性社会地位的重要条件，女子院校培养的学生也因此得以成为中国第一代具有独立意识和自立能力、自觉参与正

常社会活动的新型知识女性群体，她们走在时代的最前列，为当时的广大女性树立了榜样，为妇女解放运动的发展提供了实践范例。

二、培养了一批优秀女性人才

大学最重要的社会功能就是培养人才，历史上的那些女子高校，对社会的最大贡献，就是为中国现代化培养了一大批为社会所需、为社会所用、受过高等教育、

有较高道德品格、有扎实专业素质、有多项发展潜质的优秀知识女性。其中，金陵女子大学从1915年建校到1951年夏，共培养出大学毕业生999人，俗称“999”朵金陵玫瑰；华南女子大学从1921年开始拥有首届毕业生，到1950年共培养出毕业生487人；北京女子高等师范学校从1919年到1924年，毕业生人数为274人，包括当时在校生数248人，合计522人；国立女子师范学院从1940年成立到抗战胜利前，共计毕业生272人。虽然这些女子大学的办学规模相对较小，毕业生远远小于同期的其他大学，但是，它们早期对女子高层次人才的培养，功不可没。在整个民国年间，受过高等教育的女性实属凤毛麟角，据史料统计，1922年全国有女大学生887人，仅占全体大学生总数的2.5%，而此时金陵女子大学和华南女子大学两校学生占到所有教会女子大学女生总数的59%。到1928年时，全国女大学生增至1485人，但在大学生中所占比例仅为8.57%。1949年，我国高校在校女生为2.32万人，女生所占比例为19.8%。在特定的历史条件下，女子大学的毕业生起到了女界先驱和拓荒者的作用。据统计，《古今中外女名人辞典》和《华夏妇女名人辞典》收录教会大学出身的女名人223人，其中毕业于燕京大学女学部（即华北协和女子大学的延续）的59人，金陵女子大学的34人，华南女子大学的7人[3]。

女子大学办学规模相对较小，但成才率却相当高。以金陵女子大学为例，毕业生虽然不多，但却涌现出了一批杰出女性人才，甚至是世界级的女学者，创造了许多女界的“第一”，在许多科学研究领域起到了开拓者的作用。如著名植物分类学家胡秀英，是哈佛大学终身教授，香港中文大学第一届荣誉院士；熊菊贞，曾是美国耶鲁大学当年仅有的两名女教授之一；鲁桂珍在英国剑桥霍普金斯实验室攻读营养学博士，与李约瑟博士相遇后改变了他的一生，并与他携手合作长达半个世纪，共同出版了《中国科学技术史》；王明贞是清华大学历史上第一位女教授，著名物理随机过程专家；李果珍，被誉为“中国医学影像化学带头人”，也是为中国引进CT和MR技术的第一人；俞霭峰，是我国女性内分泌实验室的创建者、计划生育技术的带头人；刘恩兰，中国第一位女海洋学家，也是自然地理科学第一位女博士，被欧美地理学家称为“大地之骄女”；张汇兰，中国第一位女体育博士，中国第一位女篮球裁判，全国高等体育学院的第一任女教务长，1986年荣获联合国教科文组织首次设立的“荣誉奖”。金陵女子大学的毕业生能够突破传统的观念意识，进入物理、化学、生物、医学等这样一些被视为男性独优的自然科学和科技领域，并取得如此卓越的成就，可见金陵女子大学办学质量之高、育人模式之优。其实，金陵女子大学不仅培养了许多自然科学和科技方面的人才，而且在艺术、人文科学、社会科学方面也是人才辈出[4]。如，喻娴才，曾在联合国工作长达35年，是联合国文件管理专家；朱觉方，是20世纪40年代中国国内仅有的几位社会学博士之一，1946年从美国学成归来后创办了远东第一所培养硕士及社会服务人员的社会福利学院；著名的教育理论研究专家鲁洁，长期从事教育基本理论研究，是南京师范大学教科所名誉所长、博士生导师。金陵女子大学培养的优秀艺术人才扬名于舞台，如被誉为“百灵鸟”的著名花腔女高音歌唱家孙家馨，著名女钢琴家洪达琳教授，著名作曲家孙德芳，著名音乐教育专家叶琼芳、何乾三，著名女指挥家、中国第一支女子交响乐团的创始人郑小瑛，著名影视剧作家、《五朵金花》的剧作者赵继康等。在金陵女子大学的毕业生中，走出了新中国的三位女将军，即刘恩兰、钟玉征、彭洪福；两位全国妇联副主席，即吴贻芳和张素我；一个副省长即吴贻芳；还有两任基督教女青年会全国总干事，即蔡葵、灯裕志；多位女政协委员。

三、传承了女校教育传统

我国现代意义上的女性教育起源于19世纪60年代，是由西方教会女校发展而来的，到1905年华北协和女子大学诞生之时，女校教育已经成功地构建了从小学到中学再到大学的完整教育体系，女子大学作为女校教育的最高机构，从此担负起传承女校教育传统的使命。在此后的100余年历史中，中国的女校教育曾经遭受过严峻的挑战，但是它们却能够深深扎根于中华大地上，薪火相传、弦歌不绝，可以说中国女性教育之传统能够得以延续和传承，独立设置的女子大学发挥了关键性作用。在20世纪20年代大学开放女禁后，社会上出现了对女校存在必要性与合理性的质疑，由此引发了女子大学的第一次生存危机。当时连著名的教育家陈东原都认为：“高等教育似乎没有为女子设立的必要。但是现在国立的女子大学竟有两处，不独表示女子教育的缺点，只能做女生不能入其他大学时的收容所；且适足养成女子学校学生的惰性。”[5]在他看来，保留女子大学似有女性示弱之嫌。时任国民政府教育部副部长顾毓秀也无法理解在这样极为不利的环境中，金陵女子大学、华南女子大学、震旦女子文理学院等一批女子大学，为维护其独立性做出了积极的努力。一方面，从理论的层面论证女子大学独立办学的必要性，她们强调：男女两性间的需求是有差异的，现实的男女合校不能提供平等的教育机会给予女性，只有女子大学才能做到以女性为中心、为了女性、满足女性需要。中国需要有充分满足妇女教育的女子大学，为妇女领袖的培养作出独特贡献。另一方面，在实践中坚持以特色立校从而凸显女子大学的优势。她们把时代需要和自身实际结合起来，按照英美大学的标准办学，打造了家政、社会工作等一批很有影响的特色学科和专业，构建了以女性为中心的育人模式和管理模式，在人才培养、服务社会现实、对外文化交流等方面显示了女子大学的独特优势。正是由于这些女子大学坚持高标准、有特色的办学，才使它们得以保持在大学中的应有地位，从而成为我国女性教育传统传承的一个重要载体。

新中国成立后，由于人们对于教育的性别差异和教育体系的性别盲视缺乏深刻认识，女子大学遭遇了更为巨大的磨难，在1952年的高校调整中被整体取消，以致在长达30余年的历史中，我国的女校教育完全中断，这不能不说是一个莫大的遗憾。直到改革开放以后，女校才得以恢复，但仍然长期受到社会的质疑——“新时期办女校是进步还是倒退”？

教育改革给女校的复兴提供了良好的机遇，但同时也给女校的发展带来了更为严峻的挑战。对此，全国各级妇联组织作为女校的举办者，为推动女校尤其是女子大学的发展倾注了大量的心血，进行了多方的努力，她们把女校的发展纳入贯彻落实男女平等基本国策、推广先进性别文化、推动妇女事业又负历史使命，为创建当代中国高水平、有特色的独立设置女子本科院校做出了艰苦卓绝的努力，她们怀着对女性教育的热爱和梦想，坚持自力更生、艰苦奋斗、勤俭治校的办学传统，克服了建设资金短缺、基础条件薄弱等许多困难，抓住高等教育大众化、区域化、特色化发展的机遇，以质量求生存，以特色求发展，通过20多年的奋斗，终于成功地创办了中华女子学院、湖南女子学院、山东女子学院等3所女子本科院校，同时还有广东女子职业技术学院、河北女子职业技术学院等高职院校，它们的诞生和发展在我国女校教育史上具有划时代的意义，是对我国女校教育传统的延续和复兴，续写了女校百年的光荣和梦想。

历史证明，正是因为女子高校在历史上的卓越成就，才使得我国女校教育能够发扬光大。同时，也正是因为女子高校在新时代的跨越发展，才使得我国女校教育保持基业长青。从这个意义上讲，女子高校在传承女性教育传统方面的作用是无与伦比的。随着时代的发展，女子高校的独特作用将逐渐为人们所广泛认同。好又快发展、提高妇女素质和地位的整体行动之中，竭力为女校的发展呼吁社会认同、争取政策支持、创造有利条件；新建的一批女子大学适应时代需要。

参考文献

[1] 李湘敏. 基督教教育与近代中国妇女［M］. 福州：福建教育出版社，1999. 150.

[2] 何玲华. 新教育・新女性——北京女高师研究［M］. 北京：中国社会科学出版社，2007.

[3] 王奇生. 教会大学与中国知识女性的成长［A］. 章开沅. 文化传播与教会大学［C］. 武汉：湖北教育出版社，1996.

[4] 金一虹. 吴贻芳的教育思想与实践［M］. 南京：江苏人民出版社，2005.

[5] 陈东原. 中国妇女史［M］. 上海：上海文艺出版社，1990.

（本文于2012年10月10日发表在《山东女子学院学报》2012年第5期）

从多元视角认知女子院校的时代价值

在性别平等的新时代，女子院校的存在价值是什么，又该如何发展？对此，应从高等教育的多样化实践，女性高等教育规律的研究探索，先进性别文化的引领，女性教育优良传统的传承，以及与世界女性高等教育的对接等多方面加以认识。

女子院校从1905年在我国首开先河，至今已走过上百年的风雨历程，在推动女性教育发展、提高女性社会地位方面发挥了独特作用。近年来女子院校蓬勃发展，初步形成从专科、本科到研究生的教育体系。立足于性别平等的新时代，女子院校存在的价值是什么，又该如何发展？对此，应从多维视角来审视，以对女子院校的时代价值作出理性回应。

女子院校是高等教育多样化的一朵奇葩。高等教育多样化是世界高等教育发展的必然趋势，也是我国构建高等教育强国的必由之路。高等教育多样化的动因来自社会对人才的多样化需求和人们对高等教育的个性化需求。要适应这两方面的需要，国家必须推进高等教育的多样化发展、推动高等学校的特色化办学。现实证明，高等教育形式的单一性、高校办学模式的同质化现象已经严重地制约了高等教育的发展。女子院校作为一种专门适应女性、服务女性、培养女性的高等教育形式，是高等教育多样化发展的一种特殊形式，在长期的办学实践中，女子院校坚持以女性为本，形成了鲜明的办学特色。继续办好女子院校，对推动我国高等教育多样化发展具有重要的现实意义，不仅是对普通高等教育体系的有益补充，也能为探索高等学校的办学特色提供借鉴。

女子院校也是女性高等教育研究的试验田。女性高等教育具有自身独特的规律，一是教育对象的特殊性，女性具有与男性不一样的性别特征和角色分工，这种差异性需要在教育的过程中因材施教、因性施教；二是发展环境的特殊性，我国现行的普通高等教育还没有充分考虑女性的特点，在客观上制约了女性的个性发展，需要探索一种真正地体现男女平等、性别和谐、有利于培养女性的自主意识、开发女性潜力的高等教育模式；三是历史使命的特殊性，新时期的女性高等教育不仅在于培养一般的女性人才，更重要的是要培养妇女发展的引领者和推动者，需要有专门的女子院校来承担这一历史任务。因此，在男女受教育机会已经实现平等的新时期，女子院校作为探索女性高等教育规律的试验田，仍然具有存在的价值和前景。

女子院校应成为先进性别文化的引领者。党的十八大首次将男女平等作为基本国策写入党的报告，为我国妇女事业发展指明了正确的方向、提出了更高的要求。促进男女平等，不仅需要政策的推动，也需要文化的引领，因此，应切实从增强文化自觉、文化自信的高度，加强以男女平等为核心的先进性别文化研究和宣传，进一步挖掘我国女性文化的历史底蕴，借鉴国外性别理论发展的科学成果，对接我国妇女事业发展的现实需求，从而培育出中国特色的先进性别文化，这是当前新时期妇女事业发展的重大理论和实践课题。女子院校汇集了从事社会性别理论研究的专家、学者，蕴藏着丰富的研究力量和研究资源，同时也拥有女性学、社会工作专业以及马克思主义妇女观课程等一系列专业化的平台，形成了一个较为完整的先进性别文化工作体系等，在引领先进性别文化方面具有独特的优势。

女子院校亦为女性教育优良传统的传承者。我国女校教育历史悠久，文化底蕴深厚，新中国成立前曾经出现过一批卓有建树的女子院校，尤其是金陵女子大学，办学36年，为社会培养出一大批杰出的高层次女性人才，为民族独立、人民解放，特别是妇女解放运动作出了不可磨灭的重要贡献，同时孕育了生生不息的“厚生精神”，成为我国近代教育史上影响最大、办学最具特色、并在国内外享有盛誉的女子大学。20世纪50年代院校调整，把女子大学并入男女合校，以致女子院校在新中国的高等教育史消失达30多年，从文化传承的意义上讲，这的确是一种历史遗憾。值得欣慰的是，改革开放以后，女子院校重返历史舞台，并逐渐发展，在新时期，继续办好女子院校是对女性教育优良传统的传承，这不仅十分必要而且意义重大。

女子院校还是世界女性高等教育的对接点。女性高等教育是世界性的趋势。目前，许多发达国家都设有女子院校，美国有77所女子院校，日本有96所女子院校和300所短期女子院校，韩国有16所女子院校，其中不少是历史悠久、实力很强、知名度高的学校，如美国韦尔斯理女子学院、韩国梨花女子院校、日本御茶水女子大学等，这些学校既代表着本国妇女教育和理论研究水平，也是各国女性优秀人才云集之地。自1995年世界第四次妇女大会在北京召开以来，妇女教育的国际交流与合作不断扩大，许多发达国家的女子院校纷纷走进中国，希望与中国的女子院校特别是高水平的女子院校进行对话、交流与合作，互相学习各自的办学经验和办学思想，共同探讨世界女性高等教育发展中面临的共性问题。中国作为一个拥有13亿人口、女性占“半边天”的世界大国，在与国际接轨的过程中，有必要办好一批女子院校以实现与世界女性高等教育的有效对接，使其成为我国与国际社会之间妇女交流的桥梁和对外展示中国妇女教育成就的窗口。

（本文于2013年6月25日发表在《中国妇女报》）

新常态下女子院校应实施精英教育

习近平总书记提出的“中国特色、世界水平的现代教育”，是“两个一百年”奋斗目标和中华民族伟大复兴中国梦的重要组成部分，也是一个完整的科学概念，包含着我国教育发展应当具有的中国特色、国际视野、时代特征等深刻内容。2014年5月4日，习总书记在北京大学考察期间，对发展具有中国特色、世界水平的现代教育作了进一步阐释。他指出：“办好中国的世界一流大学，必须有中国特色。”“世界上不会有第二个哈佛、牛津、斯坦福、麻省理工、剑桥，但会有第一个北大、清华、浙大、复旦、南大等中国著名学府。我们要认真吸收世界上先进的办学治学经验，更要遵循教育规律，扎根中国大地办大学。”[1]这实际上是从国家发展战略和高等教育理论相结合的高度，对“办什么样的高等学校，怎样办好高等学校”这个根本问题作出了新的科学回答。女子本科院校作为我国女性高等教育的重要承担者，在探索女性教育规律、培养女性专门人才方面具有不可替代的作用。面对提高高等教育质量、建设高等教育强国的战略任务，女子本科院校应立足本职，顺势而为，找准自身发展方向和路径。

一、凝练办学理念，明确办学定位

准确而科学的办学定位是大学办出水平、办学特色的必要条件。女子学院在确定办学定位的过程中，必须坚持四个原则，即坚持突出女性教育的特色，坚持立足现实、着眼未来，坚持继承和创新相结合，坚持综合考虑、统筹规划；同时需要综合考虑四个因素，即国内外高等教育特别是女性高等教育的发展形势，区域经济社会发展的要求，学校的历史和现状，国内外女子大学的办学经验。目前，我国女子学院在层次定位上，应坚持以本科教育为主，积极向研究生教育迈进；在类型定位上，应坚持以教学型为主，积极向教学研究型发展；在学科定位上，应坚持以人文社会科学和管理科学为主，多学科协调发展；在人才培养定位上，应坚持以培养应用型人才为主，着力培养女性精英人才；在服务面向定位上，应坚持立足地方、面向全国；在规模定位上，应坚持适度发展，保持6000人左右的规模。

二、推进学科建设，打造优势学科

学科是大学的核心要素，学科优势体现大学的办学优势，构成大学的核心竞争力。创建精品女子学院，至关重要的一个方面就是要打造优势学科。由于女子学院的学科建设起步较晚，基础比较薄弱，办学资源有限，在学科建设方面必须扬长避短、另辟蹊径。首先，要选准突破点，女子学院新建之初，在“大、老、常”的学科方面，很难与老牌的大学竞争，只能按照“有所为、有所不为”的原则，选择“小、新、特”的学科作为突破口，尤其是普通院校尚未涉足的一些边缘学科、交叉学科、新兴学科，女子学院要想法设法去填补“空白”，占领“地盘”。其次，要抢占制高点，女子学院在妇女与性别研究及相关领域有一定的优势，应该以此作为学科建设的主攻方向，进一步整合资源、加大投入，做大做强、求精求深，努力占领学科制高点，切实掌握话语权。再次，要坚持协同创新，女子学院要在立足实际的基础上，积极主动地与相关产业、重点地区进行无缝对接，选准在某些领域（如家政、社工）开展深度合作，充分运用协同创新的理念和机制，竭力把握主动权、开创新局面。

三、坚持人才强校，加强师资队伍建设

师资力量是决定大学办学水平的第一要素。只有一流的师资队伍，才能培养一流的学生、创造一流的学术成就，因此创建精品女子学院，必须把人才强校作为学校最重要的发展战略，努力建设高水平的师资队伍。首先，要抓紧招揽和储备高层次人才，畅通人才引进“绿色通道”，吸引海内外优秀人才加盟，既应现实之急需，又作为未来之储备。其次，要创新教师管理制度，设立人才发展“特区”，依托重点学科专业、重点研究基地和重大科研项目，构建“学科带头人+创新团队”的人才组织新模式，探索建立符合国际惯例的培养、使用、服务、评估一体化的管理机制，努力造就一支结构优化、素质良好、富有活力、善于创新的高水平教师队伍。

四、实施精英教育，培育高层次女性人才

培养女性精英是创建精品女子学院的出发点和落脚点。首先，要明确人才培养目标的定位，尽管女子学院在短期内受到生源、环境与社会支持等多种因素的制约，但是必须从一开始就要坚持精英教育的价值取向，用高标准的定位来引领学生奋发向上，向女性精英的成才目标迈进。其次，要探索最优化的培养制度，要学习借鉴西方发达国家精品女子学院培养女性精英的先进经验，积极探索我国女性精英

的成长规律和培养机制，大力开发体现时代要求、适应女性发展的课程体系，注重培养学生的女性意识、科学素养、生活情趣、专业技能、领导能力和可持续发展能力。

五、加强妇女与性别研究，打造科研品牌

现代大学的职能是人才培养、科学研究、社会服务，精品女子学院不仅要培养高层次的女性精英，而且要承担起妇女与性别研究的重任，成为妇女与性别研究的主阵地，同时妇女与性别研究也是女子学院培育科研优势、提高学术地位、丰富办学特色的重要途径。一方面，要用多学科的理论和视角来研究妇女与性别领域的理论与实践课题，推动马克思主义妇女观中国化、时代化、大众化，努力构建具有中国特色的社会性别理论。另一方面，要用妇女与性别的理论和视角来研究社会生活各个领域的问题，不断地提出新理论、新观点，推动男女平等基本国策的实施和先进性别文化的传播。

六、拓展办学资源，改善办学条件

大学的发展离不开经费支持。只有具备充足而灵活的办学资源，才能保证大学改进教学和研究条件，维系高水平的教师队伍，开发新的前沿学术项目。目前大多数世界一流大学的办学经费投入巨大。但事实上，世界几乎所有的大学都面临着经费短缺的难题。对于我国的女子学院而言，经费短缺的问题显得尤为突出，要创建精品女子学院，必须大力拓展办学资源，改善办学条件。首先，要积极争取政府加大对女性高等教育的投入，积极承接国家级的重大项目，主动为地方政府、企事业单位提供有偿服务，使学校获得广泛的经费支持。其次，倡导大学经营的理念，积极举办附属产业、继续教育、远程教育、专项培训等，从而拓宽经费来源渠道。最后，要积极推进校企合作和后勤社会化改革，与企业、银行、科研机构开展项目合作，主动吸纳社会资金，借助社会力量来推动学校的基本建设，改善学校的办学条件，使学校能够轻装上阵，集中财力加快内涵建设。

七、拓宽国际视野，推进开放办学

目前在世界一些发达国家，精品女子学院的办学取得了巨大的成功，而我国女子学院无论是规模、质量、师资、效益，都与世界的精品女子学院相距甚远。要实现超越发展，必须拓宽国际视野，加强与国外精品女子学院的合作与交流，学习和

借鉴国外精品女子学院的先进经验，积极引进国外精品女子学院的优质教育资源，包括外教、课程、教材以及教育管理模式等，探索建立与国外高校合作培养女性人才的新模式新机制，加强与国外政府机构、科研机构的合作，积极承接国际合作项目，从而使我国的女子学院不断走向世界。

综上所述，在高等教育发展的新常态下，女子学院创新发展路径，优化办学模式，实现跨越发展是必由之路。只有这样，女子学院才能以自身和特色和优势自立于中国普通高校之林。

参考文献

[1] 习近平.青年要自觉践行社会主义核心价值观——在北京大学师生座谈会上的讲话[N]. 人民日报，2014-05-05（2）.

（本文于2016年2月17日发表在湖南红网，后被新浪网全文转载）

湖南“文化强省”背景下女子院校的文化养成

随着高等教育的特色化、内涵式发展，校园文化越来越成为高校的核心竞争力之一，面对建设高等教育强国的时代使命，建设什么样的校园文化，如何用校园文化引领学生健康成长成才，已成为当前高校改革发展中亟待解决的一项重要课题。在湖南加快建设文化强省、推动文化大繁荣大发展的背景下，本土的女子本科院校应以高度的文化自觉和自信，大力践行文化育人的理念，不断探索文化育人的新载体、新路径，切实以女校特色校园文化引领女生健康成长成才。

一、倡导先进性别文化

党的十八大首次把男女平等作为基本国策写入报告，彰显了我们党对社会性别发展内在规律的科学认识，这需要全社会大力宣传以男女平等、两性和谐为核心的先进性别文化，女子本科院校理应担当引领和示范的使命。

一是要作为全新学术领域来开掘，通过整合学术资源，组建以社会性别的多元化研究为核心使命的学术机构和学术团队，动员和组织教师从多学科、多视角、多维度、多渠道开展先进性别文化研究，以此作为主攻方向积极申报和承担高级别的科研项目，定期举办高规格、高水平的学术研讨会，适时推出先进性别文化研究的精品力作，加快建设先进性别文化的宣传普及平台和基地，从而使先进性别文化研究成为女校学术研究的龙头。

二是要作为特色专业和课程来开设，以全面贯彻男女平等基本国策为契机和动力，高起点、高标准、高质量开办并建好女性学本科专业，通过合作共建的形式是率先在国内高校中创建女性学硕士学位点，培养新时期妇女事业发展急需的高素质、复合型妇女理论人才、妇女教育人才和妇女工作实务人才，同时，在全校女生中开设《马克思主义妇女观》《女性学》《女性心理学》《女性社会学》《女性领导力》等特色课程，在厚植女性意识、发掘女性潜能、提升女性素质等方面先行先试，为普通高校的女生素质教育探索出一套成型、成熟、成功的经验。

三是要作为精品校园文化活动来开展，充分挖掘和整合“她时代”的优势资源，加强学校与社会的对接、融通、与合作，通过定期举办“女性论坛”“青春励志讲坛”，邀请政界、学界、产业界等各界的成功女性来校演讲、座谈，用榜样人物的感人事迹为女生励志引航输入源源不断的正能量。同时，坚持以女生为主体，积极搭建主旨鲜明、丰富多彩的活动平台，精心打造具有女性特色的校园文化活动品牌，引导和推动广大女生在校园文化活动中自觉参与、自信表达、自由发挥、自主提升。

二、弘扬文明礼仪文化

我国是文明古国，是“礼仪之邦”，“习礼仪，知诗书，达事理”是国人引以为豪的传统美德，也是当代公民道德规范的具体要求，更是中国文化软实力的重要体现。在建设美丽中国的新时代，作为女子本科院校，更有责任在校园里唱响文明礼仪文化之歌，弘扬文明礼仪文化，用文明礼仪文化启迪美丽心灵、点亮美丽人生、培养美丽女性、打造美丽校园。

一是要从学科研究的层面，把礼仪学作为一门新兴学科加以建构，重点是要从多学科、多层次、多路径，深入探究礼仪的形成机理、发展规律、内容体系、表现方式，探索构建与中国文化底蕴和国际形象相匹配、具有国际影响力和传播力的礼仪思想理论体系、知识体系、话语体系和传播体系，以丰富、前瞻、厚重的原创性学术成果，积极抢占国内礼仪学术界和实务界的制高点。

二是要从教育培训的层面，把文明礼仪教育纳入大学生素质教育之中，引导学生学礼、知礼、行礼，发挥女子本科院校的优势，尝试把礼仪与艺术表演、播音主持、空中乘务等相关专业有机融合，积极创办以礼仪为特色的新兴本科专业，面向全校学生开设《现代礼仪》《礼仪文化》等特色课程，定期开展文明礼仪知识讲座和文明礼貌月活动，举办礼仪大赛、评选“礼仪之星”，不断探索大学生文明礼仪教育的新模式，为普通高校提供示范引领。

三是要从社会推广的层面，积极向社会大众宣传普及文明礼仪知识，通过人才资源的跨界融合组建高层次的礼仪学团队，主动走进党政机关、企事业单位以及社会各行各业，充分借助社科团体、新闻媒体、学术论坛等各种平台，开设各种形式的礼仪讲座，向社会各界民众宣传普及文明礼仪知识，助推全社会兴起“讲文明、尊礼仪”的良好风尚。

三、传播中国家政文化

现代家庭生活是一门科学，也是一门艺术，需要文化教育的传承和引领。中国家政文化源远流长，博大精深，孔子提倡的“修身、齐家、治国、平天下”，彰显的就是家政文化的核心思想。但由于历史的原因，家政文化的传承和创新滞后于西方发达国家。在实现中国梦的伟大征程中，家政文化承载着提升人民生活幸福指数的责任，必须大力传播中国家政文化，切实增强家政文化的自觉和自信。对此，我们怀着一种浓厚的家政情结和强烈的历史使命感，以“湖南省教育科学现代家政教育研究基地”为依托，立足于校园文化的大平台，积极推进家政文化的传承和创新。

第一，要推进家政基础理论研究，采取请进来和走出去相结合的方式，加强与美国、日本、法国、菲律宾以及我国港台地区家政学界的学术交流、互动、对话，深入挖掘中国传统的家政文化底蕴，积极构建符合时代需要、彰显中国特色、在国际上具有学术话语权的家政学理论体系。

第二，推动家政教育向专业化发展，要以国家大力扶持家庭服务业发展、推进家庭服务业职业化为契机和动力，以教育部制定的《普通高等学校本科专业目录（2012）》为政策依据，采用政、产、学、研、用等各界协同创新、合作育人的办学模式，率先开办并全力办好家政学即相关的本科专业，大力培养社会急需的家政职业经理人、教育培训师资以及家政高技能人才，为家政职业高等教育的正规化、科学化、特色化发展提供范本、树立标杆。

第三，推动家政素质教育进校园、进社区、进乡村，在全校学生中开设《家政学通论》《家庭生活科学》等特色课程，精心组织每年一度的“5·15国际家庭日”活动，积极开展“母亲大讲堂”“家政文化沙龙”，组织家政专业的师生走进社区、乡村，为基层群众开设家庭生活知识讲座，提供婚姻、家庭、育儿等方面的咨询服务，鼓励在校学生投身家政行业进行创业，用青春和梦想谱写“大众创业、万众创新”的家政篇。

第四，要对接产业提供智力支持，发挥自身的学术优势，积极开展政策解读和调查研究，为家庭服务业建言立论，积极参与家庭服务行业的教材编写、标准研制、岗位创新技能大赛等工作，与各类家庭服务业企业开展多种形式的合作，为家庭服务企业的经营管理和文化建设提供切实有效的咨询服务，为家庭服务行业的转型升级和跨越发展提供强有力的学术引领和智力支持。

四、传承湖湘女性文化

湖湘女性文化是中华女性文化的一朵奇葩，也是湖湘文化的重要一脉，对女子院校的发展、女性人才的成长具有重要的引领和支撑作用。对于本土的女子本科院校来说，传承湖湘女性文化是应尽之责、义不容辞。

一方面，要深入研究湖湘女性文化，关键是对湘女精神进行提炼升华。湖湘女性文化底蕴深厚、博大精深、湘女精神作为其精神内核具有独特价值，应从哲学的高度、历史的厚度、文化的角度不断加以挖掘、提炼和升华，对此，女子本科院校进一步拓宽学术视野，整合校内外的学术资源，组织一批哲学、政治学、历史学、文化学、心理学等学科的专家、学者，以课题的形式对湖湘女性文化尤其是湘女精神进行深度研究，重在研究湖南妇女解放运动的历史，研究湖南新时期女性在各个领域中的实践活动，研究湖南众多女名人和群体的成长历程，研究湖南女性的性格特征和心理特点，从中总结提炼出代表湖南女性特点、能够引领湖南女性发展、为广大女性高度认同的“湘女精神”，使之成为时代湘女全面建成小康社会的永恒精神支柱和不竭动力源泉。

另一方面，要大力弘扬湖湘女性文化，尤其要用湘女精神培育女性精英人才，积极组织学生收集整理杰出湘女的资料，开展“女大学生最崇拜的杰出湘女”评选活动，在教学楼、图书馆、学生公寓、运动场等学生密集区域悬挂杰出湘女的照片及生平简介，通过校报、广播、校园网等校园媒体宣传杰出湘女的感人事迹，以“弘扬湘女精神、争做时代湘女”为主题，在女生中开展“六个一”活动，即读一本介绍杰出湘女的书，看一部讴歌湘女风采的电影或电视剧，选一名杰出湘女作为心灵偶像，访一名新时期的优秀湘女，走一条湘女文化旅游线路，写一篇关于湘女精神的文章，引导学生走近湘女、悦读湘女、感悟湘女，从而用湘女精神引领女生健康成长，激励女生科学成才。

（本文于2015年12月23日发表在湖南红网，后被新浪网全文转载）

新常态下女子高校发展的方向与路径

习近平总书记强调："办好中国的世界一流大学，必须有中国特色。""世界上不会有第二个哈佛、牛津、斯坦福、麻省理工、剑桥，但会有第一个北大、清华、浙大、复旦、南大等中国著名学府"[1]。这是从国家发展战略和高等教育理论相结合的高度，对"办什么样的高等学校，怎样办好高等学校"这个根本问题作出的科学回答，充分体现了我们党对高等教育发展内在规律的新认识，为新时期高等教育的内涵发展、特色发展、创新发展提供了思想引领和根本遵循。女子高校作为我国女性高等教育的重要承担者，在探索女性教育规律、培养女性专门人才方面具有不可替代的作用。在经济社会发展的新常态下，面对提高高等教育质量、建设高等教育强国的战略任务，女子高校应从实际出发，立足本职，顺势而为，找准自身发展方向和路径。

一、女子高校发展的现状分析

女子高校在我国的历史可以追溯到一个世纪以前，1905年华北协和女子大学的创办开启了我国女子高等教育发展的先河，直到新中国成立初期，在长达40余年的历史中，女子高校曾经一度在高等教育园地里独树一帜，大放异彩，先后涌现出了金陵女子大学、华南女子大学、北京女子师范高等学校、河北女子师范学院等10余所女子高校，为国家和民族培养了一大批优秀女性人才。1952年国家对高等院校进行大规模调整，女子高校或被完全停办或被并入其他高校，从此淡出历史舞台达30余年。直到20世纪80年代以后，随着改革开放的逐步推进，为适应社会对高素质女性人才的需求，在各级妇联组织大力倡导下，一些地方政府或社会团体分别创办了一批不同层次、不同类别的女子高校，从而使女子高校再度呈现出蓬勃发展之势。

目前，据不完全统计，全国共有各类女子高校10余所。在学校建制上，既有独立设置的女子高校，如中华女子学院、山东女子学院、湖南女子学院等，也有综合性大学下设的二级女子学院，如同济大学女子学院、南京师范大学金陵女子学院、大连大学女子学院等；在办学层次上，既有承担研究生、本科生教育的女子本科学院，如中华女子学院、天津师范大学国际女子学院，也有承担高职教育的女子专科院校，如广东女子职业技术学院、河北女子职业技术学院；在管理体制上，既有全国妇联直属的女子高校，也有省级地方政府主办的女子高校；在办学主体上，既有国家公办的女子高校，如中华女子学院等三所独立设置的女子本科学院，也有社会力量办学的民办女子高校，如华南女子职业学院；在招生类型上，既有以女生为主、兼招少量男生的女子高校，也有只招女生、不招男生的女子高校；在办学规模上，既有在校学生规模达万人以上的女子高校，也有在校学生不足千人的女子高校；在办学区域上，女子高校大多集中在东、中部地区的大城市，如北京、上海、天津、广州、南京、济南、长沙、福州等。从整体上看，我国女子高校已经形成了一个多层次、多类型、多元化、多样性的办学格局。

经过近30多年的艰苦奋斗，我国的女子高校取得了长足的发展，无论是办学层次、办学实力，还是办学水平、办学效益都有了显著的提升，尤其是在办学特色方面初步显示了自身的优势，但离国际化、特色化、优质化、精品化办学的要求还有较大的差距，其发展中存在的一些突出问题不容忽视，对此应进行实事求是的审视和剖析。

1.办学理念和思路不够清晰

从相关女子高校的发展规划文本来看，在办学定位、办学理念、办学思路等顶层设计方面，不同程度地存在简单模仿甚至照搬照抄普通高校办学经验的痕迹。目前大多数女子高校对自身的历史渊源、文化传统、当代使命、价值取向缺乏深入分析，对自身存在的优势、劣势、短板、瓶颈以及面临的复杂形势和严峻挑战缺乏全面思考，对女性高等教育的内在规律以及新时期社会发展对女性人才的要求缺乏精准把握，对女子高校在新形势下如何实现内涵发展、特色发展、转型发展、创新发展等一系列现实问题缺乏科学谋划，这些问题在很大程度上限制了女子高校的发展视野和发展格局。

2.核心办学资源显得不足

现有的女子高校大多建校时间较短，发展起步较晚，办学基础比较薄弱。进入高等教育加快发展的新时代，面对建设和发展的新机遇，在核心办学资源支撑方面表现出明显的不足，一方面，有形资源不足，教师队伍总量不足，年龄、学历、职称结构不太合理，尤其是缺乏高层次、国际化的人才队伍；校园面积略显狭小，教学基础设施、图书、教育技术装备相对滞后；资金投入渠道比较单一，办学经费较为紧缺，创收和融资能力较弱。另一方面，无形资源不足，由于缺乏高水平的学科和有特色的专业作为支撑，对高水平的师资、高质量的生源和高品质的就业市场难以产生吸引力，加之学校的理念创新、制度建设、文化培育、模式构建尚处在艰难的摸索当中，因此女子高校在短期内还无法形成品牌效应，这些问题在一定层面上影响了女子高校的发展效率和发展后劲。

3.办学特色还不鲜明

对女子高校来说，办学特色是第一生命线，也是核心竞争力。但是从目前的现实情况来看，女子高校普遍缺乏鲜明的办学特色，“特色办学”“特色兴校”更多的只是停留在思想认识和规划文件等层面，尚未真正落实到学校领导和师生员工的自觉行动中，尚未真正嵌入到教学、科研、管理、服务和文化等全方位和全过程。一方面，女子高校在办学理念、学科专业、课程体系、人才培养模式、科学研究、管理模式、校园文化等，与普通高校相比缺乏应有的区分度和特色点，女子高校相互之间也存在一定的复制、模仿、抄袭。另一方面，女子高校对办学特色的理解存在一定的认识误区，对高等教育的一般规律和女性高等教育的特殊规律把握不够全面、不够精准，对女校特色的追求存在一定的片面性和狭隘性，或“把特色当成一个筐，什么都往里面装”，或“把特色当成一个标签，热衷于宣传包装”，从而陷入了特色迷失的困境之中。

二、女子高校发展的方向引领

1.女子高校应成为精英女性人才培养的重要基地

高等教育学理论告诉我们：高等院校在本质上是人才培养机构，培养高素质人才是高等院校的核心职能和首要使命，在我国现阶段衡量一个高等院校的办学水平和存在价值，首先是看它能否为中国特色社会主义事业培养合格建设者和可靠接班人。我国进入经济社会发展新常态以来，人才资源作为推动经济社会可持续发展的第一资源，越来越受到社会的重视，如何培养和造就规模宏大、结构合理的高素质、多样化人才，是当前高等院校面临的重大时代课题。女性人才是我国人才队伍中不可或缺的一支重要力量，但从现实情况来看，我国的女性人才尤其是精英女性人才的培养，与男女平等基本国策的贯彻要求和“妇女能顶半边天”的社会性别定位还有差距，与经济社会发展对女性人才的多样化需求以及广大妇女对自身成长成才成功的内在需求还不相适应。探索精英女性人才培养的独特规律，促进大批优秀女性人才迅速成长，是当前推进人才强国战略的重要内容。女子高校作为以女性为中心的特色大学，应当着眼于新时期妇女事业发展的战略需要，自觉担负起探索培养精英女性人才的时代使命，切实在女性人才培养教育方面发挥引领、示范、辐射的作用。基于此，从发展的观点来看，女子高校必须志存高远，努力成为精英女性人才培养的重要基地，这既是时代赋予的神圣使命，也是自身安身立命的根基所在，更是彰显特色优势的关键之举。

2.女子高校应成为培育和践行社会主义先进性别文化的示范引领

社会主义先进性别文化是社会主义先进文化的重要组成部分，是一种建立在社会主义公有制经济基础之上，以马克思主义妇女观为指导，以社会主义核心价值观为引领，以两性和谐、男女平等为核心，涵盖精神文化、制度文化、行为文化、物质文化的“四位一体”的先进性别文化。社会主义先进性别文化具有极为重要的时代价值，是推动男女平等基本国策贯彻实施、构建社会主义和谐社会的内在基础和重要动力，实践证明，中国特色社会主义事业越向前发展，就越需要弘扬社会主义先进性别文化。但毋庸置疑的是，现阶段我国的性别文化领域正遭遇“两面夹击”，既有男尊女卑封建思想以及大男子主义思想的影响，也有西方女权主义思想的困扰，在新的历史起点上，如何在全社会树立科学的社会性别意识，促进男女平等协调和谐发展，是一项横亘在我们面前而又亟待解决的时代课题。对此，党的十八大首次在党代会报告中明确提出“坚持男女平等基本国策”[2]，这实际上把社会主义先进性别文化建设提升到了一个新的高度，也赋予了女子高校新的学术使命。女子高校作为国内社会性别理论研究和传播的重要基地，在社会性别研究及相关领域的研究方面积累了丰富的经验，汇聚了社会性别所涉及的多个学科的研究力量和学术团队，开设了马克思主义妇女观、妇女运动史、女性主义哲学等相关课程和法学、社会学、社会工作、女性学、家政学等相关专业，建有一系列与社会性别研究相关的研究机构，在社会主义先进性别文化的研究、传播和传承创新等方面具有独特优势和巨大潜力。因此，女子高校应着眼于新时期妇女事业发展的全局，立足于本职，发挥自身的优势，积极引领先进的性别文化发展，推进社会主义先进性别文化进入国民教育、社会教育和妇女教育体系，为落实男女平等基本国策作出新的更大贡献。

3.女子高校应成为区域经济社会发展的助推器

高等教育理论认为，任何一所大学总是植根于又服务于一定的区域，大学与区域之间存在一种融合发展、共生共荣、互动双赢的关系，一方面，大学的发展依赖于区域的发展，从中获取自身发展的外在动力和强大资源。另一方面，大学的发展又推动着区域的发展，为区域发展提供智力和人才支撑。在经济社会发展的新常态下，大学与区域的互动关系显得更为紧密。从这个意义上说，大学作为区域经济社会发展体系的重要组成部分，要主动与区域经济和社会发展结合起来，以自身的力量来解决经济社会发展亟待解决、人民群众普遍关心的重要理论和现实问题，真正成为引领和推动区域经济社会发展的重要引擎和动力支撑。在我国现有的三所独立设置的女子高校中，只有中华女子学院是全国妇联的直属院校，其他两所均为地方院校，从服务面向来看，这三所女子高校都立足于所在的城市，服务于各自的区域，因此，从根本上讲，应把这些女子高校归于区域性大学的行列。随着我国经济体制改革的推进，区域经济迅速崛起，其中中华女子学院所在的首都经济圈、湖南女子学院所在的中部地区经济圈、山东女子学院所在的环渤海经济圈都是极具发展潜力的区域，既为女子高校的发展提供了广阔的空间和良好的机遇，同时提出了现实的任务和明确的要求，那么，女子高校理应成为区域经济社会发展的助推器，努力为区域经济社会发展培养高素质女性人才，创造优秀科技成果，提供一流的社会服务。

4.女子高校应成为高等教育多样化和特色化的先行者

高等教育的多样化、特色化，是高等教育科学发展的内在逻辑，也是全球高等教育改革发展的基本趋势，更是我国推动高等教育内涵发展、迈向世界高等教育强国的正确路径。高等教育的多样化、特色化发展，并不是一个凭空产生的口号和标签，而是一个植根于实践需要的系统工程，一方面，经济社会的可持续发展迫切需要各种类型、各个层次、各种规格的人才，这在客观上呼唤高等教育的多样化、特色化，另一方面，人们对高等教育的需求越来越趋于本土化、大众化、时代化、个性化、精致化，这为高等教育的多样化、特色化发展注入了强大动能。但是不可否认的是，在我国当前的高等教育体系中，高校与高校之间互相模仿、同质发展、千校一面的现象依然普遍存在，这已经成为制约高等教育发展的重要桎梏。前国务院总理温家宝在任期内曾多次表示："我感到焦虑的一个问题是高校如何办出特色"[3]，并强调："高校办得好坏，不在规模大小，关键是要办出特色，形成自己的办学理念和风格"[4]，高校办出特色这不仅仅是他"在心里盘桓已久的问题"，也是长期以来社会各界尤其高等教育界高度关注的一个热点和难点问题，近年来党的十八大、十八届三中全会以及《国家中长期教育改革和发展规划纲要（2010—2020年）》也分别对高等学校的特色发展做了强调。那么，到底何谓高等教育的多样化、特色化？根据高等教育哲学的观点，高等教育的多样化、特色化归根到底就是各个层次、各种类型的高等学校都要坚持从自身的实际出发，因地制宜、因校制宜，努力探寻符合时代需要、彰显自身特色的办学道路和发展模式，这是高等教育多样化、特色化发展对包括女子高校在内的所有高等学校提出的普遍性要求。作为一种独立设置、专门从事女性高等教育的特殊高校，女子高校在社会环境、办学资源、教育对象、人才培养目标、服务面向等各方面与普通高等学校相比有一些自己的特点，当然这些特点之中既蕴含着独特的优势，也包含着一些劣势。对于女子高校来说，要顺应高等教育多样化、特色化的发展趋势，关键在于立足实际，扬长补短，坚定不移地实施精致教育、推进特色办学、打造高水平、高品位的精品女子高校，努力成为高等学校园地里的一朵魅力奇葩。

5.女子高校应成为女校教育优良传统的传承者

女性教育在我国具有百余年的发展历程，历史文化底蕴比较深厚。早在19世纪末20世纪初，中国就开始兴起了创办女子中学、女子师范的热潮，在此基础上孕育和催生女子高等教育。1919年北京女子高等师范学校成立，开启了我国女性高等教育的先河，在之后的30年间在中国大陆曾经涌现过一批女子院校，如“金陵女子文理学院、华南女子文理学院、震旦女子文理学院、国立女子师范学院”[5]等，以及延安时期由中国共产党创办的中国女子大学。在百年发展历程中，女子高校在提高女性素质、培养新型女性等方面做出了卓有成效的探索，形成了比较鲜明的办学特色，为民族独立、人民解放、国家建设培养了一大批优秀女性人才，可以说女性教育的优良传统构成了我国高等教育园地里极其珍贵的文化宝藏。新中国成立后，党和国家进行了全面的教育改革，积极构建新的教育体系，在20世纪50年代初期的高等学校院系调整中，女子大学纷纷被停办并合并到普通高校中，这使得女子院校一度退出历史舞台，在新中国的高等教育史消失达30多年，从文化传承的视角来看，这种断裂不能不说是我国高等教育史上无法忽视也无法弥补的一大遗憾。当然令人倍感振奋的是，改革开放以后，女子院校又得以重新复出，并逐渐在高等教育舞台上显山露水，呈现出蓬勃发展之势，目前从总体来看，女子院校的发展仍然受到传统文化、管理制度等各项因素的制约，同时一些女子院校由于自身办学层次较低、缺乏创新精神和内在活力，在办学的过程中举步维艰、惨淡经营，有的女校不得不改旗易帜。基于这样一种客观的现实，女子高校应切实增强历史使命感，努力办出水平、办出特色、办成精品，将女校教育传统传承下去并不断发扬光大。

6.女子高校应成为世界女性高等教育交流合作的桥梁

发展女性高等教育，促进女性成才成功，培养精英女性人才，既是来自发达国家和地区的历史经验，也是当前全球高等教育发展的一大趋势。在一些发达国家和地区，女子大学往往是培养精英女性、杰出女性的摇篮，例如，中国著名的“宋氏三姐妹”（宋霭龄、宋庆龄、宋美龄）、冰心，以及美国的希拉里、赖斯、奥尔布赖特等都是毕业于美国韦尔斯利女子学院，撒切尔夫人毕业于英国牛津女子学院，韩国首位女总理韩明淑毕业并执教于韩国著名的梨花女子大学。在新的历史时期，许多发达国家都十分重视兴办女子大学，其中有一部分女子大学拥有悠久的历史、很强的实力和较高的社会知名度、美誉度，是本国女性学生乃至外国女性留学生非常向往的大学，如名列美国“七姐妹女子学院”之首且在全美文理学院中排名第四的韦尔斯理女子学院，韩国首尔历史最悠久的大学之一且被公认为全亚洲最好的女子大学——韩国梨花女子大学，被誉为日本国内最好的女子大学——日本御茶水女子大学等，这些女子大学不仅仅是本国妇女教育发展的引领者，而且是社会性别理论研究尤其是女性研究的最高平台，更是培育本国杰出女性人才和全球国际化女性人才的重要基地。1995年世界第四次妇女大会在北京胜利召开，世界各国对新时期中国女性高等教育发展的成就予以高度赞誉，由此开启了妇女教育国际交流与合作的新里程碑，许多发达国家和地区的高水平女子大学带着不同的使命和愿景来到中国，希望与中国的女子院校进行广泛而深入的对话、交流、互动与合作，共同探讨和解决当前和今后一个时期世界女性高等教育发展所面临的一些深层次的共性问题。中国正在努力实现由世界教育大国转向世界教育强国，在与世界女性高等教育合作与交流的过程中，确有必要创建一批高水平、有特色、精品化的女子院校。女子高校作为当前我国女子院校中的先进代表，理所当然要成为女性高等教育国际交流合作的纽带和桥梁，主动引入国外女性高等教育的优质资源和先进经验，积极对外展示中国妇女教育发展的最新成果，并与国外高水平女子大学携手推进世界女性高等教育的共同发展。

三、女子高校发展的路径选择

1.凝练办学理念，明确办学定位

先进的办学理念和精准的办学定位，是大学办出特色、办出水平、办成精品的思想引领和目标导向，科学谋划大学的发展路径，首先就要从凝练办学理念、确定办学定位开始。在办学理念方面，女子高校应做到“四个着眼于”，着眼于探索女性成长成才的特殊规律和女性教育的内在机理，着眼于发掘女性的最大潜力并为女性创造最适宜的教育模式和教育环境，着眼于引领女性在社会发展中积极承担自身的社会责任、彰显自身的社会价值，着眼于推动女性教育向特色化、精品化、国际化等方向发展。通过总结历史经验、借鉴境外理念、分析社会现实，从而形成符合时代需要、体现女性特色的办学理念。在确定办学定位的过程中，女子高校正确把握好四个方面的辩证关系，即把握好规范办学与特色办学的关系，把握好传承经验和创新模式的关系，把握好统筹推进和重点突破的关系，把握好内涵发展与规模效应的关系，具体来说：在层次定位上，应坚持以本科教育为主，积极向研究生教育迈进；在类型定位上，应坚持以教学型为主，积极向教学研究型发展；在学科定位上，应坚持以人文社会科学和管理科学为主，多学科协调发展；在人才培养定位上，应坚持以培养复合型女性人才为主，大力培养引领社会发展的女性精英人才；在服务面向定位上，应坚持立足地方、面向全国；在规模定位上，应坚持适度发展，保持6000人左右的规模。

2. 推进学科建设，打造优势学科

学科是大学的核心要素，学科优势体现大学的办学优势，构成大学的核心竞争力。创建女子高校，至关重要的一个方面就是要打造优势学科。由于女子高校的学科建设起步较晚，基础比较薄弱，办学资源有限，在学科建设方面必须扬长避短、另辟蹊径。首先，要选准突破点，女子高校新建之初，在“大、老、常”的学科方面，很难与老牌的大学竞争，只能按照“有所为、有所不为”的原则，选择“小、新、特”的学科作为突破口，尤其是普通院校尚未涉足的一些边缘学科、交叉学科、新兴学科，女子高校要想法设法去填补“空白”，占领“地盘”。其次，要抢占制高点，女子高校在妇女与性别研究及相关领域有一定的优势，应该以此作为学科建设的主攻方向，进一步整合资源、加大投入，做大做强、求精求深，努力占领学科制高点，切实掌握话语权。再次，要坚持协同创新，女子高校要在立足实际的基础上，积极主动地与相关产业、重点地区进行无缝对接，选准在某些领域（如家政服务、社会工作、养老服务、时装设计）开展深度合作，充分运用协同创新的理念和机制，竭力把握主动权、抢占制高点、开创新局面。

3. 坚持人才强校，加强师资队伍建设

师资力量是决定大学办学水平的第一要素。只有一流的师资队伍，才能培养一流的学生、创造一流的学术成就，因此要办好女子高校，必须把人才强校作为学校最重要的发展战略，努力建设高水平的师资队伍。首先，要抓紧招揽和储备高层次人才，畅通人才引进“绿色通道”，吸引海内外优秀人才加盟，既应现实之急需，又作为未来之储备。其次，要创新教师管理制度，设立人才发展“特区”，依托重点学科专业、重点研究基地和重大科研项目，构建“学科带头人+创新团队”的人才组织新模式，探索建立符合国际惯例的培养、使用、服务、评估一体化的管理机制，努力造就一支结构优化、素质良好、富有活力、善于创新的高水平教师队伍。

4.实施精英教育，培育高层次女性人才

培养女性精英是创建女子高校的出发点和落脚点。首先，要明确人才培养目标的定位，尽管女子高校在短期内受到生源质量、师资水平、办学资源、发展环境与社会支持等多种因素的制约，很难全力投入精英教育之中，而必须顺应大众化教育的需要，但是必须从一开始就要坚持精英教育的价值取向，用高标准的定位来引领学生奋发向上，向女性精英的成才目标迈进。其次，要探索最优化的培养制度，要学习借鉴西方发达国家女子高校培养女性精英的先进经验，积极探索我国女性精英的成长规律和培养机制，大力开发体现时代要求、彰显中国特色、适应女性发展的课程体系，注重培养学生的女性意识、科学素养、生活情趣、专业技能、领导能力和可持续发展能力。

5.加强妇女与性别研究，打造“女字号”科研品牌

科学研究是现代大学的重要职能，也是体现现代大学存在和发展价值的重要方面，更是创建办学特色、提升综合实力的重要途径。在我国大力推进男女平等基本国策的大背景下，女子高校应主动承担起引领和支撑女性发展的学术使命，切实把妇女与性别研究作为主攻方向，精耕细作、深入探索，努力打造“女字号”的科研品牌，力争成为妇女与性别研究的主阵地和大本营。一方面，要坚持以马克思主义为指导，推动马克思主义妇女观中国化、时代化、大众化，运用多学科的理论和视角，深入研究妇女与性别领域的重大理论与实践课题，推出一系列具有标志性的学术成果，为构建符合时代需要、彰显中国特色的妇女与性别理论体系和话语体系；另一方面，要坚持学以致用，用妇女与性别的理论和视角来研究社会生活各个领域出现的新问题，不断地提出新理论、新观点、新方法，切实提高妇女与性别理论解释社会现象、解决社会问题的能力，为推动男女平等基本国策的实施和先进性别文化的传播提供理论支撑和方法指引。

6.拓展办学资源，改善办学条件

大学的发展离不开经费支持。只有具备充足而灵活的办学资源，才能保证大学改进教学和研究条件，维系高水平的教师队伍，开发新的前沿学术项目。目前发达国家和地区的许多名牌大学，办学经费投入都十分巨大，筹资渠道也很广泛，除了政府投入以外，还有大学经营、校友捐赠、慈善捐赠、财团支持等等。但事实上，世界几乎所有的大学都面临着经费短缺的难题。对于我国的女子高校而言，经费短缺的问题显得尤为突出，要创建女子高校，必须大力拓展办学资源，改善办学条件。首先，要积极争取政府加大对女性高等教育的投入，积极承接国家级的重大项目，主动为地方政府、企事业单位提供有偿服务，使学校获得广泛的经费支持。其次，倡导大学经营的理念，积极举办附属产业、继续教育、远程教育、专项培训等，从而拓宽经费来源渠道。再次，要积极推进校企合作和后勤社会化改革，与企业、银行、科研机构开展项目合作，主动吸纳社会资金，借助社会力量来推动学校的基本建设，改善学校的办学条件，使学校能够轻装上阵，集中财力加快内涵建设。

7. 拓宽国际视野，推进开放办学

在欧美、日本、韩国等一些发达国家和地区，经过近一个半世纪的发展，女子高校已经在人才培养、科学研究、社会服务、文化传承与发展等方面都取得了较为显著的成就，形成了较为成熟的办学模式，在社会上确立了很高的地位，尤其是涌现出了一批高水平、国际化的女子高校品牌。相比之下，我国的女子高校起步较晚、起点较低、基础较弱，无论是办学规模、办学条件、办学水平，还是办学理念、办学资源、办学效益，都表现得明显滞后。在新的历史起点上，我国的女子高校要实现快速崛起，必须突破传统观念，拓宽国际视野，主动融入女性高等教育的国际化潮流之中，积极构筑与国外高水平女子大学交流合作的渠道，在深入学习和合理借鉴国外女子高校先进办学经验的基础上，有计划地引进国外高水平女子大学的优质教育资源，包括品牌课程、原版教材、高层次人才、精英女性人才培养模式、女校管理模式、女校精品校园文化等，探索建立与国外高水平女子大学合作培养女性精英人才的新模式、新机制、新平台，同时加强与国外其他高等院校、科研机构以及非政府组织的合作，积极承接国际合作项目，从而使我国的女子高校不断走向世界。

综上所述，在高等教育发展的新常态下，女子高校必须从实际出发，因校制宜，在精准定位的基础上，不断创新发展路径、优化办学模式、推动跨越发展，力争以自身的特色和优势自立于中国普通高校之林。

参考文献

［1］ 习近平. 青年要自觉践行社会主义核心价值观——在北京大学师生座谈会上的讲话［N］. 人民日报，2014-05-05（2）.

［2］ 胡锦涛. 坚定不移沿着中国特色社会主义道路前进　为全面建成小康社会而奋斗——在中国共产党第十八次全国代表大会上的报告［N］. 人民日报，2012-11-

18（5）.

［3］国务院教育工作座谈会侧记之四：高等教育要提高质量办出特色［N］．人民日报，2006-11-28（2）.

［4］国务院教育工作座谈会侧记之四：高等教育要提高质量办出特色［N］．人民日报，2006-11-28（2）.

［5］杜祥培．我国女子大学的历史、现状和未来［J］．当代教育论坛（宏观教育研究），2007（3）.

（本文于2017年3月17日发表在《山东女子学院学报》2017年第2期）

第四章 思政教育之道

胡锦涛对马克思主义青年观的丰富和发展

——学习胡锦涛同志五四重要讲话

胡锦涛同志在纪念中国共产主义青年团成立90周年大会的重要讲话，从哲学的高度、历史的深度、文化的厚度和实践的力度，科学揭示了党对中国青年运动最新的规律性认识，对当代中国青年运动的重大理论和实践问题，做出了深刻而系统的阐述，是在新的历史条件下对马克思主义青年观的丰富和发展。

第一，高度概括了党和青年的本质关系。党和青年的关系是马克思主义青年观的首要的基本的理论问题，也是我们党正确领导中国青年运动必须要解决的实践课题。在90年的历史实践中，党和青年同呼吸、共命运，形成了一种相辅相成、共生共荣、互动发展的关系。一方面，党引领青年健康成长，党的理论是导引青年成长发展的指路明灯，党的领导是推动青年勇立时代潮头的政治保障，党的事业是实现青年人生价值的最佳舞台。另一方面，青年助推党的事业发展，青年是党的队伍发展壮大的重要来源，也是党的执政资源和执政基础的重要构成，更是党的事业永葆生机活力的重要源泉。基于此，胡锦涛同志的五四重要讲话深刻指出："代表广大青年，赢得广大青年，依靠广大青年，是中国共产党不断从胜利走向胜利的重要保证"，[1]这一论断包含了非常深刻的内涵：其一，代表广大青年是我们党的重要特质，因为党的使命与青年的追求是内在统一的，党要真正成为"三个代表"，就必须始终"代表青年"。其二，赢得广大青年，是我们党的发展大计，因为青年始终代表着新生力量和未来希望，党只有赢得广大青年，才能要赢得未来。其三，依靠广大青年，是我们党的必然选择，因为青年怀抱崇高理想、充满奋斗激情，是最值得信任、堪当重任的生力军，只有把青年作为坚定的依靠，党的事业才能兴旺发达。从根本意义上讲，这个论断是从国家民族兴旺发达、党的事业后继有人的战略高度，对党和青年关系作出的科学结论，贯穿了我们党始终高度重视青年、关怀青年、信任青年的政治传统，体现了我们党对党和青年的关系的认识达到了新的理论高度。

第二，深刻揭示了中国青年运动的基本规律。青年运动作为一种特殊的历史实践活动，具有其自身的运行方式和内在规律。对青年运动基本规律的认识和把握是马克思主义青年观的重要内容，也是我们党领导青年运动科学发展、推动青年运动从胜利走向胜利的理论依据和必要前提。90年来，中国青年运动浩浩荡荡、波澜壮阔，开创了一条符合历史潮流、适应中国实际、彰显青春力量的发展道路，在这条道路上留下了极为宝贵的经验和启迪，值得我们牢牢记取、倍加珍惜、永远坚持。胡锦涛同志的五四重要讲话在全面回顾光辉历史、高度评价辉煌业绩的基础上，从理论与实践相结合、历史与逻辑相统一的角度，总结提炼了中国青年运动的五条基本规律。一是必须始终坚持中国共产党的领导，这是中国青年运动的根本原则，只有坚持中国共产党的领导，中国青年运动才能沿着正确道路蓬勃发展。二是必须始终弘扬爱国主义精神，这是中国青年运动的旗帜引领，只有弘扬爱国主义精神，中国青年运动才能获得源源不断的精神力量。三是必须始终走在时代前列，这是中国青年运动的前提条件，只有走在时代前列，中国青年运动才能为推动社会发展进步作出积极贡献；四是必须始终投身人民伟大实践，这是中国青年运动的动力源泉，只有投身人民伟大实践，中国青年运动才能拥有最强大最深厚的前进动力；五是必须是始终尊重青年主体地位，这是中国青年运动的关键因素，只有始终尊重青年主体地位，中国青年运动才能始终保持勃勃的生机活力。这些规律性的认识，是对历史经验的科学总结，是实践基础上的理论升华，对于继续推进中国青年运动又好又快发展，引导广大青年在全面建设小康社会中奋发有为、在树立社会主义新风尚中勇于争先，具有重要指导意义。

第三，科学指明了当代青年成长发展的方向路径。“培养什么样的青年，怎样培养这样的青年”是马克思主义青年观的核心命题，也是我们党在领导青年运动中必须破解的难题。当代青年作为无比幸运的一代，也是责任重大的一代，其成长的和发展的方向和路径问题，历来得到党和人民的密切关注和高度重视。胡锦涛同志的五四重要讲话传承党培养青年的优良传统，结合时代特征和社会需要，着眼当代青年的历史使命，对其成才发展的方向作出了明确定位，要求广大青年努力做“科学发展的奋力推动者，和谐社会的积极构建者”，同时，对当代青年的成长发展路径提出了五点殷切希望，一是坚持远大理想，把个人奋斗同人民为实现中国特色社会主义共同理想的奋斗紧密结合起来。二是坚持刻苦学习，在建设学习型政党的过程中不断充实自己、提高自己、丰富自己。三是坚持艰苦奋斗，用埋头苦干的行动创造实实在在的业绩。四是坚持开拓创新，为推动理论创新、制度创新、科技创新、文化创新以及其他各方面的创新贡献聪明才智。五是坚持高尚品行，用高尚的道德行为推动全社会文明程度的提高。这些要求和希望是充分地表明了党和人民对青年的厚望，也科学揭示了当代青年成长发展的基本规律，为青年的健康成长发展指明了正确的前进方向，必将对当代青年的成长发展起到重要的引领和推动作用。

第四，系统阐述了青年工作的方法论。青年工作的方法论是马克思主义青年观的具体运用，它既是共青团工作的重要指南，也是党领导青年工作的思想武器。一方面，从共青团工作来看，新形势新任务对共青团组织在社会生活中发挥作用提出了新的挑战，如何增强组织活力和吸引力，有效团结凝聚青年，是各级团组织面临的新课题。胡锦涛同志的五四重要讲话着眼于新时期共青团的地位和使命，围绕提高共青团工作科学化水平的命题，对当前共青团工作提出了四点明确要求：着力把牢正确政治方向、着力提高服务青年能力、着力创新活动方式、着力夯实基层基础。这“四个着力”充分体现了党对共青团工作的一贯要求，完全契合共青团工作自身的特点，是对共青团工作内在规律的新探索，具有鲜明的针对性、指导性和前瞻性，为共青团进一步开拓创新、发挥作用提供了正确的确实践原则。另一方面，从党对青年工作的领导来看，在新的时代背景下，我们党要真正做到代表青年、赢得青年、依靠青年，就必须“关注青年、关心青年、关爱青年”，这就对党领导青年工作的方式方法提出了新的更高的要求。胡锦涛同志的五四重要讲话特别强调要把青年工作作为一项带有根本性、战略性的工作，倾听青年心声，关心青年疾苦，鼓励青年成长，支持青年创业，及时制定和完善政策措施，尽力为青年身心健康、事业发展、生活幸福提供良好环境和条件。这是中国共产党对青年工作的新期待，是各级党组织加强对共青团领导的新思路，为全党进一步做好青年工作找准了新定位，为进一步加强和改进党对青年工作的领导提供了有效的方法指导。

参考文献

[1] 胡锦涛.在纪念中国共产主义青年团成立90周年大会上的讲话［N］. 人民日报，2012-05-05（1）.

（本文于2012年11月25日发表在《党史博采》（理论版）2012年第11期）

母校是学生永远的精神家园
——解读温家宝同志在中国地质大学的讲话

2012年5月19日，温家宝同志回到自己的母校——中国地质大学（武汉）看望师生，在那里作了长达五十分钟的即兴演讲，在广大师生中引起了强烈的共鸣。温家宝同志的讲话立意高远，内涵丰富，语重心长，情真意切，记录了他对大学求学成长经历的美好回忆，也蕴含着他对母校“时常想念”[1]的深厚感情，更凝结着他对青年大学生成长成才的殷切期望。面对着这样一篇交织着深厚感情和理性光芒的精辟论述，我们不能只满足于从一般的意义来解读。如果我们从高等教育学的视域出发，就会更加深刻地领会到，他作为中华人民共和国总理对大学教育的哲理探索，对母校内涵的深刻诠释，为我们高校教育工作者如何做好育人工作提供了思想引领、方法指导和精神动力。

细细品读温家宝同志的讲话，字里行间涌现出一种浓郁的，对母校的赤子情怀。长期以来，人们一般是从感情的层面来理解母校的内涵。到底何谓母校呢？在温家宝同志的心中，母校是这样一个地方：毕业以后还会“时常想念”，偶尔回来一次就“觉得像回家一样”，为它取得的每一点成绩而高兴。由此，我们悟出了一个道理，母校所蕴含的不光是一种怀旧的情结，更应该是一种教育的向往、一种价值的认同，一种文化的传承，一种心灵的归属。一个能让学生称之为母校的地方，一定是他终生怀念、永远感恩的精神家园，一定曾经给予他生命中最重要的东西，那是除了知识和技能以外的更为重要的东西。

温家宝同志为什么对母校有如此深厚的感情？因为，母校给予了他三样最珍贵的东西，伴随他的职业生涯，引领他的人生理想，支撑他的精神之树，呵护他的赤子之情。

一是热爱科学、追求真理的精神。温家宝同志在讲话中首先用了较大的篇幅，阐述了自己对地质科学研究的六点思考，既体现了他作为一位地质工作者对科学问题的独到见解，也彰显了他作为一位大国总理对人类可持续发展问题的深邃思考，从温家宝同志的身上，我们感受到了一种热爱科学，追求真理的精神，追根溯源，这种精神就是来源于母校的培植。母校以其独具特色的办学理念、育人方法和大学文化，把地质科学的种子植入了温家宝同志的灵魂深处，使之成为他矢志不渝的追求；在那里，一群坚守“独立之精神、自由之思想”的知识分子，以自身对学术的至高至纯追求影响和感化温家宝同志，给他的星空点燃永不熄灭的火炬，照亮了他永不停息追求真理的脚步。由此，我们不禁想到当下困扰着大学教育的“钱学森之问”——“为什么我们的学校总是培养不出杰出人才”，一个重要原因就在于我们的很多大学仅仅满足于向学生传授具体的专业知识和技能，而忽视了培养学生的科学精神和人文关怀。哈佛大学的校训“与柏拉图为友，与亚里士多德为友，更要与真理为友”，倡导的就是一种热爱科学、追求真理的科学精神。“大学之大在于学”，大学本该是追求真理的最重要领地，其首要使命就在于把学生引入科学真理的殿堂，让一代一代的学生把科学精神传承下去并发扬光大，并内化为终生秉持的价值理念、思维方式和行为准则。

二是克服万难、勇于担当的勇气。无论是在治国理政的舞台上，还是在抗灾救灾的第一线，我们总能看到温家宝同志那坚毅的身影，就像一棵伟岸的树，挺立在神州大地上，深深地印在人民的心中。是什么力量让他以瘦弱的身躯担起了一切？在汶川大地震废墟上，温家宝同志曾动情地对师生说，“要昂起倔强的头颅，挺起不屈的脊梁，燃起那颗炽热的心，为了明天，充满希望地向前迈进”。[2]我们为他不畏艰险、百折不挠的坚强意志所感动，为他知难而进、大任担当的非凡气魄而震撼！古人云：“艰难困苦，玉汝于成”，正是母校给了他克服困难、勇于担当的勇气。他的大学生活是在与疾病的斗争中度过的，因为染上了肺结核，只能住隔离室，但是他坚持自学和钻研，靠自己去争取学习的机会，获得了优异的成绩，同时坚持锻炼，毕业时终于摘掉肺结核的“帽子”。这样一段常人难以想象、难以忍受的艰难岁月，不仅没有成为他心中的阴影，反而磨炼了他的性格，砥砺了他的精神，这确实是一个教育的奇迹，在奇迹的背后一定凝结着众多师友们的关爱、鼓励和支持，一定隐含着一种与众不同的教育氛围，一定融入了这所学校长期积淀而成的独特精神特质。也许正是源于这样特殊的情结，1994年10月19日视察母校时，他写下了“艰苦朴素求真务实”的题词，这八个字后来成为中国地质大学的校训。反思当下，我们的大学不应成为大学生养尊处优的地方，不妨适度开展一点挫折教育，让学生学会吃苦，学会坚强。不仅如此，大学更应该成为学生的“精神加油站”，以自己特有的文化氛围和教育方式，向学生源源不断地传递战胜困难的力量、勇气和智慧，唯有如此，才能让学生在未来的事业道路上披荆斩棘、一往无前！

三是心系群众，一心为民的情怀。温家宝同志在大学里是一个名副其实的热血青年，经常思考社会和人生的问题，大量地阅读人文社会科学书籍，想得最多的是要和人民在一起，这直接得益于母校坚持以人为本、又红又专的育人理念，给了他这样的环境和条件。让温家宝同志念念不忘的是，当年在山区进行生产实习、毕业实习，到农村参加义务劳动、假期实践，“吃住都在农民家里，和农民生活在一起，吃一锅饭，睡一个炕上”。在那些和农民朝夕相处的日子，他亲身感受了他们的疾苦和忧乐，也懂得了他们的思想、感情，在内心深处建立起了对人民的深厚感情。正是在这种深厚感情的基础上，温家宝同志形成了献身人民的世界观，决心把自己的一切都献给人民，为改变他们的境遇而努力工作。这种浓厚的民本情怀融化在他的血脉里，伴随着他走过不同的领导岗位，在为党和国家工作的40多年里，他的心里始终装着人民。尤其是作为共和国的总理，他在任期里强调得最多的就是人民，视自己为人民公仆，以服务人民为天职，夙夜在公，殚精竭虑，鞠躬尽瘁。古人云，“男儿有泪不轻弹”，但坚强的温家宝同志却多次在抗灾救灾的第一线，为他所真爱的人民遭受苦难而伤心落泪；即便在任期的最后一年，他还自勉“将像一匹负轭的老马，不到最后一刻绝不松套。努力以新的成绩弥补我工作上的缺憾……”。[3]尽管也有好事者吹毛求疵，但人民发自内心地敬重他、爱戴他，所以称他为“人民的总理”，正所谓“人民总理爱人民，人民总理人民爱”。回归到现实中，我们不能不去深思，虽然不是每一个大学都能做到像中国地质大学一样，培养出温家宝同志这样的杰出人才，但作为社会主义的大学，有一个使命是共同的，那就是培养真心实意为人民服务的人才。因此，大学就应该坚持把立德树人作为自己的神圣使命，引领大学生坚定不移地走与人民相结合、与实践相结合的成才之路，主动走出校门融入基层的广阔空间中去，真正用心拜人民为师，与群众结友，在同群众朝夕相处中增进对群众的深厚感情，在服务人民的创造性实践中磨炼意志、砥砺品质、增长才干。

“浓浓春晖情，悠悠寸草心。”母校，唯有播撒春晖、树木树人，才能孕育桃李芬芬、下自成蹊的独特风景；唯有厚德载物、以文化人，才能成为莘莘学子永远眷恋、永远感恩的精神家园。

参 考 文 献

［1］　温家宝. 在中国地质大学的讲话［J］. 中国青年报，2012-05-29.

［2］　温家宝. 北川可建地震博物馆［N］. 现代快报，2008-05-24（A4）.

[3] 温家宝.我将像常年负轭的老马 不到最后一刻绝不松套[N]. 中国青年报，2012-03-15(1).

（本文于2016年3月28日发表在湖南红网，后被新浪网全文转载）

四个“回归”彰显高等教育的自觉自信自强

近日，新任教育部党组书记、部长陈宝生同志在武汉高等院校工作座谈会上强调：在“双一流”建设进程中，高校要进一步转变理念，做到四个“回归”，即回归常识、回归本分、回归初心、回归梦想。[1]四个“回归”切实贯彻了习近平总书记治国理政的新理念、新思想，高度契合了当前高等教育改革和发展的主旋律、大趋势，主动顺应了中国梦引领下高等教育强国建设的时代呼声，充分把握了中国特色高等教育发展的内在规律，精准切中了当代中国高等教育的要害问题，集中体现了教育主管部门科学兴教从严治教的价值导向。

四个“回归”是辩证统一的。首先，回归常识是基点，教育的常识就是读书，脱离了读书这个基点，教育就会悬在半空中。其次，回归本分是核心，教育的本分就是教书育人，冲淡了教书育人这个本分，教育就会变质变味。再次，回归初心是灵魂，教育的初心就是培养人才，忘记了培养人才这个初心，教育就会陷入自我迷失。最后，回归梦想是动力，教育的梦想就是报国梦、强国梦，放弃了报国、强国这个梦想，教育就是失去赖以前进的原动力。四个“回归”，相辅相成，互为支撑，缺一不可，共同构成一条完整的教育生命线。

四个“回归”作为一种新理念，可以说秉大道、顺时势、应民心、接地气，既有哲学的高度和历史的厚度，也有科学的精度和治理的力度，对于高等教育的改革和发展具有重要的引领作用，对于各级各类高校以及高等教育工作者来说，当务之急和关键之要就是以“仰望星空”和“脚踏实地”的精神状态，坚持以“四个回归”为引领和标尺，进一步彰显高等教育的自觉、自信、自强，努力办好符合时代需要、顺应人民期待、体现中国特色、走向世界前列的高等教育体系。

一是要进一步增强高等教育的自觉。当代中国立足于在新的历史起点上，奋力奔向“两个一百年”的奋斗目标和中华民族伟大复兴的中国梦，高等教育对国家富强、民族振兴、人民幸福的奠基、牵引、支撑和助推作用日益凸显。新形势、新任务和新挑战，迫切要求我们进一步增强高等教育的自觉，既要在高等教育的地位认识上有高度的政治自觉，也要在高等教育的规律把握上有高度的思想自觉，更要在高等教育的责任担当上有高度的行动自觉。

二是要进一步坚定高等教育的自信。当代中国正处在改革开放的新阶段，积极开创用30多年时间赶上世界发达国家300多年发展水平的高等教育发展奇迹。在这样的背景下，尤其需要我们进一步坚定高等教育的自信，既要“立足本来”，充分认识中国高等教育的深厚底蕴和独特优势；也有“善待外来”，尊重借鉴世界先进国家和地区高等教育发展的有益经验和优质成果；更要“着眼未来”，切实把握新时期中国高等教育的广阔舞台和光明前景。

三是要进一步实现高等教育的自强。当代中国正面临新的战略机遇期，加快推进高等教育大国迈向高等教育强国，高等教育将从规模扩张转向质量提升。宏大的事业、现实的难题，强烈呼唤我们进一步提升高等教育的自强，要坚持以社会主义核心价值观引领立德树人，铸造高等教育的自强之魂；也要坚持办学以学生为本、兴教以教师为本，夯实高等教育的自强之本；还要坚持科学发展、内涵发展、特色发展、创新发展，拓展高等教育的自强之路；更要坚持以强有力的举措加快推进“双一流”建设，插上高等教育的自强之翼。

参 考 文 献

[1] 万玉凤.陈宝生在教育部召开的武汉高校工作座谈会上强调高等教育要做到四个“回归”[N].《中国教育报》，2016-10-17（1）.

（本文于2016年10月24日发表在湖南红网，后被新浪网全文转载）

以“四个结合”提升高校思政课的亲和力

在2017年3月12日十二届全国人大五次会议的记者会上，教育部部长陈宝生就“教育改革发展”的相关问题回答中外记者的提问时，专门对“思想政治理论课抬头率不高”的“老大难”问题做了深刻剖析，认为其主要原因是“思想政治理论课的‘配方’比较陈旧，‘工艺’比较粗糙，‘包装’不那么时尚”。[1]对此，他特别强调要以全国高校思想政治工作会议精神为引领来进一步加强和改进思想政治工作，以“四个结合”（即“理论和实践相结合、育德与育心相结合、课内与课外相结合、线上与线下相结合”）来打一场提高思政课质量和水平的攻坚战，切实解决高校思想政治理论课亲和力不够的问题，从而真正“能够为高校大学生的成长助力、加油、美容”。[2]

这是对当前高校思想政治理论课现状的科学把脉诊断，切中了问题的要害，摸准了真正的病根，充分体现了实事求是的态度；也是对新形势下高校思想政治理论课改革的前瞻思考谋划，把握了内在的规律，开出了有效的药方，有力彰显了攻坚克难的勇气；更是对高校思想政治理论课教师队伍的庄严政治动员，指明了行动的方向，注入了强大的动力，由衷表达了凝心聚力的期待。

不可否认，亲和力缺失是目前我国高校思想政治教育工作尤其是思想政治理论课亟待补齐的一块短板。那么到底何谓亲和力？究竟如何理解高校思想政治理论课的亲和力？亲和力“最早属于化学领域的一个概念，是指一种原子与另外一种原子之间的关联特性，后来被广泛运用于人际关系领域”，[3]特指一种使人容易亲近、愿意接触的力量。从高校思想政治教育的视阈来看，如果思想政治理论课有足够的内生力量，能够让青年大学生由远而近、乐于接触，从“入眼”“悦耳”到“合意”“走心”，那么，我们就可以自豪地说，思想政治理论课具有亲和力。

亲和力对于高校思想政治理论课来说具有极为重要的价值，从某种意义上讲，亲和力是高校思想政治理论课的本质属性之一、也是高校思想政治理论课的重要内生力量，更是高校思想政治理论课的逻辑生成基点，有没有亲和力、有什么样的亲和力、有多大的亲和力，直接关系到思想政治理论课的主动性、针对性和实效性。在新的形势下，面对高校思想政治工作的新问题、新任务、新要求，对于高校思想政治理论课亲和力的重要性，再怎么强调和重视都不为过，关键是我们要正确地把握高校思想政治理论课亲和力的内涵。

从概念本身来讲，高校思想政治理论课的亲和力并不是一个单一性的概念，而是一个系统性的概念，其中既要有适应时代需要、反映发展成果、符合内在机理、充满思想养分、能够滋养学生成长的新优“配方”，也要有体现现代文明、展示特色优势、实现整体优化、彰显实践智慧、能够启迪学生思维的精致“工艺”，还要有集聚审美情趣、富含文化元素、运用最新技术、契合个性表达、能够激发学生兴趣的时尚“包装”。

从产生本源上看，高校思想政治理论课的亲和力并不是完全来自思想政治理论课单方面的力量释放，而是基于思想政治理论课供给方与接受方良性互动的力量共振，不能离开更不能刻意回避大学生应有的思想认知、合理的内在需求和自觉的道德追求，而寄希望于高校思想政治理论课能够以与生俱来的、由内而外的所谓亲和力来亲近学生、吸引学生、赢得学生，进而影响、改变和引领学生，这实际上很不恰当、也很不现实。提升高校思想政治理论课的亲和力，真正需要的是供给方和接受方相向而行、双向发力。

众所周知，提升高校思想政治理论课的亲和力是新时期高校思想政治教育领域必须解决的一个重要课题，是深入贯彻全国高校思想政治工作会议精神的必然要求，也是切实提高高校思想政治理论课质量和水平的内在要求，更是回应全社会强烈呼声和大学生美好期待的现实要求，理所当然成为我们思想政治理论课教师最值得担当的政治使命、最需要投入的研究领域、最体现价值的事业追求。那么，如何才能从根本上提升高校思想政治理论课的亲和力呢？这需要我们从实际出发，着眼于长远，统筹谋划、系统推进，牢牢地把握“四个结合”。

一是理论和实践相结合。这是提升高校思想政治理论课亲和力的根本原则。思想政治理论课的性质和使命决定了它必须旗帜鲜明地讲好、讲清、讲透我们党的基本理论，不讲、少讲、乱讲我们党的基本理论，都不是真正意义上的思想政治理论课，这一点在任何时候、任何地方都必须坚定不移。一种理论要真正让人亲近并且赢得人心，不仅仅要以严密的逻辑和深刻的观点来说服人，更重要的是要用实践的效度和切身的体悟来征服人。马克思主义理论及其中国化的理论成果，与其他理论相比较，一个最鲜明的特质就在于它是来自于实践，并能够指导当代中国的实践。一个最经典的范例是，在马克思主义理论及其中国化的理论成果指引下，曾经长期遭受苦难的中国人民在中国共产党的领导下，只用了90多年的奋斗就成功地实现了“站起来”“富起来”“强起来”“自信起来”的夙愿，只用了改革开放30多年的时间就基本赶上了资本主义国家历经300多年才达到的发展水平，这不能不说是一个伟大而不可复制的奇迹，实践证明，我们党的基本理论是完全正确、真正靠谱、切实可用的理论。从这个意义上讲，思想政治理论课要讲的理论本身并没有问题，而最大的问题出在哪里呢？在于它与大学生心中的“实践”之间没有很好地对接和结合。一方面，相对于中国特色社会主义建设这个宏大的实践，青年大学生更了解、更看重自身的生活和成长这个小微的实践，那么，我们的思想政治理论课既要能够用党的基本理论去解释国家和社会层面的实践命题，也要能够用党的基本理论来解释大学生个人层面的实践命题。另一方面，相对于“为什么、是什么”等机理性问题，青年大学生更关切、更专注“做什么、怎么做”等操作性问题，因此，我们的思想政治理论课面对青年大学生在生活实践中提出的问题，既要能够给出合情合理的解释性答案，也要能够开出可鉴可用的解决性方案。只有这样，才能做到真正意义上的理论与实践相结合，才能真正让青年大学生在思想政治理论课中找到存在感、获得感，进而产生亲近感和愉悦感。

二是育德与育心相结合。这是提升高校思想政治理论课亲和力的内在要求。与其他的通识性课、专业性课程相比，思想政治理论课有一个自己独特的要求，它以理论知识的传授为基点但不拘泥于理论知识的传授，而是在这个基础上追求更高远的目标，即政治立场的确立、理想信仰的培植，换句话说，思想政治理论课的最高价值和旨趣不在于“授人以鱼”或“授人以渔”，而在于传道铸魂、立德立本，这说到底是做人的工作，而且是做人的思想工作。从人的认知规律和心理特点来看，每个人都有自由建构自身观念系统的内在冲动，对来自外界的思想教化很容易产生抵触和排斥，因而人们常说做人的思想工作是最难做的。值得一提的是，大学生因为社会经验不足、生活阅历不够，对世界观、人生观、价值观缺乏正确的认知，因而对思想政治理论课的价值认识不到位、理解有偏差，甚至产生厌烦情绪和逆反心理。基于此，高校思想政治理论课要突破大学生的认识壁垒和情感障碍，做到让大学生接受、认同并产生共鸣，就必须触及大学生的灵魂、触动大学生的心灵。一方面，要以育德为先。对于大学生来说，立德是第一位的，思想政治理论课必须遵循思想道德的形成和发展规律，以强烈的文化自觉自信来引导大学生将社会主义核心价值观内化于心、外化于行，自觉确立向上向善的道德追求，最终找到安身立命之本和人生价值的最高支撑点。另一方面，要以育心为重。对于大学生来说，修心是最实在的，思想政治理论课必须主动对接大学生的心理特点和心理需要，从多学科、多视角挖掘中华优秀传统文化、红色革命文化、社会主义先进文化的丰厚资源，不断培育大学生的健康心理、良好心态、抗压能力和情绪自控能力，在他们心灵深处筑起一座坚实而稳固的承重墙。从某种意义上讲，育德强调的是德性的教化，相对比较抽象，具有一定的周期性，往往体现高大上；育心注重的是心性的感化，相对更为具体，具有明显的即时性，最能实现接地气。两者各有侧重、相辅相成、相互促进，共同构成思想政治理论课亲和力提升的双核驱动，共同涵养大学生健康成长、全面发展、终生幸福所必需的“精气神”。

三是课内与课外相结合。这是提升高校思想政治理论课亲和力的重要支点。随着高校思想政治教育的对象、环境、载体、手段不断变化，思想政治理论课的战场正在发生位移，出现了由课内向课外拓展、延伸的趋向。无论从全社会的期待和大学生的需求来看，还是从课堂的能量供给和教师的教学能力来看，光靠思想政治理论课课堂的有限空间，光靠思想政治理论教师在课堂上单兵作战，显然不足以支撑思想政治理论课向纵深发展，更难以完全释放思想政治理论课的亲和力。不容忽视的，目前在一部分专业性院校和综合性大学的特殊院系中，思想政治理论课被人为地“边缘化”“孤岛化”甚至“妖魔化”，不仅仅学生“另眼相待”“等闲视之”，抱着“无所谓”“熬时间”的心态进入课堂，而且有的专业课教师对思想政治理论课怀有排斥感，对思想政治理论课所宣传的理论不以为然，甚至以自身的狭隘经验和片面理解引导学生如何去应付思政课、学好专业课，这在无形当中助长了学生对思想政治理论课的非理性态度，并在一定程度上消解了思想政治理论课教学的正面效果。面对来自系统内外的新挑战，思想政治理论课要提升自身的亲和力，必须拓宽视野、放大格局，构筑好课内与课外相互融通、相互支撑、相互促进的两个战略支点。一方面，要打造高效精彩的思政课堂。提升思想政治理论课的亲和力，并不是不要讲大道理，更不是要用那些“花花绿绿”“娱乐至上”“哗众取宠”的东西来取代理论讲授，问题的关键在于如何以学生为中心来构建思想政治理论课的课堂。首要的是对教学内容进行优化，精准把握大学生的生活世界和成长特征，主动对接大学生的现实关切和理论诉求，尽可能用学生熟悉和感兴趣的素材案例、话语体系和呈现方式，把思想政治理论课的大道理讲清楚、讲透彻、讲鲜活；与此同时对授课方式进行创新，打破灌输式、填鸭式的传统方式，充分借鉴“微信朋友圈”的话语表达机制，通过提供背景材料、提炼公共话题和设置问题链，引导大学生参与讨论、大胆表达、形成共识，把课堂上的教师“独唱”转变成师生、生生之间的“对唱”和“大合唱”。另一方面，要开展丰富多彩的文化活动。提升思想政治理论课的亲和力，不能固守传统课堂只搞“自娱自乐”“体内循环”，应该积极打通对外出口和通道，与大学生喜闻乐见的校园文化活动进行链接和贯通，把大学生自主创造出来的充满着新鲜空气、透露着青春活力、闪耀着时尚光彩的校园文化引入到思想政治理论课的系统中来，从而改变思想政治理论课的单调、刻板、枯燥、乏味等形象，更重要的是给大学生搭建起一座思想交流的立交桥，使大学生能够带着思想政治理论课堂上的所思、所悟、所感、所惑，走进丰富多彩的校园文化活动中，开展面对面、心与心的互动、交流、对话，在文化的浸泡和活动的共享中对理论进行再咀嚼、再反思、再体悟，从而实现学以致用、知行合一、转识成智的升华。

四是线上与线下相结合。这是提升高校思想政治理论课亲和力的突破路径。伴随着信息化的浪潮，我国已经进入到互联网时代，“互联网+”作为一种创新理念和创新模式，正在深刻地改变着传统的教育模式，并日渐成为新一代青年大学生的常态化生活范式。在这样的时代背景下，高校思想政治理论课究竟该如何面对“互联网+”，已经成为思想政治理论课教学改革无法回避的现实问题。近年来“慕课”纷纷抢滩思想政治理论课领域，一些重点大学在国家级“慕课”平台“爱课程”网中国大学慕课（MOOC）上推出思想政治理论课“慕课”，在师生中引起强烈反响，既“叫座”又“叫好”，展现了其非同一般的亲和力。这实际上给了我们一个启示，对于高校思想政治理论课而言，当前已无须再纠结有没有必要实施“互联网+”的问题，真正的问题在于如何实施“互联网+”，是被互联网“+”，还是“+”互联网？对此，我们应该坚持以思想政治理论课为本位，积极引入互联网的创新力量，通过两者之间的深度融合和高度集成，打造“思想政治理论课+互联网”的新模式、新机制、新平台。这在客观上需要我们始终坚持以大学生为中心，从线上和线下的有机结合下功夫、求突破。一方面，抓好线上服务，充分运用好信息化手段和网络平台，建立红色微博、微信平台和主题教育网站，开发以思想政治教育为主题的APP，加强思想政治理论课教师与辅导员班主任、团学干部及其他思想政治教育工作者的协同，打造新时期的红色网军，通过原创或选编相结合，定期向大学生推送具有思想性、教育性、趣味性、可读性、互动性的精彩故事、经典案例、精品短文、观点分享、时政信息，源源不断地向大学生输送正确、健康而且易于消化的思想营养。另一方面，拓展线下空间，以思想政治理论课考核评价机制创新为手段，用足、用好、用活、用新课程考试与成绩评定这根“指挥棒”，构建适应学生心理需求、体现学生主体作用、引领学生健康发展的多元化、立体式、发展性考试评价制度，建立健全思想政治理论课实践活动奖励和表彰制度，组织开展主题突出、内涵丰富、形式多样、特色鲜明、吸引力强的思政学科系列活动，为大学生提供广阔的实践舞台，从而助推大学生在思想政治理论课的阳光空间中不断走向自觉自信自强。

参考文献

[1] 陈宝生就“教育改革发展”答记者问［N］. 中国教育报，2017-3-13（1）:146.
[2] 陈宝生就“教育改革发展”答记者问［N］. 中国教育报，2017-3-13（1）:146.
[3] 樊永恒.亲和力［M］. 深圳：海天出版社，2009:1.

（本文的主要内容于2017年3月15日发表在湖南红网，后被新浪网、搜狐网全文转载；全文于2017年8月25日发表在《山西高等学校社会科学学报》2017年第8期）

构筑湖南高校思想政治工作新高地

在三湘大地奋力向科教强省进军的关键时刻，中共湖南省委以新视野、大手笔、高规格隆重召开全省高校思想政治工作会议。湖南省委书记、省人大常委会主任杜家毫在会上强调：“要切实加强党对高校的领导，把正确政治方向和价值导向贯穿立校办学、育人育才全过程，奋力推动全省高校思想政治工作和高等教育改革发展迈上新台阶。”[1]同时他还明确要求全省各级领导和高等学校：“要切实增强大局意识、责任意识、创新意识，把高校思想政治工作作为一项重大政治任务，时刻记在心里、牢牢抓在手上，确保取得实效。”[2]这集中体现了湖南坚定、坚决、坚持贯彻落实全国高校思想政治工作会议精神的高度自觉，也切实顺应了全社会尤其广大师生对加强和改进高校思想政治工作的殷切期待，更充分彰显了湖南举全省之力构筑高校思想政治工作新高地的宏大追求。

构筑湖南高校思想政治工作新高地，需要充分凝聚有思想高度的新共识。高校思想政治工作是一项极端重要的工作，直接关乎办什么样的大学、怎样办大学、为谁办大学，培养什么人、如何培养人、为谁培养人等一系列重大问题，无论是着眼于贯彻落实中央决策部署的战略高度，还是立足于引领推动湖南改革发展的现实需要，都应该把高校思想政治工作摆在更加突出的位置，举全省之力构筑湖南高校思想政治工作新高地。一方面，从全党全国的大局来看，我们党历来高度重视高校思想政治工作，尤其是党的十八大以来，既总结提炼了一系列高屋建瓴的新理念、新思想，也明确提出了一系列切实可行的新部署、新要求，从某种意义上讲，全面加强高校思想政治工作，就是全面建成小康社会、实现中华民族伟大复兴的先导工程、奠基工程、灵魂工程。“敢为人先”的湖南是名副其实的高校思政创新基地，近年来以大学生思想道德素质提升工程为抓手，有效地推动了高校思想政治工作科学化、项目化、精细化、专业化、协同化，在全国高校思想政治工作领域首创先行、独树一帜。在新的时代背景下，湖南理应继往开来、与时俱进、率先发力，以对标看齐的高度政治自觉，切实推动中央关于加强高校思想政治工作的决策部署在“锦绣潇湘、红色湖南”落地生根、开花结果，从而创造新时期高校思想政治工作的“湖南范本”。另一方面，从湖南发展的实际来看，“奋发图强”的湖南正全力实施创新引领开放崛起新战略、建设富饶美丽幸福新湖南，要顺利实现这个愿景，一刻也离不开高等教育尤其是高校思想政治工作的支撑，实践证明：高校思想先进，则全省充满活力；高校人才辈出，则全省欣欣向荣；高校大局稳定，则全省安定有序。湖南高校素有重视思想政治工作的优良传统，也积累了思想政治工作的成功经验，更形成了思想政治工作的特色优势，近年来特别是党的十八大以来，全省高校思想政治工作更加积极主动、务实有效，呈现出持续加强改进、不断向上向好的态势，为全省经济社会发展提供了强劲的价值引领和动力支撑。在新的征程上，湖南高校应该以更宽广的视野、更宏大的格局、更切实的担当，扎实开展高精专、接地气、有温度的思想政治工作，引领数以百万计的高校师生进而带动全省广大人民群众唱响主旋律、激扬青春梦、提振精气神、发挥正能量，从而释放新时期高校思想政治工作的“湖南力量”。

构筑湖南高校思想政治工作新高地，需要大力推进有实践效度的新举措。高校思想政治工作是一项实实在在的工作，尽管它要面对和解决的是人的思想高处、灵魂深处的复杂问题，却要自始至终贯穿实践的主线，从人的生活和实践中来，到人的生活和实践中去，高校思想政治工作只有坚持“脚踏实地、虚功实做、落细落小”，才能实现“因事而化、因时而进、因势而新”。立足于新的历史起点，湖南要构筑高校思想政治工作新高地，归根到底要把高度的自觉自信转化为实实在在的工作成效，这在客观上要求我们因地制宜，精准发力，探索并实施一系列符合政策要求、彰显湖南特色、具有实践效度的新举措。一是要抓住主心骨，要建立健全高校思想政治工作责任制，尤其是要明确和强化高校党委、行政一把手的责任，对校、院（系）两级党政领导班子成员实行“一岗双责”，把高校思想政治工作分别纳入政治巡视、高校党委书记履行党建工作责任述职评议考核、高校基层党建工作述职评议考核，用制度来压实工作责任，切实增强“关键少数”在高校思想政治工作中的担当意识。二是要管好主渠道，要以省级重点马克思主义学院和思想政治理论课教学研究机构为基点、以马克思主义理论重点学科群为支撑，挖掘湖南红色文化资源和湖湘文化底蕴，举全省之力精心打造具有湖南气质、湖南气派、湖南气势的高校思想政治理论课，切实把改革开放新时期湖南的发展优势转化为高校思想政治工作的理论优势和话语优势，为高校师生的成长、成才、成功源源不断地注入思想正能量和实践大智慧。三是要守牢主阵地。要旗帜鲜明地坚持用马克思主义及其中国化的理论成果占领课堂主阵地，理直气壮地用社会主义核心价值观引领一切适用于高校的教材、教辅和大众读物，不断加强和规范高校课堂教学、教材及相关出版物、哲学社会科学报告会、研讨会、讲座、论坛、文化艺术节、校报、广播站、校园网等各类阵地的管理，坚决把误导师生的错误言论抵制在高校校园之外。四是要建强主力军，要统筹谋划、整体推进高校思想政治工作队伍建设，高起点、高标准研究制定高校思想政治工作队伍建设的配套政策和地方标准，妥善解决思政课教师队伍、专职辅导员队伍的职业标准、编制核定、岗位设置、身份定位、薪酬待遇、职称评审、职务聘任，以及选聘、晋升与退出一体化机制等“老大难”问题，大力实施思想政治教育中青年杰出人才支持计划，建立思想政治理论课名师工作室和卓越辅导员工作室，加快推进思想政治工作队伍专业化、职业化发展，使他们增强职业自觉、坚定职业自信、实现职业自强。

构筑湖南高校思想政治工作新高地，需要不断激发有内在活力的新动能。高校思想政治工作是一项与时俱进的工作，国际国内局势的新变化、经济社会发展的新常态，意识形态领域的新动向，高等教育改革的新趋势，高校师生群体的新特点，公共社交生活的新范式，既给高校思想政治工作带来新契机，也对高校思想政治工作提出新挑战。在新的时代背景下，高校思想政治工作既要用足、用好、用活“传家宝”，也要不断培育、开掘、激发“新动能”。当前，就湖南而言，要构筑高校思想政治工作新高地，必须打破思维定式，发挥自身优势，大胆先行先试，不断激发有内在活力的思想政治工作新动能。一是要进一步推进实践育人，以培育和践行社会主义核心价值观为引领，大力推广长沙市岳麓区“区校共建大学生道德高地”的实践育人模式，大力推动高等学校与地方政府、企事业单位、乡村社区、社会组织进行多层面、全方位的合作共建，大力推进大学生实践育人共同体建设，把实践育人与创新创业、见习实习、精准扶贫、志愿服务有机结合起来，让青年大学生在实践中体悟真理、修德储能、砥砺人生、坚定信仰。二是要进一步推进网络育人，充分依托和发挥湖南“互联网+”的产业优势，探索构建“高校思想政治工作+互联网”的新模式、新平台、新机制，建立红色微博、微信平台和主题教育网站，开发以思想政治教育为主题的APP，举办具有湖南韵味的大学生网络文化节，大力培养湖南高校“红色网军”，积极运用新媒体、新技术、新平台开展思想政治工作，把网上舆论引导和网下思想工作结合起来。同时，加大管控力度，对网络传播的“负能量”大胆亮剑、严肃处置，切实维护好高校师生共建、共享、共有的网上精神家园。三是要进一步推进典型育人，充分发挥“社科湘军”“传媒湘军”“文艺湘军”的强大宣传功能，深入挖掘和提炼雷锋等湘籍道德模范的时代价值，大力培育和推介高校师生身边的好典型，推动先进典型及其精彩故事的宣传主题化、案例化、视频化、立体化、生活化，广泛组织开展“典型人物进校园”“师生访典型人物”“典型人物与师生面对面”等系列活动，探索建立典型人物与高校师生互动、对话、合作、共进的机制，使高校师生从典型人物身上汲取更多的青春正能量。四是要进一步推进文化育人，把底蕴深厚、内涵丰富、独具特色、影响深远的湖湘文化作为湖南高校思想政治工作的重要思想资源，结合当前湖南高校师生的特点，进行系统性设计和实践性转化，切实推动湖湘文化全面融入湖南高校思想政治工作的整体格局和全部过程之中，用湖湘文化的崇高追求来培植湖南高校师生的家国情怀，用湖湘文化的深厚底蕴来涵养湖南高校师生的道德品质，用湖湘文化的独特个性来激扬湖南高校师生的思想活力，用湖湘文化的当代价值来提升湖南高校师生的“四个自信”。

参 考 文 献

[1] 湖南省高校思想政治工作会议召开 杜家毫讲话［N］. 湖南日报，2017-04-27（1）.

[2] 湖南省高校思想政治工作会议召开 杜家毫讲话［N］. 湖南日报，2017-04-27（1）.

（本文于2017年4月29日发表在湖南红网，后被搜狐网、湖南智库网全文转载；第二作者为崔恒源）

试论高水平音乐学院思想政治教育学科建设的现实意义

——以武汉音乐学院为例

习近平总书记在全国高校思想政治工作会议上强调："做好高校思想政治工作，要遵循思想政治工作规律，遵循教书育人规律，遵循学生成长规律，不断提高工作能力和水平"[1]。这为我们在新的形势下进一步加强和改进高校思想政治工作提供了重要遵循和精神动力，同时也为我们切实推进思想政治教育学科建设以更好地探索思想政治工作规律提出了价值引领和方法指导。长期以来，思想政治教育学科在艺术院校尤其音乐学院中处于非主干、边缘化的境地，不仅艺术类专业的主科老师以及众多学生对思想政治教育学科缺乏正确认知和应有尊重，而且就连思想政治教育学科的老师们也经常迷失自我和妄自菲薄。这种尴尬的境遇与思想政治教育学科本身的地位极不相称，与新形势下党和国家对加强高校意识形态工作的要求很不相符，对艺术院校内涵发展、特色发展和创新发展相当不利。武汉音乐学院是我国中部地区唯一的一所音乐本科院校，拥有全国艺术院校中唯一的思想政治教育学科硕士点。特定的时代背景、特定的学校实情、特定的学科历史，赋予了思想政治学科特定的时代价值和现实使命，在加强高校思想政治工作、探索中国特色高等教育发展道路的整体格局下，在推进高水平音乐学院建设的生动实践中，加强思想政治教育学科建设并不是可有可无的"多此一举"，更不是应付检查的"作秀之举"，而是不容忽视、势在必行的紧要之举，这需要我们站在新的时代高度来正确认识高水平音乐学院思想政治教育学科建设的现实意义，进一步增强高水平音乐学院推进思想政治教育学科建设的自觉、自信。

一、思想政治教育学科是高水平音乐学院的重要构成

1. 从顶层设计来看，建设高水平音乐学院是一个内涵极其丰富的系统工程，涉及治校理念和管理模式的转型创新、领导团队和师资队伍的高端引领、学科结构和课程体系的特色优化、人才培养和社会服务的质量提升、校园文化和办学条件的精致打造等等。建设高水平音乐学院，首要的也是最关键的是要有一批在全国有影响、叫得响的高水平学科，因而高水平学院建设的根本着力点就在于学科建设。音

乐学院作为单科型院校，理所当然应该牢牢抓住音乐类主干学科加以重点建设，但是这不能意味着就可以忽略思想政治教育这样的基础学科。按照中共中央办公厅、国务院办公厅《关于进一步加强和改进新形势下高校宣传思想工作的意见》和中宣部、教育部的《普通高校思想政治理论课建设体系创新计划》等政策要求，包括音乐学院在内的所有高等学校都必须高度重视思想政治理论课教学和思想政治教育学科建设。如果不重视、不抓好思想政治教育学科，那就不是系统完整和运作规范的学科格局了，而且有违党和国家关于加强意识形态工作的基本要求。当然必须要指出的是，我们这里所说的建设高水平思想政治教育学科，并不是说一定要与那些国内顶尖大学去相媲美和争高下，而是指要打造与符合时代发展需要、彰显音乐学院特色、能引领音乐类学生成长、与高水平音乐学院相匹配的思想政治教育学科。

2.从推进过程来看，建设高水平音乐学院需要统筹安排、协调推进、整体提升。在办学的过程中，必须坚持以党的教育方针政策为遵循，以新时期人民群众对高品质精神文化生活的需求为导向，以高等教育的一般规律和艺术院校的特殊规律相结合为依据，通过最大限度地挖掘、整合、使用现有的各种显性和隐性办学资源来实现办学效益的最优化，从而使学校的综合实力和办学水平进入到全国同类院校的先进和示范行列。这个过程能否有力、有序、有效地加以推进，在很大程度上取决能否正确处理好其中所蕴含的各种复杂关系，其中一个最基本也是最难把握的关系就是音乐类主干学科与以思想政治教育为代表的非音乐类基础学科之间的关系，以及由此延伸和衍生而形成的在课程衔接、梯队建设、资源配置、学术协同、分类管理等多个层面的一系列复杂关系。如果一味地强调音乐类主干学科优先发展而人为地看轻思想政治教育学科的可持续发展，必然会削弱思想政治教育学科的内生动力和发展后劲，导致思想政治教育学科发展滞后，最终会影响音乐学院学科建设的整体推进，甚至有可能造成音乐学院学科的畸形发展。

3.从绩效评价来看，建设高水平音乐学院的实际效果最终要体现在学科上来，这是衡量和评价高水平音乐学院最具公信力和权威性的指标，没有结构合理、特色鲜明、优势突出的学科，就不能称其为高水平音乐学院。这里所说的高水平学科，首先当然是指高水平音乐类学科，但是它绝不是仅仅指某一两个高水平音乐类学科，而应该是指由一两个或者几个高、精、优、特的音乐类学科为核心，并与其他相关学科有效对接、深度融合、实现集约化的高水平“音乐+”学科群，这其中就包括了音乐类学科与思想政治教育学科的融合。真正的高水平音乐学院不单单在自己擅长的学科领域里能够独领风骚，而且也能够把这种精致教育的理念和高效管理的智慧向其他相关领域延展和推广，尤其是在“思政+音乐”的相关领域，也应该同样能够进行开创性探索、发挥引领性作用、占据理论制高点、把握学术话语权。如果光有高水平的音乐类主干学科，而在思想政治教育等基础性学科上长期处于低端水平甚至停滞不前，不能打破思想政治教育学科与音乐类学科之间的壁垒以实现共生、共振、共荣，那就不足以证明和彰显高水平音乐学院办学的高质量、真水平，还会让高水平音乐学院在社会和大众中的形象和口碑大打折扣。

二、思想政治教育学科是高水平音乐学院的重要支撑

1.从思想引领来看，没有思想政治教育学科的正确引领，高水平音乐学院建设就有可能偏离方向。习近平总书记在中国文联十大、中国作协九大开幕式上的讲话中明确指出：“对文艺来讲，思想和价值观念是灵魂，一切表现形式都是表达一定思想和价值观念的载体。离开了一定思想和价值观念，再丰富多样的表现形式也是苍白无力的。”[2]这一重要观点阐述了思想和价值观念对文艺和文艺工作者的引领作用。在中国特色社会主义制度下，建设高水平音乐学院，举什么旗、走什么路、办什么样的大学、为谁办大学是至关重要的问题，无论是高质量的音乐人才培养、高层次的音乐学术研究，还是高水平的音乐创作实践与服务、高品质的音乐文化传承与创新，都必须始终坚持正确的思想和价值观念引领，把“为人民服务、为社会主义服务”的政治方向放在首位，把弘扬和培育社会主义核心价值观作为己任。这种思想和价值观念上的引领主要是通过思想政治教育学科来实现，因为在音乐学院的意识形态工作和学生思想政治教育工作中，思想政治教育学科队伍扮演着先锋队和主力军的角色，思想政治理论课发挥着主阵地和主渠道的作用，与此同时，思想政治教育及其相关学科的研究，还为学校各级党组织牢牢把握意识形态工作的领导权、管理权和话语权提供必要的理论指导、学理支持和智力支持。从某种意义上讲，思想政治教育学科建设得强不强，直接关乎高水平音乐学院在中国特色社会学主义道路上能不能行稳致远。

2.从精神动力来看，没有思想政治教育学科的励志启迪，高水平音乐学院建设就有可能推进乏力。习近平总书记在中国文联十大、中国作协九大开幕式上的讲话中特别强调：文艺工作者要“弘扬正能量，用文艺的力量温暖人、鼓舞人、启迪人”“激励人们永葆积极向上的乐观心态和进取精神”[3]。这一重要论述点明了全社会对文艺工作者的价值诉求。弘扬正能量的人，首先必须自己有源源不断的正能量，那么，文艺工作者自身的正能量从哪里来呢？在当代中国，文艺工作者应当以

中国特色社会主义道路自信、理论自信、制度自信、文化自信作为精神支柱，应当从源远流长、博大精深的中华文化艺术中汲取能量，应当把筑就中华民族伟大复兴时代的文艺高峰作为共同愿景。这就要求我们在建设高水平音乐学院的过程中必须更加注重在广大师生中间启发文化自觉、厚植文化自信，更加注重引导广大师生坚守艺术理想、不断振奋精神，从而为推进高水平音乐学院建设注入强大精神动能。在音乐学院这种学科门类比较单一的院校中，相对于音乐类学科的尚艺重术特点而言，思想政治教育学科凸显尊德传道的特点，因而更具砥砺志向、启迪人生、鼓劲加油、振奋人心的功能。在音乐学院办学育人的实践中，思想政治教育学科往往通过阐述我们党正确领导中国特色社会主义事业的历史逻辑和辉煌成就来唱响广大师生的主基调，通过解读“两个一百年”奋斗目标和中华民族伟大复兴中国梦来点亮广大师生的青春梦，通过总结中国特色社会主义文艺发展成果来提振广大师生的精气神，通过诠释德艺双馨人民音乐家的成长、成才、成功之道来启迪广大师生的真智慧，通过分析世界文艺多样化趋势下中国文艺发展的新形势新任务新方略来激发广大师生的使命感。音乐学院的思想政治教育学科的正能量不仅仅可以注入音乐院校自身众多师生的灵魂深处转化为红色基因，还会被移植到他们的音乐作品和音乐表演之中，进而再通过“音乐粉丝效应”源源不断地传递给全社会的青年，可以这么说，思想政治教育学科如果能够塑造出一个崇德信道的音乐人，在不久的未来就会通过音乐的力量衍生出一群向上向善的青年人。从某种意义上讲，思想政治教育学科给力不给力，直接关乎高水平音乐学院能不能取得长效。

3. 从质量保障来看，没有思想政治教育学科的政治把关，高水平音乐学院建设就有可能陷入迷失。习近平总书记在中国文联十大、中国作协九大开幕式上的讲话中谆谆告诫：文艺工作者要“自觉抵制不分是非、颠倒黑白的错误倾向，自觉摒弃低俗、庸俗、媚俗的低级趣味，自觉反对拜金主义、享乐主义、极端个人主义的腐朽思想。”[4] 这一重要指示重申了党和人民对文艺工作者的底线要求。文艺工作者作为一个掌握话语权的特定群体，在社会生活和人民群众中特别是广大青少年中具有广泛而持久的影响力，他们的思想水平、政治觉悟、道德品质、文化修养，在很大程度上决定着他们向大众传播的是正能量还是负能量，实践证明，中国特色社会主义事业越向前推进，就越需要有真才学、好德行、高品位、有担当的高素质文艺人才。人才培养关键在教育，基地在高校，音乐院校作为培养高素质文艺人才的摇篮，不仅要面对和解决“培养什么人、如何培养人”的问题，而且也要面对和解决“为谁培养人、依靠谁培养人、培养人的什么、用什么培养人”等一系列问题，只有培养出能够真心实意为党和人民、为中国特色社会主义伟大事业而书写、抒怀、放歌的德艺双馨文艺人才，才能真正成为高水平音乐学院。在中国特色社会主义制度下，音乐院校的人才培养固然要遵循其自身的规律，但必须贯彻党和人民的要求，做到“道与术结合”“德与艺双馨”“内与外兼修”，这在客观上需要思想政治教育学科的政治把关。在高水平音乐学院的人才培养全过程中，思想政治教育学科不仅坚持以育人为本、育德为先的理念来开启“最先一公里”，引导学生树立正确的世界观、人生观和价值观；而且坚持以不忘初心、持续发力的精神来打通“最难一公里”，克服思想政治素质培养和音乐专业技能培养之间的壁垒；还坚持以严肃认真、规范有序的作风来夯实“最后一公里”，促进学生在思想上、政治上、人格、心灵上不断成长成熟。从某种意义上讲，思想政治教育学科把关严不严，直接关乎高水平音乐学院能不能恪守初心。

三、思想政治教育学科是高水平音乐学院的重要亮点

1.从存在的唯一性来看，武音版的思想政治教育学科在全国艺术院校中尚属首创和特例。实践证明，学科的平台决定学科的地位，也彰显学科的影响，更制约学科的空间，抓住了学科的平台，也就抓住了学科建设和发展的“牛鼻子”，这一点非常适用于思想政治教育学科。目前在全国艺术院校当中，思想政治教育学科主要局限于思想政治理论课教学这个层面，与其他非艺术类的公共必修课一样处于非主干、边缘化的弱势地位，学科建设都会受到很大的制约、挤压，有的艺术院校甚至根本还谈不上有真正意义上的思想政治教育学科建设。与全国其他艺术类院校不同的是，武汉音乐学院早在1998年就举全校之力抢抓了思想政治教育学科发展的机遇，充分把握住“天时、地利、人和”等多种优势，在思想政治教育与艺术教育的交叉点和结合点进行深度挖掘，定位于艺术院校思想政治教育研究的新领域，成功地申报并增列为马克思主义理论与思想政治教育二级学科硕士点，于1998年获得硕士学位授予权，1999年开始正式面向全国招生，后根据国家有关学科设置的政策要求调整为思想政治教育二级学科硕士点，是全国近100所艺术院校中“唯一”的思想政治教育硕士点，这在全国思想政治教育界和艺术教育界都称得上是一个创举和特例，堪称全国艺术院校思想政治教育学科中的“一枝独秀”，这不仅奠定了思想政治教育在武汉音乐学院学科群体中的特殊地位，而且凸显出武汉音乐学院在全国艺术院校思想政治教育学科领域的独特优势，理所当然应成为武汉音乐学院打造高水平音乐学院的一个不可忽视且亟待放大的亮点。

2. 从发展的特色性来看，武音版的思想政治教育学科一直在努力探索与众不同的发展路径。经验表明，日趋激烈的学科竞争中，特色就是学科的生命线，也是学科的竞争力，更是学科的助推器。只有坚持特色化发展，才能使学科立于不败之地、保持基业长青。在普通高校打造思想政治教育学科必须突出特色，在艺术院校建设思想政治教育学科更要注重特色。武汉音乐学院的思想政治教育学科在多年来的发展历程中，不断探索思想政治教育与艺术教育融合发展的内在规律，形成了一系列具有自身特点的发展经验。在人才培养方面，定位于“艺术院校思想政治教育”和“文化建设和管理”两个研究方向，致力于培养既懂思想政治教育原理与方法、又了解艺术实践和艺术教育规律的复合型人才；在课程建设方面，深入挖掘和广泛运用音乐资源切实提高思想政治理论课教学的针对性实效性，同时为音乐类学生量身订制开设了一批有利于提高其思想修养、道德涵养、人文素养的选修课程；在学术研究方面，积极探寻思想政治教育与音乐的对接点、交叉点、结合点，重点抓住“音乐院校思想政治教育的特点和规律”以及“人民音乐家与马克思主义大众化传播”等问题展开研究并取得阶段性成果；在团队建设方面，通过引进与培养统筹安排、不同学科间优化整合，构建了一个以教授、博士为主体、老中青相结合、专业互补性较强、精干高效、充满活力的学科团队，初步形成了“学科带头人+学科团队”的学术共同体运行机制；在学科活动方面，坚持把音乐作为重要资源和重要元素纳入思想政治教育学科活动设计中，精心打造了一系列与思政课程相配套、与学校特点相契合、以思想引领为主旨、音乐色彩浓厚、学生参与度较高的品牌赛事活动。通过多渠道、多路径的推进，初步构建了一个有内涵、有特色的武音版思想政治教育学科。从一定意义上讲，思想政治教育学科的特色化发展，不仅契合高水平音乐学院整体构建的目标指向，而且能够为高水平音乐学院建设注入新元素。

3. 从实际的贡献度来看，武音版的思想政治教育学科为学校发展发挥了不可替代的作用。传统阐明，各行各业都有一个通用法则：“有为才有位”。在学科林立的高校里，对于其中某一个学科来说，它有多大的生存发展价值在很大程度上取决于它有没有不可替代性，它有没有学术话语权在很大程度上取决于它有多大的实际贡献度。在音乐院校相对比较单一的学科格局中，思想政治教育学科要实现可持续发展，更需要自身奋发有为，充分展现自己的实力和形象，最大限度地贡献自己的力量。多年来，在武汉音乐学院加快发展的整体进程中，思想政治教育学科坚持负重先行、服务大局，创造了一些实实在在的业绩，可以概括为“五个一”：其一是培养了一批素质优良的硕士研究生，他们在校期间都参加了科研实践并发表了学术论文，一次性就业率达100%，毕业后大都在高等院校、政府机关和文艺单位工作或者自主创业，有的已经成为高校处级干部、品牌企业的负责人；其二是打造了一批教学科研成果，出版了相关的著作和教材，在省级以上期刊和国家级学术研讨会上发表了关于艺术院校思想政治教育研究的系列研究论文，主持完成地方政府部门和行业协会委托项目《锡林郭勒构建中国休闲家政之乡的构想》，第一个在全国提出了“休闲家政”的概念和思路，率先把家庭生活素质课程《家政学概论》《生活美学》开进艺术院校的课堂；其三是开展了一系列特色项目研究，承担了包括省级重点建设学科项目、省教育厅人文社科重大项目在内的多个项目，对艺术院校思想政治教育规律、人民音乐家与马克思主义大众化传播等进行了专题研究，进一步唱响了“武音”在思想政治教育及相关学科领域的声音；其四是面向校内外推出一批高质量学术讲座，如《关于习总书记在哲学社会科学工作座谈会上的讲话精神解读》《不忘初心、继续前进——学习习近平总书记在纪念中国共产党成立95周年大会上的讲话》《传承红色家风、构建幸福家庭》等，受到校内外师生及相关行业人士的好评。其五是为武音的大学生思想政治教育工作提供了一定的助力，积极开展调研为学工、团委等部门建言献策，承担党校的入党积极分子培训工作，选派一批中青年思想政治课教师担任学生班主任，成立马克思主义理论学习社团——青年哲思社，充分发挥思想政治教育学科对大学生成长、成才的引领作用。从长远来看，进一步加大学科建设的力度，打造高水平、有特色的思想政治教育学科，必将为高水平音乐学院建设开拓新空间、带来新动力，并有望将“思政+音乐”培育成为新时期高水平音乐学院的新学科增长点，为全国音乐院校乃至艺术院校提供示范引领和有益参照。

参考文献

［1］ 新华社.习近平：把思想政治工作贯穿教育教学全程［EB/OL］. 2016-12-08.

［2］ 习近平.在中国文联十大、中国作协九大开幕式上的讲话［N］. 人民日报，2016-12-01.

［3］ 习近平.在中国文联十大、中国作协九大开幕式上的讲话［N］. 人民日报，2016-12-01.

[4] 习近平.在中国文联十大、中国作协九大开幕式上的讲话[N].人民日报，2016-12-01.

（本文于2017年2月25日发表在《荆楚理工学院学报》2017年第1期）

高水平音乐学院思想政治教育学科建设的目标定位
——以武汉音乐学院为例

音乐院校是我国音乐高等教育体系的重要构成，承担着为中国特色社会主义事业培养德艺双馨音乐人才的特殊使命。音乐院校的办学既有高等学校的一般机理，也有自己的独特规律，这在客观上呼唤高水平、有特色的思想政治教育学科来提供价值引领和动力驱动。但由于种种原因，当前思想政治教育在音乐院校仍处于边缘化、标签化、空心化的境地，其学科发展也陷入自我迷失当中，思政学科与音乐学科之间的壁垒显得比较突出，这是音乐学院内涵建设中亟待补齐的一块短板。当前，在深入学习贯彻落实全国高校思想政治工作会议精神、大力提升新形势下高校思想政治工作水平的大背景下，正确把握思想政治教育学科与高水平音乐学院建设之间的内在逻辑关系，要求我们必须坚持把思想政治教育学科作为高水平音乐学院的重要构成、重要支撑、重要亮点，切实放在高水平音乐学院建设的整体布局中去加以谋划和推进。那么，高水平音乐学院到底要建设什么样的思想政治教育学科？对此，我们认为：必须坚持以全国高校思想政治工作会议精神为引领，把思想政治教育学科建设的一般规律与高水平音乐学院建设的具体实际有机结合起来，把思想政治教育的基本原理与高水平音乐学院的育人特点有机结合起来，不断打开视野、创新思路、精准定位、拓展路径，切实做好顶层设计，着力建设符合时代需要、引领学生成长、彰显音乐特色的“六位一体”的思想政治教育学科。

一、高等学校艺术院系学生辅导员培养培训的重要基地

人才培养是高等学校的首要职能和根本任务，也是学科建设的根本出发点和最终落脚点，高校抓学科建设，任何时候都不能懈怠“立德树人”这个根本任务，更不能回避“培养什么人、如何培养人以及为谁培养人”这个根本性问题[1]。毋庸置疑，思想政治教育学科建设在总体上必须服务、服从于培养中国特色社会主义事业合格建设者和可靠接班人这个根本使命，在这个总目标的引领之下，每个高校的思想政治教育学科还应该有自己具体的人才培养目标。以武汉音乐学院为例，作为全国艺术院校中唯一一所建有思想政治教育专业硕士点的高水平音乐学院，思想政治

教育学科建设不仅仅要为培养德艺双馨的高素质音乐人才而领航，还应该充分发挥自己的优势为培养思想政治教育专业人才而助力。当然，受学校整体办学定位和办学资源的制约，其思想政治教育学科无法在培养学术性人才方面与其他综合型大学媲美，必须因校制宜，走特色办学之路，实行差异化竞争。

从武汉音乐学院的实际来看，思想政治教育学科完全可以在学生辅导员队伍培养方面争取一席之地甚至抢占制高点，将人才培养目标定位为专门培养高等院校艺术院系所急需的高素质、专业化、复合型学生辅导员。近年来，高校学生辅导员队伍备受重视，已经被提升到思想政治工作骨干队伍的高度，党和国家对其素质要求越来越高，高校内部尤其广大学生及家长对其寄予更多期待，相对而言，艺术院系的学生辅导员更强调专业对口，更倾向于兼具思政专业素养和艺术专业功底的复合型人才。但是，目前国内高校的学生辅导员培养体系还不够健全，主要依靠思想政治教育学科及相关学科来培养学生辅导员，普通的高校由于学科专业的局限往往很难顾及学生辅导员艺术专业功底的系统性培养，而在培养这一类复合型人才方面，高水平音乐学院的思想政治教育学科则具有更加突出的优势条件。

从武汉音乐学院10多年来培养思想政治教育专业硕士研究生的经验来看，大多数研究生原本就具有音乐类本科专业的学习经历，进校后又经过了三年的思想政治教育专业系统性培养，尤其是在音乐院校的丰富校园文化环境中受到熏陶、在艺术生思想政治教育和管理的生动实践中受到磨砺，因而对艺术院校的思想政治工作规律、教书育人规律和学生成长规律有更深刻的理解和更切身的体悟，一旦走上艺术院系专职学生辅导员的工作岗位，相比起综合性大学培养的思想政治教育专业硕士，上手更快，适应性更强，更懂艺术生的心理，更容易与学生打成一片，开展工作更有主动性和针对性。因此，高水平音乐学院建设思想政治教育学科，应该坚持因校制宜、扬长避短，专注于培养兼具思政专业素养和艺术专业功底的复合型人才，同时积极承担社会责任，积极举办艺术生辅导员研修班、培训班，为普通高校艺术院系的在职学生辅导员提供业务研修的机会，努力建成高校艺术院系专职学生辅导员培养培训的重要基地。

二、音乐院校思想政治工作的特色智库

服务决策、指导实践是学科建设一以贯之的目标追求，也是学科建设成果价值的重要体现，能不能发挥智库的作用，是衡量学科建设成效如何的重要指标。学科建设要想接地气、树形象，就必须深深扎根于实践，服务于决策，当好工作智库，

正所谓“学术为本，咨政为魂”。当前，随着全国高校思想政治工作会议的胜利召开，高校思想政治工作必将开启一个全新的宏大格局，迫切需要高校思想政治学科把智库建设与学科建设深度融合，把基础研究与应用研究有机结合，紧密围绕会议提出的一系列新思想新观点新论断，以高校思想政治工作中的突出问题和矛盾为导向，开展专题式、项目式、集成式的研究，为加强和改进高校思想政治工作提供理论上可靠、内容上可信、操作性可行的研究成果。

作为音乐院校的思想政治教育学科，理所当然要扎根于音乐院校的思想政治工作的丰厚土壤，服务于音乐院校思想政治工作的创新发展，当好音乐院校思想政治工作的特色智库。音乐院校作为一种特殊的艺术类院校，有特定的教育环境、教育对象、教育主体、教育活动，这就决定了它具有特定的思想政治工作内在规律。从现实情况来看，音乐院校的思想政治工作确实存在一些不尽人意的地方，科学化、规范化、体系化、专业化的程度有待进一步提升，针对性、实效性和亲和力、感召力有待进一步增强，思想政治教育与专业技能教育的壁垒和障碍有待进一步克服，究竟原因无疑是多方面的，但其中非常重要的一点就是对音乐院校的思想政治工作规律、教书育人规律和学生成长等三大规律研究没有到位、掌握不准精准。实践反复证明：思想政治工作不遵循规律，必然会导致事倍功半甚至事与愿违的结果。对此，习近平总书记在全国高校思想政治工作会议上强调：“做好高校思想政治工作，要因事而化、因时而进、因势而新。要遵循思想政治工作规律，遵循教书育人规律，遵循学生成长规律，不断提高工作能力和水平”[2]。这为新形势下音乐院校的思想政治教育学科以规律探索为切入点加快智库建设指明了方向和路径。

探索音乐院校的思想政治工作规律、教书育人规律和学生成长等三大规律，从根本意义上讲，应当是音乐院校思想政治教育学科必须精耕细作的一块“自留地”和“责任田”，更多地只能依靠自己的力量，而不可能指望其他学科或者其他院校来分担或者替代这项工作。对于高水平音乐的思想政治教育学科而言，更应该在深入探索音乐院校本身思想政治工作规律方面走在前列，带头把党和国家对于加强高校思想政治工作的政策要求与音乐院校思想政治工作的特殊情况有机结合起来，为音乐院校进一步加强和改进思想政治工作建言立论、出谋划策，提供学理支撑、创新理念、有效方案和评价标准，从而当好音乐院校思想政治工作的特色智库。

三、马克思主义文艺观中国化的研究和传播中心

服务国家战略发展需要，凝练学科特色研究方向，是一个学科安身立命之本和

核心竞争力之所在，也是学科建设必须牢牢把握的一条生命线。思想政治教育学科不同于其他的一般性学科，具有鲜明的政治导向和服务面向，归本到底是要服从、服务于党和国家的意识形态建设，为全面提高党的思想政治工作科学化水平提供学理支撑和智力支持。在高水平音乐院校中，思想政治教育学科不能只满足于“立地”，也应该力求“顶天”，自觉从国家宏观战略的层面来提升自己的站位、把脉自己的定位，积极争取在培育和践行社会主义核心价值观、构建中国特色哲学社会科学体系、增强中华民族文化自信等一系列宏大时代命题中发出自己的声音、发挥自己的功能。

当前，全国上下尤其文艺战线都在深入学习、宣传和贯彻习近平总书记在文艺工作座谈会上的讲话和在中国文联十大、中国作协九大开幕式上的讲话精神，这两个讲话前后呼应、相互衔接，形成了习近平总书记关于文艺观重要讲话的姊妹篇，深刻回答了有关中国特色社会主义文艺工作的一系列重大问题，集中体现了习近平总书记关于文艺工作的新理念、新思想、新战略，同时也鲜明指出了当代文艺工作者成长成才的正确方向和有效路径。从文化传承创新的角度来看，习近平总书记的文艺讲话与毛泽东同志在延安文艺座谈会上的讲话精神是内在相通、一脉相承的，是中国共产党把马克思主义文艺观与中国实际相结合的产物，是马克思主义文艺观中国化历程中实现“两次飞跃”所取得的伟大理论成果，充分彰显了我们党推进马克思主义文艺观中国化的自觉自信。

在新的形势下如何把马克思主义文艺观中国化的历史梳理好，把马克思主义文艺观中国化的规律研究透，把马克思主义文艺观中国化的成果运用好，以此作为思想武器和价值导向来引领和推动广大文艺工作者的健康成长、成才并走向成功、成名、成家，是当前文艺领域的一项重要政治任务。从现实情况来看，理论界对马克思主义文艺观中国化的研究才刚刚起步，亟待进一步拓展和深化，为顺应党和人民对文艺领域意识形态建设的需要，必须加强马克思主义文艺观中国化的研究和传播。作为高水平音乐院校的思想政治教育学科来说，在马克思主义文艺观中国化的研究和传播方面理应走在时代前列并力求走向学术前沿，从哲学阐释学、党史党建、马克思主义中国化、思想政治教育等多学科进行研究，推出一批有分量、有品位、有价值、有影响的研究成果，为构建和推广当代中国的马克思主义文艺观提供学术支撑和智力支持，切实推动马克思主义文艺观首先在音乐院校的广大师生中传播开来并落地生根，引领他们把树立马克思主义文艺观作为践行社会主义核心价值观的重要抓手，不仅为自身追逐音乐梦想注入源源不断的正能量，而且还要努力成为“时代风气的先觉者、先行者、先倡者”[3]。

四、文艺领域意识形态大数据平台

充分运用“互联网+”的新思维，深耕学术研究或社会生活的细分领域，构建学科研究的大数据，推动学科发展的平台化，是新时期学科建设的重要出路和创新之举。进入“互联网”时代，随着“互联网+”作为一种创新元素和创新模式不断渗透到社会各个行业各个领域，思想政治教育学科也同样被“互联网+”所深刻改变，逐渐衍生出“互联网+思想政治教育”的新模式、新机制、新体系，这是一个不可回避、不可逆转的发展趋势。

当前，我国文艺领域亟待引入“互联网+思想政治教育”的新思维、新模式、新平台，由于世界范围内思想价值观念的交流、交融、交锋和文化艺术的多元化、多样化、个性化发展，意识形态状况相对更加复杂多变。文艺工作者作为一个特殊的群体，掌握着非同常人的文艺话语权和社会影响力，但由于他们崇尚个性自由奔放，长期专注于文艺创作和实践，习惯于从单纯的文艺视角来看问题，往往对政治生活和意识形态缺乏兴趣、不够敏感，在一些比较复杂和敏感的问题上表现得比较含糊、不够警醒，缺乏守土有责、守土负责、守土尽责的政治自觉，尤其面对民众高度关注的一些热点、难点、痛点问题，很容易出现情绪化、负面性的话语表达，稍有不慎就会引发舆论风波进而影响民众尤其是青少年的价值判断和选择。面对文艺领域中日趋强烈的“粉丝效应”，党和国家把文艺领域意识形态工作提到了一个前所未有的高度，强调要“加强和改进党对文艺工作的领导”“重视文艺阵地建设和管理”“加强对文艺工作者的引导”[4]，这实际上就是要求牢牢把握文艺领域意识形态的领导权、管理权和话语权。党和国家要实现对文艺领域意识形态的精准管理，必须要有一整套充分反映文艺领域意识形态工作动态发展状况及趋向的大数据作为决策依据。

对此，作为高水平音乐学院的思想政治教育学科，无论基于彰显学科价值还是担当学科使命，都应该在这个方面率先行动、精准发力、有所作为，通过整合相关学科和领域的资源、依托日渐成熟的“互联网+”技术、运用协同创新的新机制，合力打造集动态监测、数据采集、信息报送、舆情分析、个案研究、决策咨询等多种功能于一体的文艺领域意识形态大数据平台，从而为党委宣传部门以及文化主管部门管好文艺工作、带好文艺队伍、把好文艺阵地、筑牢文艺领域的意识形态工作防线提供有效的应用工具和技术支持。从某种意义上讲，这恰恰是当下高水平音乐学院思想政治教育学科最能体现自身专业高度和特色优势的发力点，也是高水平音乐学院思想政治教育学科提升自身影响力和引领力的创新点。

五、德艺双馨艺术人才成长规律的研究中心

挖掘和探究人才成长规律，助推人才培养工作的科学化，是学科建设的重要旨归，也是新时期学科建设的生长点之一。思想政治教育学科作为一个以育人为本、育德为先的特殊学科，不仅仅要引导学生树立正确的世界观、人生观和价值观，把共产主义远大理想和中国特色社会主义共同理想植根于学生的头脑，帮助学生确立“道路自信、理论自信、制度自信和文化自信”，同时还要深入挖掘和探究人才成长的规律，理顺德、智、体、美在人才成长过程中的复杂关系，从而为高校推进人才培养工作的科学化、最优化提供价值引领、精神动力和方法论指导。具体到高水平音乐学院中，思想政治教育学科必须高度关注、深入挖掘和科学探究艺术人才的成长规律，这是做好新形势下音乐院校思想政治工作的现实要求。

随着时代的发展和社会的进步，党和人民对艺术人才的素质提出了新的更高要求，对此，习近平总书记多次强调：“文艺是铸造灵魂的工程，文艺工作者是灵魂的工程师”[5]，并要求文艺工作者“把崇德尚艺作为一生的功课，把为人、做事、从艺统一起来，加强思想积累、知识储备、艺术训练，提高学养、涵养、修养，努力追求真才学、好德行、高品位，做到德艺双馨”[6]。在中华民族走向伟大复兴的新时代，培养德艺双馨的艺术人才应该成为艺术院校尤其是高水平音乐院校在人才培养方面的根本定位和至高追求。

毫无疑问，德艺双馨的艺术人才绝不是天生的，也不是靠运气生成，其成长成才是有规律可循的。在我们党96年的光辉历程中，曾经涌现出来了一代又一代德艺双馨的人民艺术家，诸如郭沫若、矛盾、聂耳、冼星海、徐悲鸿等，从他们的成长成才经历来看，不同时代、不同领域、不同类型、不同个性的德艺双馨艺术人才身上总是闪耀着一些共同的优秀品质，总是贯穿着一些基本的成长成才规律，如何把这些共同的品质和基本的规律挖掘出来、深入分析并作出系统性论述，直接关系到我国艺术院校的人才培养水平，关系到我国艺术人才队伍的职业化发展，关系到党和国家文艺路线、方针、政策的贯彻落实，因此迫切需要从中华文化保持基业长青的历史脉络和中华民族走向伟大复兴的发展大势中，对德艺双馨艺术人才的成长规律进行专题性、持续性、集成性的研究，从学理层面破解人民艺术家的成才密码，从而为当代文艺工作者尤其是艺术院校学生的成长成才提供价值导向和示范引领。

对此，高水平音乐学院思想政治教育学科应该当仁不让，主动担当起研究德艺双馨艺术人才成长规律的重任，不断推出具有说服力、影响力和公信力的新观点、新思想、新理论，努力成为德艺双馨艺术人才成长规律的研究中心。

六、艺术院校思想政治理论课教学的示范基地

植根教学、适应教学、面向教学、服务教学，是学科建设的重要立足点。在高校的课程体系中，思想政治理论课具有极为特殊而重要的地位，是“巩固马克思主义在高校意识形态领域指导地位，坚持社会主义办学方向的重要阵地，是全面贯彻落实党的教育方针，培养中国特色社会主义事业合格建设者和可靠接班人，落实立德树人根本任务的主干渠道，是进行社会主义核心价值观教育、帮助大学生树立正确世界观人生观价值观的核心课程”[7]。高校思想政治教育学科建设的首要目标和任务就是要支撑和服务思想政治理论课教学，提高思想政治理论课教学的“内家功”。

当前，全国各大高校都十分重视思想政治理论课建设，相比起普通高校而言，艺术院校的思想政治理论课教学有更为突出的特殊性，主要是学生的文化基础相对比较薄弱，重专业轻思政的思想倾向更为明显，对思想政治理论课的生活化、通俗化、吸引力、感召力、亲和力、针对性有更多的期待，如果继续套用甚至照搬照抄普通高校的常规性教学模式、教学方法、教学资源，那么艺术院校思想政治理论课教学的实效性和生命力就会大打折扣，甚至会更加激发艺术生的学习逆反心理。在新的形势下，着眼于艺术院校的具体实际和发展趋向，如何进一步探索构建符合艺术生特点的思想政治理论课教学模式、教学方法和管理机制，让艺术院校的思想政治理论课教学去单调化、刻板化、教条化、片面化，能够“活起来”“亮起来”“动起来”“美起来”，真正变得可爱、可亲、可信、可敬、可鉴赏、可参与，让艺术院校的思想政治理论课教学切实走向、走近、走进学生的艺术生活、职业生涯和丰富内心世界，与学生的艺术专业学习和实践有效对接、有机融合，这是当前艺术院校思想政治理论课教学中亟待破解的难题，强烈呼唤思想政治教育学科通过扎实开展学术研究来提供解决之道，对于这一系列现实难题，如果连思想政治教育学科也表示无解、无奈、无语，那么，即便拥有再高端的学术平台、承担再高级别的课题、发表再多的文章、出版再多的著作、汇聚再多的专家，思想政治教育学科建设也没有真正的意义，无异于舍本求末、不务正业。从一定意义上讲，打造高质量、有特色、受欢迎的思想政治理论课，才是思想政治教育学科建设真正的“初心”和“本位”。

事实上，思想政治理论课教学当中也同样蕴含着广阔的学术空间，在新的形势

下打造什么样的思想政治理论课、如何打造这样的思想政治理论课、靠谁来打造思想政治理论课、用什么机制来打造思想政治理论课、怎样提升思想政治理论课的吸引力、亲和力，这一系列问题迫切需要深度研究，从某种意义上讲，随着全社会对思想政治理论课的关注度和认同度不断升温，思想政治理论课教学研究必然能够撑起大格局、催生大成果、成就大事业。对于高水平音乐学院来说，尤其是对于像武汉音乐院校这样拥有思想政治教育专业硕士点的品牌音乐学院来说，建设与自身发展相匹配的高水平思想政治教育学科，理应首先以学科建设来带动和推动思想政治理论课教学改革创新，用学科建设的特色成果去支撑和提升思想政治理论课教学，为思想政治理论课教学注入源源不断的优质资源和强大正能量，力争用“思政+音乐”的特色学科研究探索出一条符合时代需要、彰显自身特色、深受学生欢迎、具有借鉴意义和推广价值的思想政治理论课教学新路子，力求为全国艺术院校乃至其他同层次的多科性、综合性大学提供可行、可用、可鉴的思想政治理论课教学模式、教学资源和管理机制，从而成为名副其实的艺术院校思想政治理论课教学示范基地。

七、结语：高水平音乐学院思想政治教育学科建设目标的实现

马克思告诫我们：“一步实际行动比一打纲领更重要”。对于高水平音乐学院思想政治教育学科而言，目标精准定位之后，实现路径的选择是最重要的事情。在高水平音乐学院中打造“六位一体”的思想政治教育学科，是一项具有开拓性、前瞻性、系统性、挑战性、务实性的大工程，必须举全校之力统筹谋划、突出重点、集中攻坚、扎实推进。一是要加强组织领导，学校要把思想政治教育学科建设纳入高水平音乐学院建设的整体规划之中，并作为校级重点学科加以重点培育、优先发展，在机构设置、人员编制、师资配备、经费投入、条件支撑等方面给予切实保障，健全学校党政一把手亲自抓、分管校领导重点抓、相关部门协同抓、思政教研机构具体抓的领导机制，在学校层面建立思想政治教育学科发展联席会议制度和工作专班，每年定期召开思想政治教育学科建设专题研讨会和现场办公会，研究解决其推进过程中的重点、难点问题。二是要打通学科壁垒，进一步优化学校的顶层设计，将“德艺双馨”“道术结合”“情理交融”“内外兼修”的理念贯穿到人才培养目标、学科专业建设、课程体系改革、学术协同创新、师资队伍建设、校园文化建设等各个方面，通过共建学术平台、共研重大课题、共办实践活动、共论热点话题、共塑音乐精品、共享资源信息、共育红色传人、共创发展环境，推动思想政治

教育与音乐学科之间有效互动、平等对话、无缝对接、全面融通、相互助力、协同精进。三是要提升团队力量，在严格按国家标准配齐、配好、配强思想政治理论课教师队伍的基础上，通过启动实施“音乐思政人”师资培育专项计划，不断提高思想政治理论课教师的音乐修养，积极引导思想政治理论课教师增强跨学科和艺术化的自觉自信，同时利用思想政治理论课特聘教授和客座教授等相关制度，充分吸纳从事音乐专业教学、表演、管理的校内外专家，从而合力打造目标耦合、学科交叉、优势互补、共融共通、相互砥砺的思想政治教育学科共同体。四是要创新发展机制，以贯彻落实中央及相关部门关于加强高校宣传思想工作和高校思想政治工作的一系列会议、文件精神为抓手，把思想政治教育学科建设的一般要求与音乐学院的办学实际和独特规律有机结合起来，抓住音乐院校思想政治教育学科建设的短板和瓶颈，创新思想政治教育学科的目标引领机制、团队培育机制、学术协同机制、成果推介机制、绩效考核机制，积极探索构建符合时代需要、彰显音乐特色、引领学生成才的思想政治教育学科发展机制。

构建高水平音乐学院的思想政治教育学科是一种新尝试，也是一项新课题，需要在实践中不断探索，在探索中不断实践。在全国深入推进高等教育综合改革、全面加强高校思想政治工作的大好形势下，高水平音乐学院只有乘势而为、迎难而上，才能打造出高水平、有特色的思想政治教育学科，为新时期自身的内涵发展、特色发展、创新发展注入源源不断的思想正能量。

参 考 文 献

［1］ 习近平在全国高校思想政治工作会议上强调　把思想政治工作贯穿教育教学全过程，开创我国高等教育事业发展新局面［N］. 人民日报，2016-12-08（1）.

［2］ 习近平在全国高校思想政治工作会议上强调 把思想政治工作贯穿教育教学全过程，开创我国高等教育事业发展新局面［N］. 人民日报，2016-12-08（1）.

［3］ 习近平. 在文艺工作座谈会上的讲话［N］. 人民日报，2015-10-15（2）.

［4］ 习近平. 在文艺工作座谈会上的讲话［N］. 人民日报，2015-10-15（2）.

［5］ 习近平. 在文艺工作座谈会上的讲话［N］. 人民日报，2015-10-15（2）.

［6］ 习近平. 在中国文联十大、中国作协九大开幕式上的讲话［N］. 人民日报，2016-12-01（2）.

[7] 中宣部、教育部.普通高校思想政治理论课建设体系创新计划［EB/OL］. 2015-07-30.

（本文的主要内容于2017年3月3日发表在湖北高校思政网；全文于2017年8月29日发表在《江汉大学学报》（社会科学版）2017年第4期）

以“两学一做”砥砺“红色初心”

入党是我平生最为自豪的一件事。19年前，那个大学时代风华正茂的我光荣地成了一名共产党员，由此开启人生新的航程。这19年来，是党的关心、教导和培养使我从农家少年成长为大学教师，因此，我对我们党具有深厚的感情和无限的崇敬。无论身在教育管理一线还是教书育人讲台，“红色初心”从来不曾忘记更不能忘记，在党听党、在党言党、在党爱党的实践中，我深深地体会到，党内每一次重大教育活动，总是能让自己经受心灵的震撼、接受思想的洗礼、感受满满的正能量，尤其是正在开展中的“学党章党规、学系列讲话、做合格党员”的专题活动，让我进一步坚定了理想信念和纪律自觉，进一步增强了理论自信和责任担当，进一步提高了党员意识和党性修养：

一、学党章党规是“政治必修课”，越学越清醒

党章是党的总章程，也是党的根本大法，更是全党必须遵循的总规矩。党的十八大对《中国共产党章程》进行了修改，实现了党章的又一次与时俱进。在党章的引领下，我们党还陆续修订了《中国共产党廉洁自律准则》《中国共产党纪律处分条例》，出台了《中国共产党问责条例》，使党内法规体系进一步完善。在新的形势下，自觉学习党章党规、遵守党章党规、贯彻党章党规、维护党章党规，是每个党员义不容辞、不可懈怠的一项政治义务和庄严责任。

在“两学一做”活动中，我坚持把学党章党规作为一门“政治必修课”，在逐字逐句通读党章党规原文、系统解读吃透党章党规精神的基础上，对党史研究的最新成果和丰富史料进行了更精深的研读，对湖北红安籍老一辈无产阶级革命家董必武等的光辉事迹进行了更深入的考察，对十八大以来中央所公布的一系列重大违纪案件进行了更深刻的反思，由此我认识到：作为一名共产党员，必须始终如一地坚持尊崇、遵守和维护党章党规，以党章来引领自己的政治追求，切实做到坚定理想信念、牢记“初心”前行、保持对党忠诚，以党规来约束自己的政治言行，切实做到在党言党、在党忧党、在党护党，坚守自己为人、做事的基准和底线。

二、学系列讲话是“思想营养剂”，越学越有劲

理论创新、与时俱进，是我们党的一个传统、一大优势、一种追求。党的十八大以来，习近平总书记从战略和全局的高度，以其超强的政治勇气、宽广的政治视野、卓越的政治智慧，围绕改革发展稳定、内政外交国防、治党治国治军等重大问题发表了一系列高瞻远瞩、立意高远、思想深刻、内容丰富的重要讲话，形成了一整套符合时代需要、彰显中国特色的治国理政新理念新思想新战略，为我们同心共圆中华民族伟大复兴中国梦提供了价值引领、精神动力和方法指导，这是当下我们最不可或缺、最急需补充的“营养剂”，对于我们医治“政治软骨病”、克服“本领恐慌症”、提高“奋斗精气神”、增强“发展正能量”具有十分重要的现实意义。

在“两学一做”活动中，我坚持以思想政治理论课教师的职业自觉，带着责任和感情对习近平总书记系列重要讲话进行了“再学习、再研究、再领会”，尤其是对习近平总书记的《在哲学社会科学工作座谈会上的讲话》《在庆祝中国共产党成立95周年大会上的讲话》《在全国高校思想政治工作会议上的讲话》进行了重点研读。通过研读，我深深地体会到，习近平总书记系列重要讲话博大精深，贯穿了马克思主义立场观点方法，体现了强烈的民本情怀和问题意识，充满了历史纵深感、时代厚重感、未来愿景感，彰显了中国特色社会主义道路自信、理论自信、制度自信和文化自信；我进一步认识到，作为一名从事高校思想政治理论教学的教师党员，理应在马克思主义中国化、时代化、大众化的宏大格局中找到自己的安身立命之本，更加自觉、更加主动、更加积极地用习近平总书记系列重要讲话精神武装头脑、指导实践、推动工作，在学讲话、悟讲话、用讲话方面早下功夫、多下功夫、常下功夫，切实践行“有理想信念、有道德情操、有扎实学识、有仁爱之心”好教师标准，用社会主义核心价值观引领教书育人、传道治学，努力为培养造就中国特色社会主义事业的合格建设者和可靠接班人恪尽洪荒之力、奉献青春年华。

三、做合格党员是“人生内家功”，越练越自强

我们党已经由最早的50多位党员发展到今天拥有党员8800多万人，党的先进性和纯洁性最终通过每一个党员来体现，党的凝聚力和战斗力由每一个党员来构成，从一定意义上讲，党员队伍的素质和作为在很大程度上决定着党的形象、地位和命运。进入新的历史阶段，党和国家事业的新发展对党员提出了新要求，对每一个党员来说，不管身居什么位置，不论从事什么职业，都应该“讲政治、有信念，讲规矩、有纪律，讲道德、有品行，讲奉献、有作为”，这实际上是一个党员的本

色和“初心”。

在“两学一做”活动中，我坚持以党员意识引领自己、以党员标准要求自己，以党员规矩约束自己。一方面，认真学习贯彻党的理论和路线方针政策，在思想上、政治上、行动上同以习近平同志为核心的党中央保持高度一致，不断增强政治意识、大局意识、核心启示、看齐意识，切实做政治上的明白人；另一方面，立足自己的本职工作践行党的宗旨，踏踏实实地履行好自己的岗位职责，诚心诚意地为师生服好务，以主人翁的姿态积极主动地参与高水平音乐学院建设和“六位一体”思政学科建设，真正做工作上的踏实人。在不断修炼“内家功”的过程中，我深深地体会到“四讲四有”为自己履职尽责、服务师生注入源源不断的动能，让自己在一种积极进取的良好工作氛围中强化使命感和责任感、提升价值感和幸福感。

（本文于2017年6月20日发表在湖南红网；后被搜狐网全文转载）

以立德树人彰显知识分子的主动担当

在2017年全国“两会”上，让我最为感动、最受鼓舞的是，习近平总书记3月4日看望参加全国政协十二届五次会议的民进、农工党、九三学社委员时，专门就知识分子的问题作了重要讲话。“我国广大知识分子是社会的精英、国家的栋梁、人民的骄傲，也是国家的宝贵财富”，特别强调“伟大的事业，决定了我们更加需要知识和知识分子，更加需要知识分子为国家富强、民族振兴、人民幸福多作贡献”，由衷勉励“广大知识分子要以时不我待的紧迫感、舍我其谁的责任感，主动担当，积极作为，刻苦钻研，勤奋工作”。[1]

习近平总书记的讲话充分体现了哲学的高度、历史的厚度、现实的广度、人文的温度，充分彰显我们党对知识分子的新认识、新定位、新期待、新指引，这不仅为知识分子投身全面建成小康社会、实现中华民族伟大复兴注入了强大精神动能，更重要的是对于高校教师“在以教育现代化支撑国家现代化的宏大事业中如何找到自己安身立命之本”提供了价值导向和思想引领。

在新时期的知识分子群体中，高校教师具有极为突出而特殊的使命，既要传承“为天地立心、为生民立命、为往圣继绝学、为万世开太平”的家国情怀，也要释放“培养人才、科学研究、社会服务、文化传承创新”的教育能量，更要担当“为人民服务，为中国共产党治国理政服务，为巩固和发展中国特色社会主义制度服务，为改革开放和社会主义现代化建设服务”的铁肩道义。中国梦光照下的教育现代化，赋予了高校教师更多的成才机遇和更广的用武之地，同时也呼唤高校教师要有新认识、新担当、新作为，进一步增强职业自觉、坚定职业自信、实现职业自强。

作为一个音乐院校的思想政治理论课教师，我深深地体悟到一种强烈的使命感。民族复兴的宏图召唤着我，理论创新的号角激励着我，书生报国的情怀激荡着我，立德树人的使命鞭策着我。当前，对我来说，最重要的就是要扎根于高校思想政治教育的厚土，面向自己所教的全体学生，努力把知识分子的主动担当转化为立德树人的切实行动。

一是要当好理论学习的先锋战士，以习近平总书记系列重要讲话为主要文本，通过系统学习、专题学习、持续学习，切实把习近平总书记治国理政的新理念、新思想、新战略学精吃透、融会贯通，做到真学、真懂、真信、真用，以理论武装的政治自觉来引领自己的学术成长、成才之路，用知行合一的鲜活形象来带动身边的音乐类师生自觉学理论、用理论，为推动党的理论在音乐院校落地生根作出新示范。

二是要当好理论传播的红色尖兵，把思想政治理论课的课堂作为主战场，以自身对党的事业的绝对忠诚和对党的理论的自觉自信，深入探索音乐院校思想政治教育的独特规律，不断挖掘音乐生活中的红色教育资源，切实打通思政教育与专业教育的壁垒，用通俗化、生活化、艺术化的教学方式，向音乐类的大学生讲好中国精彩故事，讲清党的科学理论，讲活社会主义核心价值观，为培养德艺双馨音乐人才注入思想正能量。

三是要当好理论创新的忠诚卫士，把阐释和研究马克思主义理论及其中国化的理论成果作为终身事业和崇高追求，在学术研究中坚持理论视野、问题意识、实践效度、创新精神、音乐元素相结合，以专题的形式对社会主义核心价值观音乐化、习近平文艺观研究与传播、德艺双馨音乐人才成长规律等问题进行多学科、多视角、多维度的研究，同时坚持以马克思主义理论作为思想武器，以现代网络媒体作为宣传阵地，对文艺界和高校意识形态领域出现的谬论谣言、杂音噪音，进行主动回应、大胆亮剑、坚决批驳，为守护好音乐院校师生的精神家园而尽洪荒之力。

参考文献

[1] 习近平.我国广大知识分子要主动担当积极作为 为国家富强民族振兴人民幸福多作贡献［N］. 人民日报，2017-03-05（1）.

（本文于2017年3月10日发表在湖南红网，后被新浪网全文转载；于2017年4月10日以《大力践行知识分子的时代使命》为题发表在湖北省社会科学院主办的《湖北社会科学报》）

第五章

文艺育人之探

习近平文艺观研究述评

文艺工作是我们党历来十分重视的一项工作，重视文艺是我们党90多年来一以贯之的一个优良传统。党的十八大以来，习近平总书记对文艺工作尤为重视、高度关注，先是于2014年10月15日主持召开文艺工作座谈会并发表重要讲话，后又于2016年11月30日出席中国文联第十次全国代表大会、中国作协第九次全国代表大会开幕式上并作了重要讲话，期间以习近平同志为核心的党中央还研究制定了《关于繁荣发展社会主义文艺的意见》，这两个讲话和一份文件在全党、全国、全社会尤其是文艺全领域产生了极为强烈的反响，既标志着新时期我们党以强烈的文艺自觉自信把文艺工作提升到了一个新高度，也开启了学术界广泛而深入研究习近平文艺观的新视野，还启示我们在筑就中华民族文艺高峰、实现中华民族伟大复兴的时代背景下必须把习近平文艺观研究推向纵深化和系统化。

一、习近平文艺观研究的学术梳理

习近平文艺观研究是当前马克思主义文艺观及其中国化研究的一个热点话题，也是习近平治国理政新理念新思想新战略研究的一个重要构成，因为其特定的思想内涵和的突出的时代价值而受到理论界的关注。近年来，以习近平总书记在文艺工作座谈会上的讲话公开发表为起点，社会上兴起了一股以习近平文艺观为主题的方兴未艾的研究热潮，催生了一系列具有思想性和理论性的研究成果。通过国家哲学社会科学文献中心、中国知网等网络平台进行搜集整理，据不完全统计，在现有的专题研究成果中，以习近平文艺观（或文艺思想）为主题的报刊论文约30多篇，硕士学位论文2篇，尚未见专门的学术著作。从研究者及其研究视角来看，大致可以划分为三类，其一是党政官员群体（如赵实、董云虎等），主要侧重于从贯彻落实的角度解读讲话精神。其二是文艺工作者群体（如闫肃、张炯等），主要侧重于从文艺实践的角度阐述学习心得。其三是理论工作者群体（如丁国旗、李燕、唐丕祥等），主要侧重于从学理探讨的角度开展广泛研究。从总体上看，他们大都是以习近平在文艺工作座谈会上的讲话作为思想引领和主要文本，对习近平文艺观进行阐释和研究，就其主要内容和主要观点而言，可以概括为以下七个方面：

（一）对习近平文艺观重要意义的探讨

习近平总书记《在文艺工作座谈会上的讲话》的公开发表，标志着习近平文艺观的正式提出，表明新时期我们党对文艺工作的规律性认识达到了一个新的高度。研究者们对习近平的文艺讲话给予了高度评价，并从历史与现实相结合的角度，认真探讨了习近平文艺讲话及其文艺观的重大意义。从历史的视角来看，习近平的文艺讲话是继1942年毛泽东同志《在延安文艺座谈会上的讲话》之后又一篇集中阐述马克思主义文艺观的经典性文献。董云虎撰文指出，它是“党的文艺发展史上又一个重要的里程碑”“进一步继承、丰富和发展了马克思主义文艺观和社会主义文艺理论”[1]，唐丕跃认为它“把中国特色社会主义文艺理论有力地推进到一个新的阶段，为马克思主义文艺理论中国化作出了新的贡献”[2]。从现实的角度来看，习近平的文艺观深刻回答了新时期文艺工作中的一系列带有根本性、方向性的重大理论和现实问题，明确提出了一系列富有创造性、前瞻性、指导性的理论观点，李燕、马若云以及丁国旗在各自的文章中都将习近平文艺观表述为“马克思主义文艺理论中国化的最新成果”[3]，陈由登则强调它“既是社会主义文艺的理论宣言，又是新时期文艺工作的行动指南”[4]，王洁、谢鸿昆进一步阐述了习近平文艺观的现实意义，即“为文艺的健康理性发展指明了方向，有利于推动我国文艺的繁荣，实现文艺复兴，有利于以优秀的作品满足人们的精神需求，提高国民整体素质”。[5]丁国旗还从文艺观与治国理政思想的内在关系出发，阐述了习近平文艺观在其治国理政思想体系中的重要地位，认为它是“中国传统文艺治国理念的延续，是马克思主义文艺理论的继承和发展，是中华民族伟大复兴的时代要求，体现出鲜明的中国特色和马克思主义文艺理论的思想光辉，是根据现有国情、民情、文情与时俱进提出的新思想、新战略、新理念”[6]。

（二）对习近平文艺观提出背景的分析

马克思主义告诉我们，任何一种理论的产生都是时代的产物，习近平文艺观的提出也同样有其特定的时代背景。部分研究者以广阔的视野，对习近平文艺观的提出背景做了较为深刻的分析。陈霞、刘海燕在《“中国梦”视域下习近平文艺思想研究》一文中，从三个方面分析了习近平文艺观的提出背景：“文化对于国家综合实力的提升作用日益彰显；全球化背景下，国家间围绕文化输出而开展的产业竞争日趋激烈；全面深化改革时期和全媒体时代的社会思潮呈现出日趋复杂的面向”。[7]王洁、谢鸿昆则认为习近平文艺观的提出是我们党对文艺发展中的现实问题作出的主动回应，可以从三个方面来进行把握其背景，一是从中国特色社会主义事业总体布局来看，文化建设是其中的重要一环，但发展滞后。二是着眼于新时期人们对文艺作品需求日渐强烈，但人审美品位有待引导。三是从文艺界自身的实际出发，文艺界面临一系列问题，且履行历史使命的能力有待加强[8]。对此，董云虎从政治的高度进行了更全面深入、更有说服力的阐释，他强调：习近平文艺观的提出，既是顺应了伟大时代呼唤、也是适应了伟大斗争需要、还是体现了各族人民意愿，更是反映了文艺发展的要求[9]。

（三）对习近平文艺观思想理论渊源的挖掘

马克思主义经典作家总是站在“历史巨人”的肩膀之上，通过合理的借鉴和吸收前人的优秀文化成果来推进理论创新，习近平总书记在文艺观的建构和创新方面进一步发扬和践行了这个优良传统。基于此，研究者们深入挖掘了习近平文艺观的思想理论渊源，其中比较有代表性的是陈霞、刘海燕的观点，他们提出，从思想理论上看，习近平文艺观主要有三个来源，即“马克思主义经典作家关于文化主体性的论述”“毛泽东同志的文艺思想”“中国传统文化中的优秀部分”[10]。在这个基础上，有学者还进一步论述了习近平文艺观作为马克思主义文艺观中国化最新成果得以支撑的理论支点，其中很有说服力的文章是丁国旗独著的《习近平文艺思想的两个理论支点》，他认为：习近平文艺观一方面与我国传统文艺思想一脉相承，具有坚实的民族文化根基，深植于中国传统文学观念的土壤之中，体现出鲜明的古典诗学特征与诗学智慧，另一方面与马克思主义文艺理论有着不可分割的理论联系，充分体现了马克思主义的认识论和方法论，闪耀着马克思主义文艺理论的思想光辉。[11]

（四）对习近平文艺观主要内容的归纳

作为马克思主义文艺观与中国特色社会主义文艺实践相结合的产物，习近平文艺观具有丰富而鲜活的时代意蕴，实际上构成了一个博大精深的内容体系。对其主要内容的归纳和提炼，是学术界关于习近平文艺观研究的重点，研究者们纷纷在研读习近平《在文艺工作座谈会上的讲话》等代表性文本的基础上，结合自己的学习体会和理论思考，提出了一系列有见地的观点。陈霞、刘海燕在《“中国梦”视域下习近平文艺思想研究》一文中：习近平文艺思想的主要内容总结和为三个方面：即党在文艺工作领域的基本方针、文艺领域的服务对象和创作源泉、文艺作品的缺陷短板和目标方向[12]。李燕、马若云在《习近平文艺思想探析》一文中侧重于从文艺作品的角度来把握习近平文艺思想的基本内容，将其归纳为三个要点，即文艺作品应始终坚持将社会效益放在首位、文艺作品应弘扬爱国主义主旋律、文艺作品应体现社会主义核心价值观的要求[13]。陈建波在《习近平文艺思想研究》一文中，对习近平文艺观的主要内容进行高度概括，并表述为互相联系、有机统一的“五论”，即文艺本质论、文艺功能论、文艺创作论、文艺发展论、文艺政策论[14]。

（五）对习近平与毛泽东在文艺观方面的比较

研究习近平的文艺观，始终绕不开毛泽东的文艺观，因为两者之间存在着历史上的延续性和传承性、理论上的融通性和发展性。一些学者从历史与逻辑相结合的角度，对习近平与毛泽东在文艺观方面进行了比较分析，认为两者存在很多共性，并强调习近平文艺观是对毛泽东文艺观的继承和发展。章玉丽的论文《习近平文艺座谈会讲话与毛泽东文艺思想的共性探究》，分析了毛泽东和习近平在文艺观方面的四个共同之处，具体包括共同关注的视点——文艺的重要作用，共同坚守的文艺底线——马克思主义的立场，共同坚持的文艺主体——人民，共同追求的价值导向——文艺的社会效益[15]。何策在其硕士学位论文《两次文艺座谈会讲话的比较研究》中，充分运用比较的方法对习近平文艺观和毛泽东文艺观的不同点和相同点进行了梳理，重点比较了其时代背景、具体内容、方法特点等方面的异同点，在此基础上初步总结了两者比较研究的当代意义，认为它对中国革命和社会主义现代化建设以及当下改革开放，特别是对社会主义核心价值观的梳理起着巨大的历史推动作用[16]。也有部分学者关注到习近平和毛泽东在文艺观方面虽然都明确要求文艺要为人民服务，但二者的侧重点有所不同，赵炎秋在《重视普及与呼唤精品——读毛泽东〈在延安文艺座谈会上的讲话〉和习近平“在文艺工作座谈会上的讲话”》一文中指出：“毛泽东重视普及与提高的问题，强调普及；习近平则强调文艺精品的创造。”[17]

针对习近平到底在哪些方面继承和发展了毛泽东的文艺观这一难点问题，杨喆在其论文《习近平对毛泽东文艺观的继承与发展》中做了明确的阐述，他认为，习近平对毛泽东文艺观的继承主要体现在三个方面：一是文艺始终坚持以人民为立足点和始终坚持创新；二是文艺要兼具艺术性和政治性，重视民族性；三是准确把握党和文艺的关系。他还提出：习近平从四个方面对毛泽东文艺观实现了新的发展：一是从文艺为人民大众到坚持以人民为中心的创作导向，创作无愧于时代的优秀作品；二是从文艺服从于政治到中国精神是社会主义文艺的灵魂；三是从以抗日团结为政治标准到实现中华民族的伟大复兴；四是从党在思想上整风到加强和改进党对文艺工作的指导[18]。值得一提的是，金璐璐的论文《毛泽东与习近平关于文艺工作讲话的思想政治教育解读》，可以说是另辟蹊径，从思想政治教育的视角对习近平和毛泽东的文艺观进行了解读，重点探讨了其蕴含的思想政治教育原理及其现实意义[19]。

（六）对习近平文艺观创新点的把握

习近平的文艺观作为马克思主义文艺观中国化的最新成果，究竟在哪些方面实现了理论创新？对这个问题的回答，直接关系到习近平文艺观研究的理论高度和学术特色。王洁、谢鸿昆在《习近平的文艺观——解读习近平〈在文艺工作座谈会上的讲话〉》一文侧重从历史坐标分析了习近平文艺观的创新点，认为习近平在五个方面对党的马克思主义文艺观实现了新发展，即准确分析了当前文艺发展中存在的问题、坚持和发展了文艺的人民性、发展了文艺作品的评价标准问题、坚持了文艺的百花齐放、百家争鸣的“双百”方针并为文艺创作提供宽松的环境、对文艺工作者提出了新的期望与要求[20]。唐丕跃的论文《论习近平对马克思主义文艺理论的新发展》着重从内容和观点创新方面分析了习近平关于文艺工作的新论断和新观点，主要体现在相互联系的五个方面：对于文艺的地位，作出了“文艺事业是党和人民的重要事业，文艺战线是党和人民的重要战线”的新论断；对于社会主义文艺的本质和功能，提出了“社会主义文艺是人民的文艺，文艺是铸造灵魂的工程”的新观点；对于文艺创作的方法：提出了“扎根人民、扎根生活”的新引领；对于文艺创作的价值取向，提出了“优秀的文艺作品，最好是既能在思想上、艺术上取得成功，又能在市场上受到欢迎”的新论述；对于文艺批评的标准和主体，提出了“用历史的、人民的、艺术的、美学的观点评判和鉴赏作品，把人民作为文艺审美的鉴赏家和评判者”的新主张[21]。杨军红在《马克思主义文艺理论的创新与发展——学习〈习近平在文艺座谈会上的讲话〉》一文中指出，习近平的文艺观在文艺工作中心任务、立场方向、创作源泉、评价标准等方面，以新的内容丰富发展了马克思主义文艺理论，具有时代性、针对性、人民性等鲜明特点，同时也凸显了我们党对文艺领导权和文艺领域意识形态工作的高度重视[22]。张晶的论文《人民是文艺审美的主体——对习近平同志在文艺工作座谈会上讲话的美学理解》从美学理论的独特视角分析和阐释了习近平文艺观中所包含的一系列的美学观念，如人民是文艺审美的创造主体、人民是文艺审美的鉴赏主体、人民是文艺审美的评判主体，认为习近平提出的“把人民作为文艺表现的主体，把人民作为文艺审美的鉴赏家和评判者”是一个具有创新价值的重要美学命题[23]。尤其值得一提的是，丁国旗的论文《“以人民为中心”文艺思想的理论突破》明确指出：习近平提出的“以人民为中心”的文艺观不仅在视阈上实现了拓展，将文艺与人民的关系扩大到了文艺创作的各个方面和文艺工作的各个环节，使许多文艺问题都拥有了新的含义，具有了新的特征；而且在理论上实现了突破，在大家所熟知的文学“四要素”说（即作者、世界、读者、作品）的基础上，形成了新的围绕“人民”而开展文学活动的“五要素”说（即作者、世界、人民、读者、作品），构建了具有鲜明中国特色和内涵的社会主义文艺的新图景[24]。

（七）对习近平文艺观落实要求的研究

习近平文艺观充分体现了新时期我们党对文艺工作发展规律和文艺工作者成长规律的新认识，是中国特色社会主义文化自信和文艺话语权的重要理论载体，为当代中国的文艺工作和文艺工作者提供了价值引领和根本遵循，指明了前进方向和实现路径，如何贯彻落实好习近平文艺观，使之创造性地转化为文艺工作发展的推动力和文艺工作者成长的正能量，是政界、学术界、文艺界、教育界共同面对、普遍关注和深入探讨的重大课题。李燕、马若云认为，坚持和发展习近平文艺观，必须坚持为人民服务的基本原则、从传统文化中汲取清水活源、努力培养大批德艺双馨的艺术家[25]。陈由登提出，高校是社会主义文艺的主体，对社会主义文艺具有辐射、示范、带动作用，也是培养社会主义高层次文艺人才的摇篮，理应成为践行习近平文艺观的先行军，在此基础上，他进一步阐述了高校践行习近平文艺观的三条基本路径，一是扎根人民，努力创作更多反映时代风貌的优秀作品，占领创作制高点；二是扎根民族，努力创建具有中国特色的现代大学制度，占领制度建设制高点；三是扎根教育，努力培养更多高层次文艺人才，占领人才制高点[26]。周磊在《主旋律与多样化——在电视剧工作中如何落实习近平总书记在文艺工作座谈会上的讲话精神》一文中指出，在电视剧工作中落实习近平文艺观，必须把思想上弘扬主旋律和形式上追求多样化有机结合起来[27]。王雪竹侧重从提升文艺工作核心竞争力，阐述了贯彻落实习近平文艺观的基本要求，提出要“坚持马克思主义文艺批评标准，坚持艺术标准与思想标准的辩证统一，坚持领导标准、群众标准、专家标准的辩证统一，正确认识和处理‘喉舌因子’与‘艺术因子’、社会效益与经济效益、满足功能与引领使命等文艺作品质量形成的博弈因素”[28]。

二、进一步深化习近平文艺观研究的基本思路

从总体上看，学术界对习近平文艺观的研究取得了一定的进展，提出了一系列可信、可鉴的观点，但尚不能适应科学推进马克思主义文艺观中国化和文艺工作持续健康创新发展的诉求，在全面加强文艺领域意识形态工作的背景下，亟须进一步创新理念，对习近平文艺观进行更深入、更有效的研究。当务之急，要突出抓好两个方面的研究：

一方面，要以系统总结提炼习近平的文艺观作为突破口，把习近平文艺观作为马克思主义文艺观中国化的最新成果，从整体性视野和多学科角度开展多维度、多层次的分析和阐释，形成具有系统性、准确性、创新性、指导性的理论观点。这有利于坚持和丰富马克思主义文艺观中国化的内在规律及最新成果，坚持和拓展习近平治国理政新理念新思想新战略在文艺领域的彰显，坚持和提振我国文艺领域意识形态建设的理论自觉自信。具体来说，要重点突出五个问题的研究：一是习近平文艺观的形成：习近平文艺观的形成过程，习近平文艺观产生的时代背景与社会基础，习近平文艺观的思想渊源与个人因素；二是习近平文艺观的基本内容：中国特色社会主义文艺的地位论、中国特色社会主义文艺的作品论、中国特色社会主义文艺的本质论、中国特色社会主义文艺的灵魂论、中国特色社会主义文艺的领导方法论、中国特色社会主义文艺的主体论；三是习近平文艺观的逻辑体系：基本前提、核心要义、目标指引、实现路径、理论支撑、制度依托、领导力量、实践主体、保障机制；四是习近平文艺观的突出特点：鲜明的政治性、严密的逻辑性、广泛的大众性、强烈的时代性、高度的融合性、突出的实践性、切实的创新性；五是习近平文艺观的当代价值：形成了马克思主义文艺观中国化的理论新成果，拓展了习近平治国理政思想在文艺领域的贯彻新路径，提供了文艺领域意识形态工作的思想新武器，指明了德艺双馨文艺人才队伍的发展新方向。

另一方面，要以习近平文艺观的创造性转化和运用为落脚点，着眼于新时期文艺领域意识形态工作的实际，紧扣习近平文艺观引领德艺双馨文艺人才队伍发展的现实主题，从实践层面对习近平文艺观在文艺工作者队伍发展中的创造性转化和运用问题进行深度研究，提出切实可信、可行的思路与对策。习近平的文艺观对当代中国文艺工作者成长规律作了深刻的阐发，是当代中国文艺工作者成长基本规律的理论概括，把习近平文艺观与当代中国文艺工作者成长规律结合起来进行探讨，能为文艺领域学习贯彻习近平总书记系列重要讲话精神提供行动指南，为改进我国文艺领域意识形态工作提供思想引领，为培养德艺双馨的当代中国文艺工作者提供理论支撑和方法论启示。在研究当中应重点抓住五个要点：一是习近平文艺观引领当代中国文艺工作者成长的必要性和可行性；二习近平文艺观引领当代中国文艺工作者成长的目标追求和实现路径；三是习近平文艺观引领当代中国文艺工作者成长的方法和手段；四是习近平文艺观引领当代中国文艺工作者成长的条件支撑；五是习近平文艺观引领当代中国文艺工作者成长的效果评价。

参考文献

[1] 董云虎.开辟文艺繁荣发展新境界——学习习近平总书记在文艺工作座谈会上的重要讲话［J］. 光明日报，2014-11-29（9）.

[2] 唐丕跃.论习近平对马克思主义文艺理论的新发展［J］. 毛泽东研究，2015（4）.

[3] 李燕，马若云.习近平文艺思想探析［J］. 中共山西省委党校学报，2016（3）.

[4] 陈由登.习近平文艺工作座谈会讲话的内涵价值及其实现路径——基于高校视角［J］. 福建教育学院学报，2016（1）.

[5] 王洁，谢鸿昆.习近平的文艺观——解读习近平《在文艺工作座谈会上的讲话》［J］. 天中学刊，2016（1）.

[6] 丁国旗.文艺的作用不可替代——习近平治国理政视域中的文艺观研究［J］. 文学评论，2016（5）.

[7] 陈霞，刘海燕."中国梦"视域下习近平文艺思想研究［J］. 学校党建与思想教育，2016（5）

[8] 王洁，谢鸿昆.习近平的文艺观——解读习近平《在文艺工作座谈会上的讲话》［J］. 天中学刊，2016（1）.

[9] 董云虎.开辟文艺繁荣发展新境界——学习习近平总书记在文艺工作座谈会上的重要讲话［J］. 光明日报，2014-11-29（9）.

[10] 陈霞，刘海燕."中国梦"视域下习近平文艺思想研究［J］. 学校党建与思想教育，2016（5）.

[11] 丁国旗.习近平文艺思想的两个理论支点［J］. 人民论坛，2016（11下）.

[12] 陈霞，刘海燕."中国梦"视域下习近平文艺思想研究［J］. 学校党建与思想教育，2016（5）.

[13] 李燕，马若云.习近平文艺思想探析［J］. 中共山西省委党校学报，2016（3）.

[14] 陈建波.习近平文艺思想研究［J］. 中共杭州市委党校学报［J］. 2015（5）.

[15] 章玉丽.习近平文艺座谈会讲话与毛泽东文艺思想的共性探究［J］. 广西社会科学，2015（6）.

[16] 何策.两次文艺座谈会讲话的比较研究[D].扬州大学硕士学位论文，2016.

[17] 赵炎秋.重视普及与呼唤精品——读毛泽东《在延安文艺座谈会上的讲话》和习近

平“在文艺工作座谈会上的讲话”[J]. 中国文学批评，2015（2）.
[18] 杨喆.习近平对毛泽东文艺观的继承与发展 [J]. 新西部，2016（17）.
[19] 金璐璐.毛泽东与习近平关于文艺工作讲话的思想政治教育解读[D].云南师范大学硕士学位论文，2016.
[20] 王洁，谢鸿昆.习近平的文艺观——解读习近平《在文艺工作座谈会上的讲话》[J]. 天中学刊，2016（1）.
[21] 唐丕跃.论习近平对马克思主义文艺理论的新发展 [J]. 毛泽东研究，2015（4）.
[22] 杨军红.马克思主义文艺理论的创新与发展——学习《习近平在文艺座谈会上的讲话》[J]. 理论导刊，2015（5）.
[23] 张晶.人民是文艺审美的主体——对习近平同志在文艺工作座谈会上讲话的美学理解[J]. 现代传播：中国传媒大学学报，2015（1）.
[24] 丁国旗.“以人民为中心”文艺思想的理论突破 [J]. 湖南社会科学，2015（3）.
[25] 李燕，马若云.习近平文艺思想探析 [J]. 中共山西省委党校学报，2016（3）.
[26] 陈由登.习近平文艺工作座谈会讲话的内涵价值及其实现路径——基于高校视角 [J]. 福建教育学院学报，2016（1）.
[27] 周磊.主旋律与多样化——在电视剧工作中如何落实习近平总书记在文艺工作座谈会上的讲话精神 [J]. 当代电视，2015（10）.
[28] 王雪竹. 文艺核心竞争力的评定标准和博弈因素——学习习近平总书记文艺工作座谈会重要讲话 [J]. 中共福建省委党校学报，2014（12）.

（本文于2017年7月6日发表在全国中文核心期刊、CSSCI扩展版期刊《湖北社会科学》2017年第6期）

论习近平文艺思想的逻辑体系

中国特色社会主义进入了新时代，是我国发展新的历史方位[1]。历史方位的根本性变化，必然会带来文艺的大创新、大繁荣和大发展。立足于新时代，中国特色社会主义伟大事业是否依然需要文艺，文艺在新的伟大征程中应该有什么样的时代担当，在新的历史条件下应坚持和发展什么样的中国特色社会主义文艺，怎样坚持和发展中国特色社会主义文艺，这是马克思主义文艺观中国化、时代化、大众化亟待解决的重大课题，也是新时代中国特色社会主义思想必须回答的现实问题。在党的十九大报告中，习近平总书记以高度的理论自觉和自信、深厚的文艺情结和情怀、非凡的创新勇气和底气，在继承和弘扬马克思主义文艺观尤其是毛泽东文艺思想的基础上，扎根于中华优秀传统文化的丰厚土壤和中国特色社会主义的生动实践，对新时代中国特色社会主义文艺的一系列重大理论和实践问题作出了创造性回答和系统性论述。这些重要论述与习总书记2014年10月15日在文艺工作座谈会上的讲话及2016年11月30日在中国文联十大、中国作协九大开幕式上的讲话是相接相承、前后呼应、内在统一的，从其精神实质来看，它是上述两个讲话精神的集中概括和高度升华，标志着习近平新时代中国特色社会主义文艺思想正式形成并走上时代发展的大舞台。习近平文艺思想既是毛泽东文艺思想的继承和发展，也是马克思主义文艺思想中国化的最新成果，更是21世纪中国化马克思主义文艺思想的新形态；既是从属于习近平新时代中国特色社会主义思想整体的一个有机构成，也是一个聚焦时代命题、贯穿价值红线、具有核心理念、可以自成体系的思想集成，更是一个符合时代需要、彰显中国特色、闪耀理论光芒的文艺思想。当前，在学习、宣传和贯彻党的十九大精神的整体格局中，要推动习近平新时代中国特色社会主义思想尤其是习近平文艺思想在文艺领域的广阔天地中落地生根、开花结果，必须从历史与逻辑相统一、理论和实践相结合的视角，系统把握习近平文艺思想的内在逻辑体系，从而帮助和推动广大文艺工作者增强弄通、学懂、做实习近平文艺思想的思想自觉和行动自觉。

围绕新时代中国特色社会主义文艺的时代课题，习总书记先后在三个重要场合，分层次、按重点、有针对性地进行了阐述。其一，是习总书记2014年10月15日在主持召开文艺工作座谈会上发表重要讲话，第一次挖掘提炼出了新时代中国特色社会主义文艺发展的时代课题，并从整体上对其所涉及的基本问题进行了深刻分析，提出了一系列新论断、新观点、新理念、新思路、新要求，形成了新时代中国特色社会主义文艺思想的基本轮廓和核心内容，时隔一年后这篇讲话全文公开发表，从理论生成和发展的逻辑来看，我们完全可以视之为习近平文艺思想的开篇之作和树旗之举。其二，是习总书记2016年11月30日出席中国文联十大、中国作协九大开幕式并发表重要讲话，第一次把新时代中国特色社会主义文艺思想从少数文艺名家大师群体中推向全国文艺战线和广大文艺工作者，同时把新时代中国特色社会主义文艺思想与当代中国德艺双馨文艺工作者的成长规律和方向引领有机结合起来，是习近平文艺思想走向系统集成过程中的一次有益补充、有效检阅和有力宣传。其三，是习总书记在2017年10月18日党的十九大报告中，专门就繁荣发展社会主义文艺的问题作出了充满激情而又十分精辟的重要论述，第一次把新时代中国特色社会主义文艺思想从文艺领域推向了党和国家发展的宏大格局乃至全世界的广阔视域，向全党、全国乃至全世界集中宣示和鲜明表达了新时代文艺工作的基本遵循和行动纲领，标志着习近平文艺思想作为马克思主义文艺思想中国化的最新成果正式形成和精彩亮相。这三次论述之间并不是彼此孤立的，而是相互联系的，不仅仅在哲学基础、根本立场、价值导向、理论视野等方面高度一致、完全贯通，而且在问题指向、演进逻辑、观点阐述、话语表达等方面高度契合、互为支撑，从而构成了一个立意高远、观点鲜明、内涵丰富、思想深邃、系统完整、逻辑严密的文艺思想体系，开辟了马克思主义文艺思想中国化的新境界、新格局、新高度、新体系。从整体上看，习近平文艺思想的逻辑体系主要是由以下六个方面的内容构成。

一、文艺地位论：把握新时代中国特色社会主义文艺的逻辑基点

文艺在整个社会发展处于什么地位，起到什么样的作用，这是马克思主义文艺思想的首要问题。马克思主义认为：无产阶级的文学艺术是无产阶级整个革命事业的一部分[2]。正如列宁在《党的组织和党的出版物》一文中所说，它是整个革命机器中的“齿轮和螺丝钉”[3]。对此，毛泽东《在延安文艺座谈会上的讲话》明确提出：“我们不赞成把文艺的重要性过分强调到错误的程度，但也不赞成把文艺的重要性估计不足”[4]。历史证明：无产阶级革命事业的推进，一刻也离不开文艺的助推和支撑。那么，进入中国特色社会主义新时代，为什么依然需要高度重视文艺？要构建新时代中国特色社会主义文艺，必须首先从理论上作出科学回答，这不仅仅关系到新时代中国特色社会主义文艺的顶层设计，也关系到广大文艺工作者的思想

自觉，从这个意义上讲，对文艺功能和价值的合理定位，构成了新时代中国特色社会主义文艺的逻辑基点。

关于文艺的定位问题，习近平总书记立足于新时代的大背景，创造性地提出："首先要放在我国和世界发展的大势中来审视"[5]，并强调要以中华民族伟大复兴的中国梦作为校准文艺定位的根本坐标。归纳起来，习近平总书记对文艺的定位，可以简单概括为三个方面：一是从人类社会规律来看，人类社会的每一次跃进，人类文明的每一次升华，都与文艺的进步和繁荣相伴相生，文艺是民族生存和发展的重要力量，为民族发展提供精神支撑和丰厚滋养，与此同时，文艺也是各国人民创造的重要文明成果，为世界文明贡献精彩华章和丰富成果。二是从中华文化传统来看，文艺是中华优秀文化的有机构成，总是在重大历史关头能够反映国运的变化，勇立时代的潮头，生发时代的先声，为祖国和人民而鼓与呼；与此同时，文艺也是中华优秀文化的重要资源，培育共同的情感、价值、力量和精神，从而使中华民族保持坚定的民族自信和强大的修复能力，能够历经苦难而保持基业长青。三是从时代发展需要来看，在实现中华民族伟大复兴的伟大事业中，文艺的作用不可或缺、不可忽视、不可替代。文艺是时代前进的号角，最能代表一个时代的风貌，最能引领一个时代的风气，从而成为社会变革的重要先声、思想解放的重要引擎，与此同时，文艺是民族精神的重要载体，最能影响民众的精神世界，最能彰显信仰和崇高之美，最能传递民族精神的强大正能量，新时代我们要高举精神之旗、筑牢精神支柱、构建精神家园，就必须最大限度地发挥好文艺的引领、助推和支撑作用。

习总书记的文艺地位论，既继承了马克思主义对文艺地位、价值、作用及其与社会之间辩证关系的基本观点，又以新的更广的视野对新时代中国特色社会主义文艺特殊而重要的地位提出了一系列新论断，体现了一脉相承和与时俱进的统一，进一步深化了马克思主义对文艺地位的理性认识，拓展了马克思主义对文艺工作的研究视阈。更重要的是，习总书记的文艺地位论，为深刻把握新时代中国特色社会主义文艺的内在本质、深入探讨新时代中国特色社会主义文艺作品的创作之道和评价标准、科学阐发新时代中国特色社会主义文艺的内在灵魂和价值导向、深入研究新时代中国特色社会主义文艺人才的成长规律、切实强化我们党对新时代中国特色社会主义文艺的领导提供了基本前提，奠定了思想基础。

二、文艺作品论：理清新时代中国特色社会主义文艺的现实载体

文艺作品是文艺的现实载体，也是文艺工作者的立身之本，还是广大人民群众

最好的精神食粮，更是一个国家和民族文艺成就的最终展现和衡量标尺。离开了文艺作品，文艺的繁荣和发展就无从谈起。对于文艺工作者的文艺人生来说，文艺作品创作应该成为中心任务，而对于一个国家的文艺工作来说，文艺作品创作应该成为中心环节。进入新时代，坚持和发展中国特色社会主义的新实践，实现中华民族伟大复兴中国梦的新蓝图、广大人民群众对美好生活的新需求，在客观上呼唤也必将催生更多、更好、更有力量的优秀文艺作品。那么，在新时代的视阈下如何从多维度、多层面对文艺作品进行审视，精准把握新时代优秀文艺作品的时代价值、丰富内蕴、鲜明特质和内在机理，辩证分析我国文艺作品创作的基本现状，深刻剖析当前文艺作品创作中存在的突出问题及其主要成因，科学探寻新时代文艺作品创作的创新思路和提升之道，是新时代推动中国特色社会主义文化繁荣发展无法回避而又亟待解决的现实课题。

习近平总书记从哲学的高度、历史的厚度、生活的深度、文艺的温度，对文艺作品及其创作的相关问题作出了精诚、精辟、精准的论述，主要包含三个要点：首先是新时代优秀文艺作品的时代价值、丰富内蕴、鲜明特质和内在机理。首先，优秀文艺作品展现三重价值，是反映一个国家、一个民族文化创造能力和水平的重要资源，也是给人们以兴趣吸引、价值引导、精神引领、审美启迪的重要载体，更是推动中华文化走出去的重要支撑。其次，优秀文艺作品具有四层意蕴，既要有正能量和感染力，也要有温润心灵、启迪心智的影响力，还要有传得开、留得下的传播力，更要有人民群众所喜爱的亲和力。再次，优秀文艺作品体现三性统一，融思想性、艺术性、观赏性于一体，追求思想精深、艺术精湛、制作精良。最后，优秀文艺作品贯穿两个机理，既融入人民生活，蕴含生活真谛，又融汇世界语言，沟通人类心灵，从而成为不同国家和民族之间开展文明交流、对话、互鉴的最好桥梁。二是当前我国文艺作品创作的基本现状和突出问题，一方面，文艺作品创作迎来了新的春天并保持持续繁荣，产生了大量脍炙人口的优秀作品，主旋律更加响亮，正能量更加强劲，文化自信得到彰显。另一方面，文艺作品创作存在着话语权迷失和价值观偏差，诸如有数量缺质量、有“高原”缺“高峰”的现象，抄袭模仿、千篇一律和机械化生产、快餐式消费的问题，历史虚无主义、形式主义、拜金主义、奢靡之风的弊病，过度娱乐化、“为艺术而艺术”的误区。其中最突出的问题在于浮躁，不仅误导了文艺创作，而且导致低俗作品大行其道，构成对文艺自身和社会精神生活的伤害。三是新时代文艺作品创作的求精之道和创新思路。文艺创作上的求精，归根到底是在思想上求精深、在艺术上求精湛、在制作上求精良。打造文艺作品中的精品，一贯讲求厚积薄发、内在充实，确实需要笃定恒心、倾注心血，必须要有一种孜孜以求、精益求精的精神，必定达到一种志存高远、心无旁骛的境界，必然经历一个渐进、渐悟、渐成的过程。

习总书记的文艺作品论，从新时代中国特色社会主义文艺的大格局、新视野出发，坚持历史与逻辑相统一、历史与现实相贯通、理论与实践相对接、传统与现代相交融、内容与形式相一致、东西方文化相融通的原则，对文艺作品及其创作的一系列基础性、深层次问题进行创造性回答和集中性阐述，进一步理清了新时代优秀文艺作品的基本内涵和根本特性，进一步廓清了长期以来人们对于文艺作品的思想困惑和认识误区，进一步澄清了我们党对文艺创作的现状和乱象所秉持的基本立场和基本观点，进一步讲清了新时代文艺创作的内在机理和基本规律，为新时代中国特色社会主义文艺思想注入了新的理论内涵、提供了新的理论支点、增加了新的理论厚度，从而实现了我们党在新的时代背景下对文艺作品及其创作的规律性认识的正本清源和与时俱进。

三、文艺本质论：阐发新时代中国特色社会主义文艺的核心要义

文艺是一种意识形态，通过塑造具体、生动的形象来把握和反映社会生活，进而又通过释放美的感染力来影响和提升社会生活。马克思主义认为，理解和把握文艺的本质，不能从教科书出发，而应该从现实出发。文艺的本质问题，首要的也是最关键的，就是为什么人服务的问题，究竟是为人民大众服务还是为英雄人物服务，抑或为小众群体服务？ 这是在具体历史条件下判断文艺性质的根本标准，也是文艺自身发展中的“一个根本的问题，原则的问题”[6]，更是一个文化自觉和价值导向的问题。对此，马克思主义者尤其是中国共产党人一直有鲜明的立场和明确的主张。列宁同志早在1905年就指出过，我们的文艺应当“为千千万万劳动人民服务”[7]。1942年《在延安文艺座谈会上的讲话》中，毛泽东同志又语重心长地告诫全党，我们的文艺应该是为最广大的人民大众服务，是“真正为工农兵的文艺，真正无产阶级的文艺”[8]。改革开放后，邓小平同志也多次提道：“我们的文艺属于人民”[9]。这一切为我们在新时代的背景下深刻把握文艺本质提供了思想基础和方法论指导。

习总书记继承和弘扬了人民文艺这一根本观点，《在文艺工作座谈会上的讲话》中明确提出：“社会主义文艺，从本质上讲，就是人民的文艺”[10]，在党的十九大报告中进一步重申和强调：“社会主义文艺是人民的文艺”[11]，这些重要论述深刻揭

示了中国特色社会主义文艺的本质，对此，我们可以从两个方面来加以理解：一方面，文艺是人民的需要。这是人民文艺的基本立足点。其一，从国内来看，新时代人民对美好生活的需要日益多样化，随着物质生活的小康化，精神文化生活需求显得更加突出，文艺逐渐成为人民美好生活需要的重要内容。从某种意义上讲，文艺需要能否得到满足，直接反映人民群众的生活质量和生活品位，直接影响人民群众的获得感和幸福感。其二，从国际来看，进入新时代，中国正在昂首阔步走向、走近、走进世界舞台中央，越来越多的外国民众积极关注中国道路、中国理论、中国制度、中国文化，而文艺作为最好的交流方式、最有效的传播载体，能够以其独特的魅力吸引、感染、打动他们，使他们增进对中华文化的理解、增强对中国的认同感，从而为拓展中国在世界的“朋友圈”、构建人类命运共同体注入强大正能量。另一方面，文艺以人民为中心。这是人民文艺的核心观点，包含丰富的理论内涵。其一，“人民的需要是文艺存在的根本价值所在”[12]。文艺作品只有为人民抒写、为人民抒情、为人民抒怀，才能充满活力、彰显魅力。其二，人民的生活是文艺创作和文艺创新的源头活水，文艺只有深深扎根于人民群众的生动实践和火热生活，才能真正找到文艺灵感和创作激情，才能源源不断地吸取思想营养、真真切切地发现美的力量。其三，人民是文艺表现的主体，人民也只有人民才是真正的历史创造者，是历史的“剧中人”和“剧作者”的统一。文艺不能总是写少数的才子佳人和英雄人物，而应该更多地关注广大的人民群众，反映人民的生产和生活场景，表现人民的心声和力量。其四，人民是文艺审美的鉴赏家和评判者。正如马克思所说：“人民历来就是作家‘够资格’和‘不够资格’的唯一判断者”[13]。优秀文艺作品要经得起专家评价，更要经得起人民评价。只有广大人民群众真心喜欢，它才能传得开、留得下。其五，为人民服务是文艺的归宿和天职。文艺不是一种简单的娱乐消遣，也不是少数人的雅趣喜好，更不是文艺工作者的随性表达，归根到底是要服务于人民，要为人民书写家国情、弘扬真善美、传递正能量，要让人民增强幸福感、提振精气神、坚定前行路，要引导人民找到“思想的源泉、力量的源泉、快乐的源泉”。[14]

从马克思主义及其中国化的历程中不难看出，马克思主义经典作家及其后继者们始终坚持人民文艺的本质属性和基本立场。习总书记正是站在历史巨人的肩膀之上，着眼于中华民族伟大复兴的大背景、大视野、大格局，充分把握马克思主义文艺观的精神和精髓，深入挖掘中华民族乃至全人类文艺发展的历史积淀，从而对新时代中国特色社会主义文艺所蕴含的人民文艺的本质作出了科学总结和系统阐述，充分体现了我们党对文艺本质的认识不断深化、不断创新。文艺本质论的提出无疑为科学解答新时代中国特色社会主义文艺的其他相关问题提供了思想基础和根本依据，为新时代中国特色社会主义文艺思想的整体建构确立了核心要义。

四、文艺灵魂论：校正新时代中国特色社会主义文艺的价值导向

从文化学的意义讲，灵魂是最深层次也是最高层次的问题。文艺绝不是语言、文字、意象、器具、舞美的混合体，也不是对历史与现实中某一个人物、事件的直观透视和浅薄呈现，更不是单纯的感官刺激和情绪释放，真正的文艺应该有血肉、有筋骨更应该有内在灵魂。某种意义上讲，文艺其实就是用一个高尚的灵魂去唤醒众多沉睡的灵魂，用一个圣洁的灵魂去净化那些混沌的灵魂，用一个温润的灵魂去感化所有孤寂的灵魂。古人云："凡作传世之文者，必先有可以传世之心。"文艺工作者必须首先自己有灵魂，才能抵达受众的灵魂深处，才能使受众的灵魂得到洗礼，才能改造和塑造受众的灵魂。当前，面对社会意识形态的多元多样多变尤其是价值观的矛盾冲突，新时代中国特色社会主义文艺要担当起应有的价值引领和道德教化等时代使命，就必须坚持自己的精神追求、校正自身的价值导向、守好自身的灵魂家园、习总书记以其深邃的历史眼光和深厚的文艺修养，在精准把握政治与文艺的辩证关系的基础上，不仅创造性地提出了"文艺是铸造灵魂的工程，文艺工作者是灵魂的工程师"[15]的新论断，而且旗帜鲜明地阐明了我们党关于新时代中国特色社会主义文艺灵魂的新观点，主要体现在三个层面：其一，文艺在培育和弘扬社会主义核心价值观方面具有独特作用。一方面，优秀文艺作品能够启迪思想、温润心灵、陶冶情操、引领人生，以生动活泼、活灵活现的艺术形象使社会主义核心价值观在人们中间广泛传播开来，以春风化雨、润物无声的教化方式在人们内心厚植社会主义核心价值观。另一方面，文艺工作者尤其是文艺界知名人士，历来为广大民众所关注，有的甚至为部分民众所崇拜，其言行举止往往通过"粉丝效应"产生很大的社会影响力，因而事实上掌握了一定的话语权。正确引导他们自觉主动宣传和身体力行践行社会主义核心价值观，必将在全社会尤其是青少年群体中起到良好的示范和带动作用。其二，中国精神是新时代中国特色社会主义文艺的灵魂。历史证明：伟大的时代总是孕育出伟大的文艺作品，而伟大的文艺作品一定是彰显和弘扬伟大的精神。翻开中国文艺史，认真审视灿若星河的文艺经典，不难发现，贯穿其中的最本真、最普遍、最永恒、最有力量的东西，就是伟大的中国精神。在新时代中国特色社会主义的语境下，当代中国精神集中体现为社会主义核心价值观，具

体表现为以爱国主义为核心的民族精神和以改革创新为核心的时代精神，这二者虽然维度不同但却互相交融，共同构成新时代中国特色社会主义文艺的价值导向。这就要求广大文艺工作者，一方面必须坚持“把爱国主义作为文艺创作的主旋律”[16]，把“讴歌党、讴歌祖国、讴歌人民、讴歌英雄”[17]作为文艺创作的永恒主题，把追求真善美的道德境界作为文艺创作的永恒价值，用优秀的文艺作品来弘扬文化自信、振奋民族精神，“引导人民树立和坚持正确的历史观、民族观、国家观、文化观，增强做中国人的骨气和底气”[18]。另一方面，也要坚持把改革创新作为文艺创作的主基调，把时代脉搏、时代使命、时代声音、时代课题转化为文艺创作的不竭动力，奋力“抒写改革开放和社会主义现代化建设的蓬勃实践，抒写多彩的中国、进步的中国、团结的中国，激励全国各族人民朝气蓬勃迈向未来”[19]。其三，文艺必须坚持传承中华优秀传统文化和借鉴世界优秀文化成果相统一。一方面，中华优秀传统文化是新时代中国特色社会主义文艺的精神血脉和坚实根基。文艺工作者应以高度的文化自觉和文化自信，大力传承和弘扬中华优秀传统文化尤其是中华美学精神，从而赋予文艺作品以鲜明的中国特色、中国风格、中国气派 。另一方面，世界优秀文艺成果是新时代中国特色社会主义文艺的有益借鉴和重要参照。文艺工作者应学习借鉴世界文艺的优秀成果和成功经验，自觉遵循不同国家文艺之间交流互鉴的内在逻辑，从而推动我国文艺在世界文艺园地里“立起来”“强起来”。

习总书记的文艺灵魂论，切实抓住了文艺中最重要、最关键、也是最难于把握的问题，通过深入分析社会主义核心价值观与社会主义文艺的内在联系，深刻揭示社会主义核心价值观引领社会主义文艺的内在机理，从价值的高度和文化的深度科学阐明了社会主义文艺的根本特性和鲜亮底色，充分展现了理论创新的哲学智慧。从某种意义上讲，习总书记关于文艺灵魂论的阐述，实际上就是围绕新时代中国特色社会主义文艺的整体构建，进行“立本”“培元”“明道”“铸魂”“定向”“导航”，具有很强的思想性、战略性、前瞻性、指导性，从而为新时代中国特色社会主义文艺的理论建构和实践转化提供了正确的价值导向和有效的思想引领。

五、文艺人才论——强化新时代中国特色社会主义文艺的主体担当

中国有句古语：事在人为。按照马克思主义的观点，人是实践的主体力量，同时，人具有主观能动性。人的主体性，在很大程度上决定着实践活动的范围、过程、结果和效度。从文艺的角度来说，文艺工作者尤其是文艺人才构成文艺工作的主体。他们的主体自觉、能力水平、行为选择，对文艺工作的推进具有十分重要的

影响。马克思主义文艺观历来强调文艺工作者的作用。毛泽东同志《在延安文艺座谈会上的讲话》，对革命文艺队伍建设问题作出了许多精辟论述，提出了革命文艺人才的根本标准，指出了革命文艺人才的成才之路。那么，新时代中国特色社会主义文艺，到底需要什么样的文艺人才，如何培养这样的文艺人才？文艺人才在新时代中国特色社会主义文艺中担当什么样的时代使命，如何担当这样的时代使命？这一系列现实问题亟待我们党从理论上作出回应。

实践证明：社会主义文艺繁荣发展是一项系统工程，其中文艺人才队伍建设是第一位的。是否具有一支“有智慧有才情、敢担当敢创新、可信赖可依靠”[20]的文艺人才队伍，在很大程度上决定社会主义文艺的发展水平和发展前途。正是基于这样一种高度的思想自觉，习总书记把文艺人才作为新时代中国特色社会主义的重要课题，在重要的场合用很长的篇幅进行了充分的论述，其内容主要包含四个方面：一是文艺工作者的角色定位。文艺工作者来自普通群众也服务于普通群众，但在思想觉悟、文化自信、道德追求和社会使命上不能把自己完全等同于普通群众的一员，而应该强化文艺自觉和提高政治站位，始终牢记文艺工作者的第一身份和主要角色是灵魂的工程师。灵魂工程师首先必须自己有灵魂和师魂，从这个意义上讲，文艺工作者应该成为真善美的追求者和传播者，也应该成为社会主义核心价值观的代言人和示范者，还应该成为时代风气的先觉者、先行者、先倡者，更应该成为先进文化的践行者、社会风尚的引领者。二是文艺工作者的素质修养。有什么样的角色定位，就必须有什么样的素质修养与之相匹配。新时代、新定位对文艺工作者的素质修养有新要求。新时代的文艺工作者应该加快自我形象革新，切实从“靠颜值吃饭、靠娱乐赚钱、靠卖萌吸粉、靠炒作出名”的老套路中走出来，彻底改变在人们心中留下的“有知识没文化、爱时尚缺内涵、重技巧轻艺德、会作秀无品位”的旧印象，不断提升自己的学养、涵养、修养，努力培植好德行、高品位、真才学，力求以全新的社会形象和强大的职业魅力赢得社会的尊重和人民的喜爱。三是文艺工作者的成才规律。从一个普通人成长为一个文艺工作者，这需要经历一个长期修炼、全面提升的发展过程，尽管文艺人才的发展起点、成长道路和艺术成就各不相同，但是其中贯穿着一些普遍、共同的基本规律，可以概括为六个统一，即养德和修艺相统一，悟道和练术相统一，重情和循理相统一，修心与修身相统一，传承与创新相统一，敬业与乐群相统一。文艺工作者在实践中只有做到了这六个统一，才能真正成为时代呼唤和人民期待的德艺双馨、知行合一、情理交融、内外兼修、全面发展、充满朝气的文艺人才。四是文艺工作者的使命担当。新时代为文艺工作者提供了新机遇、新舞台，同时也赋予了文艺工作者新使命、新担当。对此，习总书记提出了四个要求，即："胸中有大义、心里有人民、肩头有责任、笔下有乾坤"[21]，同时还阐述了四点希望，即"坚定文化自信，用文艺振奋民族精神""坚持服务人民，用积极的文艺歌颂人民""勇于创新创造，用精湛的艺术推动文化创新发展""坚守艺术理想，用高尚的文艺引领社会风尚"[22]。在此基础上，习总书记还特别倡导文艺工作者在文艺创作中要"三讲"，即：要讲品位，以高尚的思想内涵来提升文艺的引领力；要讲格调，以高雅的艺术风格来彰显文艺的内在美；要讲责任，以高度的自觉自信来推动文艺的新发展。

习总书记的文艺人才论，充分运用马克思主义的认识论和唯物史观，主动顺应新时代中国特色社会主义文艺的发展需求，深入挖掘了文艺人才的时代价值，科学阐明了文艺人才的角色定位，系统分析了文艺人才的素质内涵，深刻揭示了文艺人才的成长规律，集中论述了文艺人才的使命担当，把我们党对文艺人才队伍建设的规律性认识提升到了一个新的高度，闪耀着理论逻辑、历史逻辑、实践逻辑和时代逻辑的光芒。它的提出，不仅为整体构建新时代中国特色社会主义文艺拓展了新维度、新领域、新内容，而且为进一步丰富和发展马克思主义人才学思想增添了新素材、新观点、新经验，更重要的是为新时代大批文艺工作者健康成长成才、走向成功成名提供了新思路、新导引、新动力。

六、文艺领导论：诠释新时代中国特色社会主义文艺的领导方略

文艺固然有其内在的发展规律，但是如何确保文艺沿着正确的方向实现良性、健康、可持续的发展，如何统筹协调文艺工作中的各种要素、各种关系从而形成强大合力，如何调动广大文艺工作者的主动性、积极性和创造性，如何为文艺发展营造良好的社会环境，如何最大限度地发挥文艺的独特功能和强大能量，这一切问题的解决都需要科学正确、坚强有力的领导。对此，毛泽东同志《在延安文艺座谈会的讲话》以马克思主义文艺观为指导，从当时中国革命的具体实际出发，旗帜鲜明地提出了中国共产党对文艺工作的领导权问题，深刻分析了党的文艺工作和党的整个工作的关系问题，系统阐述了我们党领导文艺工作的一系列理论观点和政策主张，为推动新民主主义文艺发展指明了方向和路径，也为我们在新时代坚持和加强中国特色社会主义文艺的领导权提供了思想基础。

在马克思主义文艺观尤其是毛泽东同志《在延安文艺座谈会的讲话》精神的观照下，习总书记充分汲取我们党长期以来领导文艺工作的经验和教训，尤其是总结

提炼改革开放新时期文艺工作的实践成果和鲜活案例，形成了新时代中国特色社会主义文艺领导的科学认识论和方法论，主要体现在三个方面：一是关于文艺工作的领导主体问题，习总书记牢牢把握了党的根本宗旨和文艺的根本宗旨都是为人民这个根本立足点，为正确处理党和文艺的复杂关系、深刻把握党领导文艺工作的必然性与合理性奠定了思想基础，提供了哲学依据。我们党是一个具有高度文化自觉和文化自信的马克思主义政党，也是长于领导文艺战线、善于凝聚文艺队伍、精于开展文艺创作、严于坚守文艺阵地、敢于推动文艺创新的当今世界第一大执政党。历史和现实都反复证明：我们党是中国特色社会主义文艺道路的开创者，也是新时代中国特色社会主义文艺的领导者，“党的领导是社会主义文艺发展的根本保证”[23]，要推进社会主义文艺大繁荣、大发展，必须始终坚持、切实加强和不断改进党对文艺工作的领导。基于此，习总书记明确要求各级党委要强化思想自觉，“从建设社会主义文化强国的高度，增强文化自觉和文化自信，把文艺工作纳入重要议事日程，贯彻好党的文艺方针政策，把握文艺发展正确方向”[24]。二是关于文艺工作的领导方法问题，习总书记强调，在文艺方向上要坚持为人民服务、为社会主义服务，在文艺方针上要坚持百花齐放、百家争鸣，在基本原则上要紧紧依靠广大文艺工作者、尊重和遵循文艺规律，在实现路径上要坚持多措并举、整体推进，既要注重文联、作协和文艺单位党的建设，按照“讲政治、懂业务、能干事、愿服务”的标准，选好配强文艺单位领导班子，也要注重团结、引领和服务文艺工作者，“要做到政治上充分信任、思想上主动引导、工作上创造条件、生活上关心照顾，多为文艺工作者办实事、做好事、解难事”[25]；既要加强文艺阵地建设和管理，也要加强行业的服务、管理和自律。三是关于文艺工作的领导机制问题，习总书记着眼于当代文艺的新形态、新趋势、新问题，对新时代中国特色社会主义文艺的领导机制作出了创新性、前瞻性思考，强调要充分发扬学术民主和艺术民主，保护好文艺工作者积极性和创造性；要加强和改进文艺评论，增强文艺批评的战斗力和说服力，“更加有效地引导创作、推出精品、提高审美、引领风尚”[26]；要重视和加强艺术教育，提高广大人民群众的艺术素养，从而进一步夯实新时代中国特色社会主义文艺的社会基础。

“党政军民学，东南西北中，党是领导一切的”[27]，文艺理所当然也包含在其中。文艺工作涉及政治、经济、艺术、学术、管理、社会等方方面面，而党的领导是全方位的。牢牢把握新时代中国特色社会主义文艺的领导权，对于我们党来说，是一项重大的政治任务，也是一个全新的理论和实践课题。习总书记的文艺领导论，以更宏大的格局、更清晰的思路、更平实的文风，对新时代中国特色社会主义文艺领导权的内在机理和现实路径作出了科学概括，是马克思主义文艺工作方法论在当代的创新性发展，也是习近平治国理政新理念新思想新战略在文艺工作中的创造性运用，为我们党在新时代加强和改进对文艺工作的领导，推动中国特色社会主义文艺大繁荣、大发展提供了理论武器和方法指引。

参 考 文 献

［1］习近平.决胜全面建成小康社会　夺取新时代中国特色社会主义伟大胜利［N］. 人民日报，2017-10-28.

［2］毛泽东. 毛泽东选集：第3卷［M］. 北京：人民出版社，1991.

［3］中共中央马克思恩格斯列宁斯大林著作编译局. 列宁全集：第12卷［M］. 北京：人民出版社，1987.

［4］毛泽东. 毛泽东选集：第3卷［M］. 北京：人民出版社，1991.

［5］习近平.在文艺工作座谈会上的讲话［N］. 人民日报，2015-10-15.

［6］毛泽东. 毛泽东选集：第3卷［M］. 北京：人民出版社，1991.

［7］中共中央马克思恩格斯列宁斯大林著作编译局. 列宁全集：第12卷［M］. 北京：人民出版社，1987.

［8］毛泽东. 毛泽东选集：第3卷［M］. 北京：人民出版社，1991.

［9］邓小平. 邓小平文选：第2卷［M］. 北京：人民出版社，1994.

［10］习近平.在文艺工作座谈会上的讲话［N］. 人民日报，2015-10-15.

［11］习近平.决胜全面建成小康社会　夺取新时代中国特色社会主义伟大胜利［N］. 人民日报，2017-10-28.

［12］习近平.在文艺工作座谈会上的讲话［N］. 人民日报，2015-10-15.

［13］中共中央马克思恩格斯列宁斯大林著作编译局. 马克思恩格斯全集：第1卷［M］. 北京：人民出版社，1974.

［14］习近平.在中国文联十大、中国作协九大开幕式上的讲话［N］. 人民日报，2016-12-01.

［15］习近平.在文艺工作座谈会上的讲话［N］. 人民日报，2015-10-15.

［16］习近平在文艺工作座谈会上的讲话［N］. 人民日报，2015-10-15.

［17］习近平.决胜全面建成小康社会　夺取新时代中国特色社会主义伟大胜利［N］. 人民日报，2017-10-28.
［18］习近平.在文艺工作座谈会上的讲话［N］. 人民日报，2015-10-15.
［19］习近平.在文艺工作座谈会上的讲话［N］. 人民日报，2015-10-15.
［20］习近平.在中国文联十大、中国作协九大开幕式上的讲话［N］. 人民日报，2016-12-01.
［21］习近平.在中国文联十大、中国作协九大开幕式上的讲话［N］. 人民日报，2016-12-01.
［22］习近平.在中国文联十大、中国作协九大开幕式上的讲话［N］. 人民日报，2016-12-01.
［23］习近平.在文艺工作座谈会上的讲话［N］. 人民日报，2015-10-15.
［24］习近平.在文艺工作座谈会上的讲话［N］. 人民日报，2015-10-15.
［25］习近平.在中国文联十大、中国作协九大开幕式上的讲话［N］. 人民日报，2016-12-01.
［26］习近平.在中国文联十大、中国作协九大开幕式上的讲话［N］. 人民日报，2016-12-01.
［27］习近平.决胜全面建成小康社会　夺取新时代中国特色社会主义伟大胜利［N］. 人民日报，2017-10-28.

（本文的主要内容于2018年2月10日作为特稿文章发表在全国中文核心期刊、CSSCI扩展版期刊《理论月刊》2018年第1期，第二作者为张霞）

文艺工作者与当代中国话语体系构建

习近平总书记在文艺工作座谈会上的讲话中指出："文艺是最好的交流方式，能给外国人了解中国提供一个独特的视角""文艺工作者要讲好中国故事、传播好中国声音、阐发中国精神、展现中国风貌"[1]。这是我们党从新时代高度和国际化视阈对文艺工作和文艺工作者提出的新要求，为文艺工作者正确认识和自觉参与当代中国话语体系构建、切实增强中国特色社会主义文艺话语权的自主性和国际影响力提供了思想引领和重要遵循。立足于我国文艺领域的实际，校准文艺工作者在话语建构中的身份定位，启发文艺工作者的话语权自觉，切实发挥好文艺工作者在话语权方面的独特优势，对于加快推进当代中国话语体系构建具有十分重要的现实意义。

一、文艺工作者是当代中国话语体系构建中不可或缺的重要主体

话语体系形成的历史逻辑和理论逻辑告诉我们，当代中国话语体系构建绝不仅仅是政治家们的工作，也不只是理论家们的事情，而应该是一个由许多人（包括政治家、理论家、最广大人民群众在内）共同参与、协同推进的系统工程，其中文艺工作者具有独特的地位，是不可或缺的重要主体。

（一）文艺工作者的独特地位决定了他们拥有超出常人的话语权，文艺工作者为谁说话直接关系当代中国话语体系的正统性

话语体系作为一种意义表达系统，归根到底是要"反映话语主体的价值、利益和权利"[2]。按照唯物史观的观点，人民群众是历史的主体，理所当然也是话语的主体。从这个意义上讲，评价一个话语体系是否具有正统性，关键看它能否得到人民群众的认同、接受和运用。文艺工作者不仅仅是人民群众的一部分，而且对人民群众具有非同寻常的影响力，他们处在社会意识的前沿地带，活跃在精神文化生活的大舞台上，生发时代的先声，引领时代的风气，源源不断地向人民群众输送精神文化生活产品，不但强烈吸引人民群众的眼球，而且深刻影响人民群众的价值取向、思想观念乃至话语表达，从现实情况来看，文艺工作者的话语权一点都不亚于理论家及其他社会群体，尤其对青少年的影响更为突出，表现出与日俱增、不断扩大的趋向。在构建当代中国话语体系的过程中，文艺工作者选择为谁说话，是不是为党

和人民说话，不仅仅体现他们自己的态度和立场，而且会在很大程度上影响到人民群众的态度和立场，这对于当代中国话语体系的正统性是一个不可忽视的问题。

（二）文艺工作者的思想源泉来自中国特色社会主义生动实践，文艺工作者说什么话直接折射当代中国话语体系的特色性

话语体系作为意识形态的有机构成，从本源上讲是对社会生活的反映，由人民群众在实践中创造出来，实际上是对人民群众实践活动和实践成果的反映，人民群众有什么样的实践，就会产生什么样的话语体系。文艺工作者作为人民群众的重要代言人，往往通过自己的文艺创造性活动来反映人民群众在社会实践中所取得的成果和经验、所形成的感悟和体验、所遇到的问题和困惑。对此，早在70多年前毛泽东同志在《延安文艺座谈会上的讲话》中就做了深刻阐述："人民生活是一切文学艺术取之不尽、用之不竭的唯一源泉"，强调："只能有这样的源泉，此外不能有第二个源泉"[3]，习近平总书记在《文艺工作座谈会上的讲话》中继承并发扬这一重要观点。就当代中国来说，人民群众最伟大、最生动、最恢宏的社会生活实践就是中国特色社会主义建设，这是文艺工作者创造和表达自身话语的真正源头活水。但是必须清醒地看到，文艺工作者虽然脚踏的是中国的土地，但是头顶的却是世界的天空，在世界范围思想文化交流、交融、交锋以及社会主义市场经济条件下价值观念多样化、流动化、复杂化的大背景下，文艺工作者通常面临比普通人更多的思想干扰、纷扰、困扰，对此，人民群众乃至国际社会更加关注他们说什么话，是全面如实反映社会现实的话还是片面歪曲反映社会现实的话？是充满正能量的话还是充满负能量的话，这直接折射出当代中国话语体系的特色性。

（三）文艺工作者的表达艺术影响着社会主义核心价值观的传播，文艺工作者如何说话直接制约当代中国话语体系的实效性

话语体系作为"思想理论体系和知识体系的外在表达形式"[4]，总是承载并贯穿着一个国家和民族特定的核心价值观。世界上没有哪一种话语体系，是完全游离在核心价值观以外而存在的。当代中国话语体系与西方话语体系之间最根本的区别，就在于它是以社会主义核心价值观作为自己的价值引领、精神内核和文化标识，这是当代中国话语体系最本质的属性和最鲜明的特征。构建当代中国话语体系的一项基础性工作，就是要推动社会主义核心价值观在人民群众中落地生根、开花结果，而社会主义核心价值观的传播离不开文艺的支撑和助力。文艺工作者作为灵魂的工程师，正是通过文艺创作来生动活泼、活灵活现地表达、阐释和传播社会主义核心价值观，"通过栩栩如生的作品形象来告诉人们什么是应该肯定和赞扬的，

什么是必须反对和否定的”[5]，他们在传播社会主义核心价值观方面具有春风化雨、润物无声的独特功能。那么，文艺工作者如何说话，能否以大众可以接受的方式、运用大众比较熟悉的载体、选择大众完全通晓的语言，来阐释和传播社会主义核心价值观，必然会对当代中国话语体系的实效性产生直接影响。

二、文艺工作者话语权迷失是当代中国话语体系亟待解决的突出问题

当代中国话语体系构建，需要文艺工作者和其他群体各司其职、各尽其责、同向发力、同时发力。但是令人倍感焦虑和遗憾的是，进入社会转型期以来，文艺工作者在话语权的把握和运用方面的表现差强人意，几乎陷入话语权迷失的尴尬和困顿之中而难以自拔。这种话语权迷失不等同于话语权丧失或者流失，客观地说我国文艺领域的话语权仍然掌握在文艺工作者手中，而且他们凭借手中的话语权对人民群众和社会生活一直产生不可低估的影响，但问题在于他们对话语权的把握和运用，没有完全符合文艺发展的内在规律，也没有很好地贯彻马克思主义文艺观中国化的内在要求，更没有充分发挥文艺“唱响主旋律、弘扬真善美、提振精气神、传递正能量”的应有作用。文艺工作者的话语权迷失主要体现在三个方面：

（一）在一些重大问题上“失语失声”

在实现“两个一百年”奋斗目标、实现中华民族伟大复兴的中国梦的伟大征程上，文艺工作者担负着重要而特殊的历史使命。一方面，对内要当好民众精神的示范者、引领者，在时代风气方面先觉、先行、先倡，带头“举精神之旗、立精神支柱、建精神家园”，进而改造人民群众的精神世界。另一方面，对外要当好民族文化的阐释者、传播者，“向世界宣传推介我国优秀传统文化艺术”[6]，让国外民众了解并理解中国文化、中国精神、中国风貌。光荣的使命召唤卓越的表现，文艺工作者理应牢牢把握好自己的话语权，做到大胆发声、正当发声、有效发声。

值得点赞的是，绝大多数文艺工作者尤其是老一辈作家和艺术家，以对党和人民的赤胆忠诚，始终坚持从大局出发、立时代潮头、弘扬主旋律、担当大道义，为传播中国好声音、中国好故事作出了不可磨灭的贡献。但是非常令人遗憾的是，在现实生活中，我们也经常看到，由于身份意识的缺位，一些文艺工作者在一些关乎国家主权、安全、形象、前途命运及核心利益的问题上发声不力，在推动国家富强、民族振兴、人民幸福和促进社会公平正义、文化繁荣发展的问题上发声不够，在一些事关大是大非、政治原则的问题上发声不明，尤其是面对西方敌对势力以及历史虚无主义者在意识形态领域的挑战、挑衅不敢发声、不愿发声、不会发声，这

种在重大问题上“失语失声”的现象严重消解了文艺话语权的公信力和权威性。

（二）在一些文艺作品中“自语自乐”

马克思主义文艺观告诉我们：文艺来源生活又高于生活，文艺关注现实又超越现实，文艺面向大众又引领大众，文艺倡导个性又突破个性。文艺工作者产生于也必须深入到普通群众中间，但在思想觉悟和精神追求上不能把自己完全等同于普通群众；文艺工作者是人民群众中的特殊少数，但在政治立场和服务面向不能只为少数人；文艺工作者在文艺创作和表达中需要彰显自我的个性和风格，但不能完全拘泥于自我、沉溺于自我。在今天这样一个呼唤文艺繁荣而又催生文艺繁荣的伟大时代，文艺工作者应该把自己放在我国和世界发展大趋势中、放在中华文化实现复兴并走向世界的大格局中来开展文艺创作、表达文艺话语、规划文艺人生。

可以肯定地说，我们党在引领和推动文艺大众化方面是有优良传统和成功经验的，在各个历史时期，总是有一大批文艺工作者以洪荒之力创造出伟大的作品，为亿万人民、为伟大祖国鼓与呼，在中国文艺史上留下浓墨重彩的篇章。但是非常令人费解的是，在当前的文艺领域中，我们也不难发现，由于职业精神的缺失，一些文艺工作者在文艺创作中陷入一种自言自语、自娱自乐甚至自恋自怜的状态，以自我观感代替民众心声、以个人情绪蒙蔽社会需要，完全忽略、忘记甚至抛弃自身所承担的社会责任，热衷所谓“为艺术而艺术”，追求所谓“个性化表达”，只写一己悲欢、杯水风波，只图一时之快、娱乐至上，脱离大众，脱离现实，甚至大搞无病呻吟、浮华夸张、一味媚俗、哗众取宠那一套，以倾诉个人情感、宣泄个人情绪、炒作个人隐私来吸引观众的眼球，博取在娱乐圈的上镜、上榜、上位，这种在文艺作品中“自语自乐”的现象严重窒息了文艺话语权的生命力和创新力。

（三）在一些公共场合里“胡言乱语”

从本质上看，文艺属于意识形态的范畴，是“通过塑造具体生动的形象来反映社会生活的意识形式”[7]。文艺总是要反映特定社会集团的利益和要求，服务于特定经济政治制度和特定阶级，在阶级社会中不存在完全超阶级、纯粹意义上的文艺。在中国特色社会主义制度下，文艺应该贯彻“两为”（即为人民服务、为社会主义服务）、“两百”（即百花齐放、百家争鸣）的方针，应该成为社会主义意识形态中最接地气、最有感染力的部分，从而给人以价值引领、精神引领、审美启迪。鉴于文艺界人士的广泛社会影响，习近平总书记提出明确要求：“不仅要在文艺创作上追求卓越，而且要在思想道德修养上追求卓越”、力求“言为士则、行为世范”[8]。对于文艺工作者来说，无论是在台上还是台下，圈内还是圈外，都应该始终恪守向上向善、求真务实、知行合一、表里如一的原则，尤其是在公共场合里，更应该严肃认真、谨言慎行、从严从实、公道正派。

客观地说，长期以来，一代又一代的文艺工作者对自己严格要求，确实在社会上树立了文艺工作者的正面形象和良好口碑，也使文艺工作者成了许多青少年内心崇敬的偶像。但是非常令人痛心的是，在现有的文艺队伍中，我们无法回避和否认，由于国际环境的影响和市场经济的冲击，一些文艺工作者忘记了自己的身份和使命，失掉了应有的政治敏锐性和政治鉴别力，背离了“艺术初心”和职业操守，不仅不分是非、不辨善恶、不管曲直、不验真伪，在各种公众媒体以及自媒体随意发表不负责任的言论，而且“调侃崇高、扭曲经典、颠覆历史、丑化人民群众和英雄人物”[9]，甚至抹黑、诋毁党和人民的伟大领袖，对人民群众误导尤重、影响极坏、伤害至深。这种在公共场合里“胡言乱语”的现象，严重破坏了文艺话语权的政治性和严肃性。

三、自觉自信自强是文艺工作者参与当代中国话语体系构建的内在要求

文艺是意识形态工作的特殊战线，也是话语权争夺的敏感地带，更是当前各种非马克思主义思潮甚至反马克思主义思潮抢滩登陆、隐身暗藏的复杂领域。正确把握好文艺领域的话语权，确保文艺话语权牢牢掌握在党和人民手中，是党的事业发展的需要、时代的召唤和人民的期待，也是当代中国话语体系构建的现实要求。习近平总书记强调：“加强和改进党对文艺工作的领导，要把握住两条：一是要紧紧依靠广大文艺工作者，二是要尊重和遵守文艺规律。”[10]在新的形势下，要贯彻党对文艺工作的领导权，把好文艺工作的方向盘，文艺工作者必须坚定不移地站在党和人民的立场上，以“守土有责”的话语自觉、“守土负责”的话语自信、“守土尽责”的话语自强，在当代中国话语体系构建的系统工程中精准笃定自己的站位、切实履行自己的使命、充分发挥自己的功能、有力彰显自己的价值。

（一）要提升话语自觉

话语自觉本质上是对基于一定的话语实践对话语形成和发展内在规律以及话语体系构建的觉知、觉悟、觉醒。对于文艺工作者来说，提升话语自觉，关键在于三个方面。

首先，在思想认识上，要正确把握文艺工作与话语体系之间的内在关联和辩证关系，深刻认识文艺话语权的时代内蕴和社会价值，全面洞察国情、世情、党情的新变化对话语转换提出的新挑战，精准分析文艺工作者在话语体系构建中的重要地

位和独特优势，这样的思想认识对每一个文艺工作者都应该是内生理念而不是外嵌意识，能够真正做到源于本心、内化于心，这实际上对自身价值的一种清醒认识和高度认同。

其次，在身份意识上，要立足于新的时代高度，准确领会党和人民对文艺工作者的新要求，在厘清理顺文艺话语权、统筹谋划当代中国话语体系构建的过程中，以主人翁姿态主动把自己摆进去，从全方位、多层次来探求文艺工作者的话语角色定位，力求成为“平常之处能够亮出来、关键时候能够挺出来，危机关头能够豁出来”的话语先导者、先倡者和示范者、引领者，从而锻造出鲜明透明的精神标识和至真至纯的“红色初心”。

再次，在责任担当上，要把当代中国话语体系构建作为一个点滴积累、长期沉淀、不断创新的过程，以对党和人民的绝对忠诚和对文艺工作的无限热爱，以正确把握和科学运用文艺话语权为抓手，积极参与、支持、推动、践行当代中国对话语体系的构建，切实将其作为一种价值追求和政治责任，放在心上、扛在肩头、落实在行动中、贯穿于文艺职业生涯的全过程，真正用心、用情、用智慧去书写当代中国话语体系构建的文艺篇章。

（二）要增强话语自信

话语自信本质上是基于话语的内在属性和外显功能而对其生命力、影响力、创新力所持有的信心、信念、信仰。对于文艺工作者来说，增强话语自信，需要着力突出三个重点。

首先，对“本来”话语的理性审视。中华民族是全世界最富有文化创造力和艺术想象力的民族之一，中华文化艺术在苦难辉煌、与时俱进的历程中砥砺了极其强大的话语创造和表达能力，中国曾经长期占据世界文艺舞台的中心，把握着文艺领域的国际话语权。尽管我们一度在文艺话语方面遭遇过困顿甚至沉沦，但这并没有也不可能从根本上废黜中国文艺话语的内生和修复能力。审视历史和现实，可以自豪地说，我们既在5000多年的历史演进中积淀了博大精深的历史传统文艺话语，也在中国共产党领导各族人民争取民族解放、国家独立的伟大斗争中创造了惊天动地的红色革命文艺话语，还在56个民族亿万民众的精彩生活中形成了内涵丰富的民族民间文艺话语，更在中国特色社会主义的生动实践中培育了特色鲜明的当代中国文艺话语。今天，在中国特色社会主义文化自信的视阈下，我们完全有理由、有底气来礼敬和推崇属于自己的民族文艺话语表达系统。

其次，对“外来”话语的包容借鉴。相对于西方文艺在话语表达上的傲慢和自大，中华文艺更具海纳百川、兼收并蓄的气度，对“外来话语”的尊重、包容、借鉴和吸收，并非一种示弱、也不是一种自卑、更不是一种媚外，相反，恰恰是对自身的文艺话语充满自信的深层表达和有力彰显。人类文明具有多样性，世界各国各民族在文艺领域只有表现形式差异而并无优劣高下之分，世界上有许多优秀的文艺话语值得我们去学习借鉴。随着世界文化多样化发展以及文艺界的国际对话、互动、交流、合作不断深入，作为一个正在走向复兴的文艺大国，我们应该以广阔的视野，坚定不移地推进文艺开放和文艺共鉴，在坚守中华文艺根本立场的前提下，坚持“洋为中用、开拓创新”的原则，在大力加强中华文艺话语对外传播的同时，博采世界各国各民族文艺话语的精华。通过有效地批判改造、“转化再造、创新创造”[11]，打造符合时代需要、彰显中国特色的中华文艺话语体系。

再次，对“未来”话语的美好展望。习近平总书记说：“今天，我们比历史上任何时期都更接近中华民族伟大复兴的目标，比历史上任何时期都更有信心、有能力实现这个目标。”[12]伟大的时代和伟大的事业，迫切需要文艺的繁荣兴盛，也必然造就文艺的繁荣兴盛。文艺的繁荣兴盛不仅仅是文艺灵魂的一脉相承、文艺内容的精彩纷呈、文艺形式的丰富多样、文艺队伍的朝气蓬勃、文艺机制的灵活有效，还应该体现为文艺话语的坚定自信和铿锵有力。当前和今后一个时期，是文艺话语有望实现重大突破的战略机遇期，世界文明和文艺的多样化发展为文艺话语创新提供了广阔舞台，中国特色社会主义事业的胜利推进为文艺话语创新提供实践基础，社会主义文化的大繁荣大发展为文艺话语创新提供丰厚滋养，中国人民日益丰富的精神文化生活为文艺话语创新提供动力源泉，新一轮科技革命尤其是网络化、信息化的发展为文艺话语创新提供技术支撑，据此我们完全可以展望，在不久的将来，一个成型成熟、彰显特色的中国文艺话语体系一定崛起于世界的文艺之林。

（三）要实现话语自强

话语自强本质上是基于民族伟大复兴的时代需要，对中国特色社会主义话语强国的筑梦、追梦、圆梦。对于文艺工作者来说，实现话语自强，归根到底要做好四件实事。

一是铸魂。“文艺是铸造灵魂的工程，文艺工作者是灵魂的工程师”[13]，帮助别人铸造灵魂的人，当然自己首先必须有健康、高尚的灵魂。文艺工作者的灵魂说到底就是其穷其一生坚守如初的信仰和价值观，他有什么样的信仰和价值观，就决定他有什么样的文艺立场、文艺取向、文艺选择，也决定他有什么样的文艺话语。在当代中国，文艺工作者要在文艺话语上立起来、强起来，首要的就是在铸魂上下功夫，要始终坚持马克思主义理论的指导，切实用马克思主义理论尤其是马克思主义中国化的最新成果来武装头脑、指导实践、推动工作，同时要身体力行践行社会主义核心价值观，自觉把社会主义核心价值观内化于心、外化于行、体现在文艺创作和话语表达之中。

二是修道。中国特色社会主义文艺的发展有其特殊的规律，这些规律在实践中不断被人们探索、认知、遵循和运用，进而演化成一整套行之有效的理论理念和规则规范，也就是我们平常所说的“道”，它对文艺工作者的文艺创作和话语表达具有引领、调整、规范、激励等多重作用。在当代中国，文艺工作者要在文艺话语上立起来、强起来，必须始终坚持在修道上下功夫，要积极探索中国特色社会主义文艺的内在规律，深入学习马克思主义文艺观中国化的最新理论成果，认真贯彻党的文艺思想、文艺路线、文艺方针、文艺政策，严格遵循党和国家关于加强文艺领域管理一系列体制机制、规章制度和纪律要求，真正把守正道、行大道作为自己在文艺生涯中安身立命之本，作为自己在文艺话语中方向引领之灯和精神支撑之柱。

三是强能。文艺先驱鲁迅先生曾说过：“文艺是国民精神所发的火光，同时也是引导国民精神的前途的灯火。”[14]从一定意义上讲，文艺的魅力和伟力就在于它能够以一种艺术化的表达方式将先进的思想理论和核心价值观广泛、深入、持久地传播给人民群众，从而产生启迪思想、温润心灵、陶冶人生的神奇效果。文艺要充分发挥自身的力量，在很大程度上依赖于文艺工作者的文艺创作和话语表达能力。在当代中国，文艺工作者要在文艺话语上立起来、强起来，必须学会正确处理文艺与意识形态的辩证关系，学会探索总结马克思主义理论艺术化阐释的路径方法，学会开掘融通古今中外各种资源，学会整合运用现代新媒体、新技术、新平台，学会提炼打造能够为国际社会所理解和接受的文艺新形象、新范式、新品牌，从而推动当代中国文艺话语在人民群众中落地生根并不断走向世界舞台中心。

四是合力。实现中华民族伟大复兴，文艺的大繁荣大发展是其应有之义。中国要想在“世界文艺多样化”这个“大交响乐团”中奏响“第一提琴”，就必须举全国文艺大军之力、汇中华文艺之精华，演奏好新时期的《黄河大合唱》，不断用具有磅礴气势、体现民族风格的经典之作去打动和征服世界人民的文艺之心，从而把握国际文艺话语权。在当代中国，文艺工作者要在文艺话语上立起来、强起来，就必须遵循文艺话语形成和发展的规律，克服那种“文人相轻、艺人相贱”“同行多嫉妒”的遗传病，树立包容、互敬、团结、协同的新风尚，打破那种“一家之言”“众说纷纭”甚至“互相叫骂”的话语乱象，坚持在“百花齐放、百家争鸣”

的大格局中从多样走向一元、从分歧走向融通、从冲突走向和合，真正同心、合力去唱响当代中国文艺在世界文艺舞台上的嘹亮歌声。

参考文献

[1] 习近平.在文艺工作座谈会上的讲话［N］. 人民日报，2015-10-15.

[2] 赵士发.当代中国话语体系的双重构建［N］. 中国社会科学报，2016-03-31.

[3] 毛泽东.毛泽东选集（第3卷）［M］. 北京：人民出版社，1991：860.

[4] 王永贵、刘泰来.打造中国特色的对外话语体系——学习习近平关于构建中国特色对外话语体系的重要论述［J］. 马克思主义研究，2015，(11)：5.

[5] 习近平.在文艺工作座谈会上的讲话［N］. 人民日报，2015-10-15.

[6] 习近平.在文艺工作座谈会上的讲话［N］. 人民日报，2015-10-15.

[7] 本书编写组.马克思主义基本原理概论.［M］. 北京：高等教育出版社，2015.105.

[8] 习近平.在文艺工作座谈会上的讲话［N］. 人民日报，2015-10-15.

[9] 习近平.在文艺工作座谈会上的讲话［N］. 人民日报，2015-10-15.

[10] 习近平.在文艺工作座谈会上的讲话［N］. 人民日报，2015-10-15.

[11] 启瑄.提升文化自觉 增强文化自信 实现文化自强 ——学习党的十七届六中全会《决定》几点体会［J］. 红旗文稿，2015，(5)：6.

[12] 习近平.在文艺工作座谈会上的讲话［N］. 人民日报，2015-10-15.

[13] 习近平.在文艺工作座谈会上的讲话［N］. 人民日报，2015-10-15.

[14] 鲁迅.论睁了眼睛看［A］. 鲁迅全集（第1卷）［M］. 北京：人民文学出版社，1981：240.

（本文于2017年8月31日发表在CSSCI来源集刊《马克思主义哲学研究》2017年第1辑）

文艺原创力：习近平文艺思想的重要支点

创新是文艺的生命，这是中华文艺不断发展的重要经验，也是文艺发展内在规律的重要体现，还是当前文艺创作现实的重要昭示，更是习近平新时代中国特色社会主义文艺思想的重要观点。新入新时代，中华民族伟大复兴强烈呼唤社会主义文艺的繁荣兴盛。社会主义文艺的繁荣兴盛既包含中华优秀传统文艺的传承弘扬，也包含新时代中国特色社会主义文艺的创新发展，是文艺传承与文艺创新的有机统一。从某种意义上讲，能不能实现文艺创新，在多大程度上实现文艺创新，归根到底取决于文艺的原创力。立足于新的时代背景，习近平总书记在整体建构新时代中国特色社会主义文艺思想的过程中，把文艺原创力作为文艺创新的核心问题摆在一个十分突出的位置，在多个场合加以强调并从多个层面和多种视角作出了一系列精辟、精彩论述。2014年10月15日，他在文艺工作座谈会上的重要讲话中深刻指出："创新是文艺的生命。文艺创作中出现的一些问题，同创新能力不足很有关系……要把创新精神贯穿文艺创作生产全过程，增强文艺原创力。"[1] 2016年11月30日，他在中国文联十大、中国作协九大开幕式上的重要讲话中提出殷切希望，文艺工作者要"勇于创新创造，用精湛的艺术推动文化创新发展……要把创新精神贯穿文艺创作全过程，大胆探索、锐意进取，在提高原创力上下功夫"[2]。2017年10月18日，他在党的十九大报告中进一步强调，要"发扬学术民主、艺术民主，提升文艺原创力，推动文艺创新"[3]。2017年11月21日，他在给内蒙古自治区苏尼特右旗乌兰牧骑队员们的回信中，号召全国文艺工作者要"以党的十九大精神为指引，大力弘扬乌兰牧骑的优良传统，扎根生活沃土，服务牧民群众，推动文艺创新，努力创作更多接地气、传得开、留得下的优秀作品，永远做草原上的'红色文艺轻骑兵'"[4]。习总书记关于文艺原创力的重要论述，把准了当前社会主义文艺繁荣发展中的焦点问题，充分体现了我们党对文艺原创力内在机理的新认识，为习近平文艺思想的整体构建提供了新的理论支点，也为新时代推动文艺创新提供了思想引领和基本遵循。基于此，以习近平新时代中国特色社会主义思想为统领，着眼于新时代文艺创新的现实需要，理清文艺原创力的时代内蕴，把握文艺原创力提升的现实意义，探讨文艺原创力提升的基本路径，具有十分重要的理论价值和现实意义。

一、文艺原创力的时代内蕴

“原创力”一词是一个舶来品，最早起源于芬兰，其本义是强调原初性，过去在习惯性使用中，人们也常常把“原创力”定义为一种原始性的、创新的能力。但是将“原创力”一词引入到文艺领域，尤其是在中国特色社会主义新时代的语境下，它就不单单是指一种创新的能力，而应该具有更丰富、更深厚的时代内蕴。

（一）文艺原创力具有科学性，是对文艺内在规律的科学把握

科学性是文艺原创力的根本前提。离开了科学性，文艺原创力就是一句空话。按照马克思主义的观点，文艺的发展有其内在的客观规律，这种规律的运行不以人的意志为转移。对此，习总书记明确指出：“古今中外，文艺无不遵循这样一条规律：因时而兴，乘势而变，随时代而行，与时代同频共振。”[2]历史经验表明，大凡文艺经典之作，必然是科学创作的结晶。我们所耳熟能详的红色歌曲《东方红》，在当时特定的历史背景下，正是因为遵循了这条客观规律，发出了时代的先声，吹响了时代的号角，表达了民众的时代心声，弘扬了时代主旋律，所以才能成为受广大人民群众欢迎的时代经典。立足于新的时代背景，我们强调文艺原创力，并不是单纯地“为艺术而艺术”“为创新而创新”，而是要求新时代的文艺创作在遵循客观规律的基础上，精准把握时代脉搏、主动承担时代使命、切实反映时代精神、深刻回答时代课题、积极回应时代关切，从而成为时代进步的思想先导和人民的精神导航。如果忽视甚至背离文艺发展的规律，所谓的文艺原创，就会异化为标新立异、胡编乱造的猎奇，也会偏离文艺发展的正常轨道，更会窒息文艺作品的生命力。

（二）文艺原创力具有首创性，是对文艺作品的创新设计

首创性是文艺原创力的核心要义。文艺原创力在本质上就是一种文艺的创新能力。从其独特的内在发展逻辑来看，文艺固然需要积淀历史、传承传统，但这并不等于因陈守旧、墨守成规，而是始终强调与时俱进、推陈出新。从某种意义上讲，创新是文艺的生命，只有在与时代和人民保持良性互动的辩证关系中不断推进文艺创新，才能让文艺永远绽放芳华。从文艺的发展史来看，原创力在一定程度上体现为文艺创作环境、技术、条件的变革和完善，例如电影从无声到有声、黑白到彩色、自然记录到蒙太奇产生。但归根结底，文艺的原创力是对作品本身创作题材、内容、形式、手法的丰富和创新。纵观电影史，从欧洲先锋运动时期的先锋思潮，到意大利新现实主义对真实的追求，再到法国“新浪潮”电影创作者崇尚的主观抒情，都是不同时期创作者对文艺作品创新设计的不断追求。不论这些作品是展现个人情感、家国情怀，还是反映厚重历史、美好生活，都实现了新观念和新手段的结

合、新内容和新形式相融合、新主题和新技术相辉映，实现了创作题材多样化、创作内容精致化、创作形式个性化、创作手法科技化，从而使文艺作品更加精彩纷呈、引人入胜，而这些恰恰是文艺原创力的具体体现。

（三）文艺原创力具有独特性，是对文艺创作方法的独特运用

独特性是文艺原创力的内在要求。文艺需要互相比较、互相借鉴，但这不等于一味模仿、简单复制，而是力求彰显特色、自成风格，评价一个文艺作品的水平如何、衡量一个文艺工作者成不成熟，一个很重要的方面就是看其有没有自己的特色。从马克思主义的唯物史观来看，在各种形式的社会意识当中，文艺是最讲求个性的。从一定意义上说，原创作品本质上就是文艺工作者创造性劳动的结晶，也是其内在价值观的充分展现，更是其文艺个性的自由表达。而文艺个性并非与生俱来的天性，而是文艺工作者在遵循文艺规律的基础上，对文艺创作方法的独特运用。必须要指出的是，所谓文艺的独特性，既体现为文艺创作方法上的独一无二、另辟蹊径、不落俗套，也体现为文艺创作资源上的深度挖掘、就地取材、因地制宜，更体现为文艺创作产品上的可识别化、示范引领、推陈出新。以音乐为例，“新民乐”的产生是文艺原创力独特性的一种体现。过去我们常常认为传统民族音乐和西方音乐作品风格迥异，而“新民乐”的出现改变了我们的认知。“新民乐”是将西方音乐的元素融入古典民族音乐当中，民族器乐和电声乐队相结合的一种新的音乐风格。这种传统和现代相辅相成、古典与流行相得益彰的创作方法的独特运用，恰恰是音乐领域原创力的体现，它不但使得民族音乐的表现形式更多、受众范围更广、传播力度更强，还为我们的文艺工作者提供了新的创作灵感和思路。

（四）文艺原创力具有发展性，是对社会需求的主动顺应

发展性是文艺原创力的重要特征。文艺原创力不是标新立异，也不是追赶时髦，更不是脱离实际、脱离大众，而是对时代潮流和社会需求的主动顺应。毛泽东文艺思想和习近平文艺思想都强调：“人民是文艺创作的源头活水”“人民生活中本来就存在着文学艺术原料的矿藏，是一切文学艺术取之不尽、用之不竭的创作源泉”[1]。实践证明，文艺只有植根人民生活、顺应人民需求才能具有真正的原创力和生命力。以延安时期人民音乐冼星海创作的《黄河大合唱》为例，它所表现出来的排山倒海的磅礴气势、高亢激昂的动人旋律、深沉质朴的曲调风格，搭配丰富的合唱形式，将抗日战争时期亿万中华儿女心中对侵略者的愤怒、对民族解放的渴望、对美好生活的向往表现得淋漓尽致。对此，正如学者王欣媛所指出的那样：“它不是一条河的声音，也不是一个人的声音，而是全民族的怒吼，更是时代的号角。”[5]在1938年那个特殊的历史时代，面对民族救亡的时代使命，迫切需要这样一首激人奋进、慷慨激昂的音乐作品鼓舞士气，需要全中国人民团结起来抵抗侵略、救亡图存。而1997年的《走进新时代》则像是和煦的春风和明媚的阳光，温柔婉转、甜美动听，因为是人民从站起来到富起来并奋力奔向幸福生活的自信表达。文艺作品之所以是时代的烙印，这与扎根在文艺作品中的原创力，对社会的主动顺应是分不开的，而这种主动顺应就是文艺的生命力。

二、提升文艺原创力的现实意义

“文化是一个国家竞争力中极重要的因素，文化的原创力是文化生存发展的基本动力。”[6]当前，就文艺领域而言，如何提升原创力是一个备受关注、亟待解决的重大课题。提升文艺原创力具有多方面的现实意义。

（一）提升文艺原创力是贯彻落实党的十九大精神的切实要求

“文艺是时代前进的号角，最能代表一个时代的风貌，最能引领一个时代的风气。”[1]党的十九大胜利召开，开启了中国特色社会主义新时代，这标志着中国特色社会主义的历史方位发生了根本性变化。新时代意味着以新目标引领新征程，也必将以新作为铸就新辉煌，更将会以新变革开创新局面。新的伟大时代需要新的伟大精神，需要不断培育、弘扬和践行新的时代精神，正如鲁迅先生所说，“文艺是国民精神所发的火光，同时也是引导国民精神的前途的灯火”“要改造国人的精神世界，首推文艺”[7]。立足于新时代，要高举精神之旗、筑牢精神支柱、构建精神家园，文艺必须自觉先行、主动担当。从这个意义上讲，新时代强烈呼唤有灵魂、有内涵、有格调、有品位、有情怀、有温度、有力量的文艺新作品，为新的伟大梦想传播好声音、唱响主旋律，为广大人民群众振奋精气神、注入能量。基于此，习总书记在十九大报告中特别强调，要“提升文艺原创力，推动文艺创新”“进行无愧于时代的文艺创造”“不断推出讴歌党、讴歌祖国、讴歌人民、讴歌英雄的精品力作”，这是我们党的事业发展对文艺工作提出的新要求，也是时代和人民赋予文艺的新使命，更是文艺在新时代实现自身发展的新逻辑。要推动党的十九大精神在文艺领域落地生根、开花结果，归根到底就是要用它来统领文艺创作，赋予文艺作品更形象、更生动、更有力的时代表达，以文艺原创力的提升来进一步筑牢新时代文艺工作可持续发展的基础，开拓中国特色社会主义文艺的新高度。

（二）提升文艺原创力是繁荣社会主义文艺的内在要求

“推进中国特色社会主义事业，实现中华民族伟大复兴的中国梦，需要文艺的繁荣昌盛。”基于这样的认识高度和思想自觉，习总书记在党的十九大报告中，专门强调要“繁荣社会主义文艺”。从马克思主义文艺观尤其是毛泽东文艺思想的基本观点来看，社会主义文艺应该是一个百花齐放、百家争鸣的“万花园”，是一个包含丰富内容和多种形式、满足人民多样化需求的庞大文艺体系。当下，我国文艺创作正迎来新的春天，主旋律更加响亮、文化自信得到彰显，但不容忽视的是，文艺创作和文艺作品中同时存在有数量缺质量、有“高原”缺“高峰”、抄袭模仿、千篇一律和机械化生产、快餐式消费的问题，有的还充斥着唯心史观、历史虚无主义、形式主义、拜金主义、奢靡之风等弊病，有的还陷入过度娱乐化、“为艺术而艺术”的认识误区，亟待通过推进文艺创新、提升文艺原创力打造大批“有正能量、有感染力，能够温润心灵、启迪心智，传得开、留得下，为人民群众所喜爱”的优秀文艺作品，从而彰显中国特色社会主义文艺的感召力、吸引力和生命力。必须指出的是，社会主义文艺的繁荣不只是对于传统文化和历史经典的传承和弘扬，也不只是对于国外优秀文艺作品的引进和借鉴，更不只是简单地粗制滥造和模仿复制，而应该是在新的历史条件下以广大人民群众为中心、以社会主义核心价值观为引领、以中华优秀传统文化为根基、以中国特色社会主义实践为源泉，以世界各国各民族优秀文艺为借鉴，推进文艺精品的创造性转化和创新性发展。从这个意义上讲，能不能繁荣社会主义文艺，在很大程度上就取决于能否提升文艺原创力。

（三）提升文艺原创力是提升文化自信的必然要求

文化自信是一个民族、一个国家以及一个政党对自身文化价值的充分肯定和积极践行，并对其文化生命力持有坚定信心。习总书记在庆祝中国共产党成立95周年大会的讲话中指出，“文化自信，是更基础、更广泛、更深厚的自信”[8]；在中国文联十大、中国作协九大开幕式上的讲话中强调，文化自信“是更基本、更深沉、更持久的力量”[2]，明确要求文艺工作者要坚定文化自信；在党的十九大报告中进一步阐明，“没有高度的文化自信，没有文化的繁荣兴盛，就没有中华民族伟大复兴”[3]。对于文艺工作者来讲，文化自信显得尤为重要，可以说是文艺工作者的精神支柱、根本依托和力量后盾，只有坚定文化自信，才能安身立命之本，才能敢于挑战传统、勇于超越自我、善于推进创新，从而创作出有骨气、有个性、有神采的原创作品。当然，文化自信不是盲目的自信，也不是空洞的自信，更不是臆想的自信，它不仅植根于博大精深、源远流长的中华优秀传统文化，也应该彰显于丰富多彩、灿烂辉煌的文艺经典，更集中体现为持续发展、生生不息的文艺原创力。从文化学的意义上讲，人们要深入了解一个民族的文明成果，充分把握一个民族的文化精神，深切体悟一个民族的文化自信，最有效的方式、最便捷的途径，就是品鉴这个民族的文艺经典之作。当前，中国已经进入新时代，这意味着中国人民从“站起来”“富起来”走向“强起来”“自信起来”，也意味着中国人民怀着强烈自信推动中华民族走向伟大复兴、中国特色社会主义走向世界中央、构建人类命运共同体走向全球舞台，迫切需要用大批新的文艺原创经典之作来书写生动实践、记录奋斗历程、彰显辉煌成就，也迫切需要用大批新的文艺原创经典之作来凝聚民心力量、振奋民族精神、砥砺人民前行，更迫切需要用大批新的文艺原创经典之作来传播当代价值观念、体现中华文化精神、反映中国人民审美追求。

（四）提升文艺原创力是满足人民美好生活需要的现实要求

马克思主义文艺观告诉我们，文艺从其本质来看，是人民群众对社会生活的一种主观反映，是意识形态的一种具体形式。文艺高于生活但又根源于生活，文艺引领人民但又以人民为中心，可以说，人民性是文艺最根本的内涵和最本质的特征。中国特色社会主义文艺是对中华优秀传统文艺的整体性创新，也是对西方资本主义文艺的系统性超越，但归根到底还是人民的文艺，必须要始终坚持为人民服务，服务于人民的生活。进入新时代，我国社会的主要矛盾已经转化为人民日益增长的美好生活需要和不平衡不充分的发展之间的矛盾。习总书记的这一重要论断，不仅反映了中国的整体国情，也反映了文艺领域的具体实际。一方面，在总体实现小康的基础上，人们对美好生活的需求日益广泛，本身就包含了对文艺的需求。在人民的美好生活需要中，文艺需要的地位日益凸显，与人民生活水平不断提高相适应的是，人们对文艺作品的质量、品味、风格的要求也更高了。另一方面，我国文艺事业的发展，存在着发展不平衡、不充分的突出问题，突出地表现为：注重数量上的规模化而忽视质量上的精品化，注重形式上的多样化而忽视内容上的大众化，注重表达上的个性化而忽视思想上的主流化，注重生产的机械化而忽视创作的特色化，注重表演的娱乐化而忽视审美的人本化。这些问题已经成为制约文艺创新发展的主要因素，也成为人民群众文艺生活中的痛点问题，与人民日益增长的美好生活需要很不匹配。走进新时代，同心共圆民族复兴梦的中国人民，迫切需要大批符合时代需要、彰显中国特色、凝聚信仰力量、充满人间真情的文艺原创作品，来提升他们的文化自觉自信，激发他们的创新、创业激情，增强他们的新时代主体意识。

三、提升文艺原创力的基本路径

在新时代中国特色社会主义文艺发展的语境下，提升文艺原创力不仅是一个复杂的理论课题，而且也是一个切实的系统工程，需要转换视角，创新思路，统筹谋划，从多方面、多层面进行探索和推进。

（一）提升文艺原创力应坚持正确的价值导向

在这个互联网和新媒体旺盛发展的信息时代，催生了许多新的文艺类型，各式各样不同的文艺观念也应运而生，可以说是鱼龙混杂、良莠不齐。文艺创作如何才能在纷繁复杂的流变和演进中保持正确方向，文艺作品如何才能在奔腾交融的多元文化长河中实现正本清源，文艺工作者如何才能在理想与现实的碰撞中把握文艺话语权，这一切都离不开正确的价值引领。以经典红色歌曲《爱我中华》《我的祖国》《五星红旗》为例，它们之所以家喻户晓、广为流传、经久不衰，关键在于其唱响了时代发展的主旋律，坚持了人民群众普遍认同的核心价值观念，实践证明，只有在价值层面求精求美、向上向善的文艺作品才能真正引发人民群众的情感共鸣，从而赢得人民群众的真心喜爱。习近平总书记强调，“追求真善美是文艺的永恒价值”“中国精神是社会主义文艺的灵魂”。[1]只有高扬社会主义核心价值观，将它生动形象、活灵活现地融入文艺创作中，才能让文艺作品焕发蓬勃的生命力。从这个意义上来说，提升文艺原创力，首要的就是要在坚持正确的价值引领下，新的创作灵感。

（二）提升文艺原创力应坚持以人民为中心的创作导向

人民群众是历史的创造者，是推动历史前进的决定性力量。从文艺领域来看，社会主义文艺的本质就是人民的文艺，人民是推动文艺事业发展的关键力量。一切优秀的文艺作品都是为了人民。而人民不是一个抽象的符号，更不是一具空洞的躯壳，而是有血有肉、有情有义、有思想有灵魂、有共性有个性、有矛盾有冲突、真实存在的人。只有站在人民的根本立场、深入人民的内心深处、了解人民的精神世界，才能创作出打动人心的作品。“长太息以掩涕兮，哀民生之多艰”“安得广厦千万间，大庇天下寒士俱欢颜”“但愿苍生俱饱暖，不辞辛苦出山林”，这些经得起时代更迭和大众检验的诗句，无不流淌着创作者对苍生百姓的温情关注。只有心忧天下、心有人民，表达人民的意愿、诉说人民的心声、抒发人民的情感，才能创作出在人民中传得开、留得下的精品力作。文艺的一切创新，归根到底都直接或间接来源于人民，最终也要由人民来鉴赏和评判，因为人民眼中有“颜如玉”、人民心中有“黄金屋”。提升文艺原创力，创作出优秀的、经典的文艺作品，人民是永远的中心、人民生活是永恒的主题。

（三）提升文艺原创力应深入扎根生活寻找创作灵感

人们常说“艺术来源于生活，却又高于生活”，文艺作品不仅要有历史的底蕴、民族的特色，还应该要紧贴生活、接住地气。因为生活就像《哆啦A梦》中的神奇口袋，装满了艺术创作取之不尽、用之不竭的源泉。文艺创作不是照搬生活，而是要将生活层层剥开，用艺术的手法进行再次创造，从而展现生活的本质。这种“再生”的过程，就是“文艺原创力”的体现。要想提升文艺的原创力，更好地用作品展现生活、服务生活，归根到底需要创作者扎根生活、了解生活、感悟生活。历史证明，优秀的文艺作品都离不开生活。既有“黄梅时节家家雨，青草池塘处处蛙”“采菊东篱下，悠然见南山”等描写田园生活的诗词佳句，也有《朝花夕拾》《骆驼祥子》《平凡的世界》等刻画世态人情的文学著作，还有《蜗居》《老有所依》《人民的名义》等直击社会现实的影视作品。尽管这些作品创作于不同的时代、讲述了不同的故事，表现形式更是千差万别。相同的是，它们都是生活的镜子，都在刻画和反映各式各样的生活。创作者必然是深入扎根生活，对生活有着充分的了解和深刻的理解，才能够创作出这些充满艺术理想又饱含人间真情的作品。

（四）提升文艺原创力应培养德艺双馨的创作人才

“文艺是铸就灵魂的工程，文艺工作者是灵魂的工程师。”文艺的创新不仅仅在于创作技术、手段的创新和作品内容、题材的更新，最关键的还是依赖于一大批创新性的人才。文艺工作者在文艺创作中起主要作用，培养德艺双馨的文艺工作者显得尤为重要。对此，习总书记在文艺工作座谈会上强调，“繁荣文艺创作、推动文艺创新，必须要有大批德艺双馨的文艺名家”[1]，要求文艺工作者既要坚守艺术理想，又要紧贴生活、脚踏实地；既要有知识的储备、思想的水平，又要讲道德、讲品格、讲品位。值得注意的是，在社会发展日新月异的新媒体时代，人人都能成为创作者、传播者。必须指出的是，文艺创作者的队伍结构也在不断发生变化，除了我们以往提到的艺术家、音乐制作人、导演等文艺工作者和准文艺工作者之外，互联网还催生了一大批新的、独立的文艺群体，独立制片人、独立音乐人、自由撰稿人等，他们有时候会有更新鲜、更有趣、更特别的创意和想法，而他们的号召力和影响力同样不容小视。因此，提升文艺原创力，除了要在体制内的文艺工作者们身上下功夫，这些新的文艺群体更加不容忽视。要用全新的、开放的、包容的眼光看待他们，用积极的、向上的价值引领他们，让他们也能成为文艺创作的重要力量，同文艺工作者一起创作更多优秀的作品。

（五）提升文艺原创力应创新文艺管理机制

文艺作品不能完全等同于商品，因为它还包含了价值引导、文艺底蕴以及创作者的艺术理想。文艺作品同样具有传播力强和影响力广的特点，所以对待一部文艺作品，需要有严格的审核标准。习近平总书记在文艺工作座谈会上指出，“文艺工作的对象、方式、手段、机制都出现了新情况、新特点”[1]，急切需要文艺管理体制的创新。面对新的变化，各级文艺主管部门应该当好文艺作品的“把关人”，要严把文艺作品题材、内容、思想的审核关，在坚守法律红线和道德底线的同时，用更开放、自由、包容的眼光看待文艺作品，激发和鼓励文艺工作者去创作更多有思想、有深度、有原创力的文艺作品。行业协会以及文艺工作者们，应该发挥行业监督和行业自律的职责，要自觉地用更高的标准要求自己、用更严格的态度面对创作。要提升文艺的原创力，不能让文艺作品自说自话、脱离实际，应该重视文艺批评工作。文艺批评是文艺创作的镜子，透过镜子可以找到优势，更能找出问题。正如“真理越辩越明，事实越辩越清”，要用批评的态度对待文艺作品，让作品在批评中成长，在否定中创新，才能更接地气、更富生气、更具原创力。

参考文献

[1] 习近平.在文艺工作座谈会上的讲话［N］. 人民日报，2015-10-15（2）.

[2] 习近平.在中国文联十大、中国作协九大开幕式上的讲话［N］. 人民日报，2016-12-01（2）.

[3] 习近平.决胜全面建成小康社会　夺取新时代中国特色社会主义伟大胜利［N］. 人民日报，2017-10-28（1）.

[4] 习近平总书记给内蒙古自治区苏尼特右旗乌兰牧骑队员们的回信［N］. 光明日报，2017-11-22（1）.

[5] 王欣媛.激起中华民族奋起的精神乐章：《黄河大合唱》在后方［J］. 中共贵州省委党校学报，2015（3）：117-123.

[6] 曾凡.呼唤文化原创力［N］. 人民日报，2009-07-24（20）.

[7] 鲁迅.鲁迅全集（第1卷）［M］. 北京：人民文学出版社，1981：240.

[8] 习近平.在庆祝中国共产党成立95周年大会上的讲话［N］. 人民日报，2016-07-02（2）.

（本文于2018年5月28日发表在《毛泽东研究》2018年第3期，第二作者为黄琛）

习近平文艺思想视阈下优秀音乐作品的时代解读

优秀文艺作品是一个国家、一个民族文化创造力的重要体现，也是广大人民群众最好的精神食粮，更是文艺工作者的立身之本。习近平总书记在文艺座谈会上的讲话，以及在中国文联十大、中国作协九大开幕式上的讲话等多个重要场合多次强调：要创作无愧于时代的优秀文艺作品。在此基础上，他在党的十九大报告进一步指出："要繁荣文艺创作，坚持思想精深、艺术精湛，制作精良相统一，加强现实题材创作，不断推出讴歌党，讴歌祖国，讴歌人民，讴歌英雄的精品力作。"[1]音乐是中国特色社会主义文艺的重要组成部分，也是人民群众最喜爱、最关注、最容易接受、最乐于参与的文艺形式。进入中国特色社会主义新时代，音乐的广阔舞台和特殊作用更加凸显，全社会和广大人民群众对于优秀音乐作品的需求也显得尤为迫切。对此，必须坚持以习近平文艺思想为引领，从新时代的背景出发，把握优秀音乐作品的时代内蕴，分析优秀音乐作品创作的现实意义，认清优秀音乐作品的鲜明特色，探讨优秀音乐作品创造的基本路径。

一、优秀音乐作品的时代内蕴

习近平总书记在十九大报告中明确提出："中国特色社会主义进入新时代，意味着近代以来久经磨难的中华民族迎来了从站起来、富起来到强起来的伟大飞跃，迎来了实现中华民族伟大复兴的光明前景。"[2]这种复兴不是某一个方面、某一个领域的强大，而是全方位、全领域、全民族的复兴。对于这样一个伟大的新时代，我们迫切需要用优秀的音乐作品来唱响时代的主旋律、传播中国的好声音、提振人民的精气神。从某种意义上讲，一切优秀音乐作品都应该是新时代的音乐表达，应该具有与之相适应的丰富内蕴。

（一）优秀音乐作品应体现感染力、影响力、传播力、亲和力相统一

文艺作品具有鲜明的时代性和民族性，不同的时代、不同的民族具有不同的评价标准。那么，什么样的作品才称得上优秀作品？习近平总书记明确指出："只要有正能量、有感染力，能够温润心灵、启迪心智，传得开、留得下，为人民群众所喜爱，这就是优秀作品"。[3]由此可见，真正的优秀作品应当同时具备感染力、影响力、传播力和亲和力，四者相互联系、相互支撑，内在统一于优秀音乐

作品之中。其一，感染力是优秀音乐作品的内在品质，优秀的音乐作品首先在于它自身蕴含了正确的价值观念、崇高的思想境界、深沉的家国情怀，这正是人民内心深处最需要的正能量。其二，影响力是优秀音乐作品的价值体现，真正的优秀音乐作品总是能够深入人民的精神世界，触动人民的本色初心，引起人民的思想共鸣，总是能够温润人民的心灵，启迪人民的心智，点亮人民的心灯。其三，传播力是优秀音乐作品的应有之义，正如有人所说的那样：特有的文化张力给音乐作品插上了金色的翅膀，在历史的天空和人民的心中自由地飞翔。时间证明，优秀音乐作品往往能够突破时空的限制，传得开、留得下，在广大人民群众中落地生根、开花结果。其四，亲和力是优秀音乐作品的个性展现，历史向我们昭示：只有那些大众化、通俗化、有温度、接地气、可观赏、易传唱的音乐作品才能为广大人民群众普遍欢迎、真心喜欢、由衷热爱。这四个方面缺一不可，各安其位，相互融通，相得益彰，共同构成优秀音乐作品的整体风格和独特魅力。以人民音乐家冼星海创作的《黄河大合唱》为例，它以独特的历史背景、正确的价值导向、宏大的历史叙事、磅礴的革命气势、强大的文化自信、丰富的音乐意象、创新的表演形式，赢得了不同国度、不同民族、不同时代人民群众发自内心的礼敬，从而成为永恒的时代经典和红色名曲。

（二）优秀音乐作品应追求为人民抒写、为人民抒情、为人民抒怀相统一

按照马克思主义的观点，人民是历史的创造者，理所当然也是文艺的主体和文艺的中心。新时代中国特色的社会主义文艺从本质上讲就是大众的文艺、人民的文艺。人民性是中国特色社会主义文艺的鲜明特征和最大亮点，更是最大优势。人民需要文艺，文艺更需要人民，只有扎根于人民的生动实践和丰富生活，文艺才能找到取之不尽、用之不竭的源头活水。实践证明，只有贯穿人本理念，适应人民需要、彰显人民情怀、反映人民心声的作品，才能真正为人民喜闻乐见，成为轰动当时、传之后世的优秀作品。对此，习近平总书记多次强调："人民的需要是文艺存在的根本价值所在。能不能搞出优秀作品，最根本的决定于是否能为人民抒写，为人民抒情，为人民抒怀。"[4]为人民抒写就是要遵从人民的主体地位，把人民对美好生活的向往作为文艺的出发点和落脚点。为人民抒情就是指满怀对人民的深厚感情，把人民的冷暖、幸福和喜怒哀乐作为文艺的主要内容。为人民抒怀就是要反映人民的心声，把人民的意愿、人民的关切、人民的呼唤转化为艺术的动力源泉。音乐作为文艺的重要形式更应该自觉地坚持人民的立场，实现为人民抒写、为人民抒情、为人民抒怀的内在统一。音乐"一旦离开了人民就会变成无根的浮萍，无病的

呻吟、无魂的躯壳”，[5]最终必然会被人民所抛弃。翻开音乐史，我们可以很清楚地看到，从《黄河大合唱》到《春天的故事》等一大批经典歌曲，之所以经久不衰、流传至今，就是因为它们充满着对人民命运和福祉的关切，唱出了人民在特定历史背景下的共同心声。因此，音乐只有为人民抒写、为人民抒情、为人民抒怀才能引起人民的共鸣、赢得人民的喜爱。

（三）优秀音乐作品应实现思想精深、艺术精湛、制作精良相统一

一部音乐作品要成为时代的经典，首先必须要成为精品，精品之所以精就在于其思想精深、艺术精湛、制作精良三个方面的统一。首先是思想精深，一部好的作品必然是一个有灵魂、有思想、有内涵、有深度的作品，而一个有灵魂的作品必然是反映社会正能量，弘扬主旋律的作品，它可以展现中国精神，讲好中国故事，让世界聆听中国的声音。其次是艺术精湛，一部好的作品必然会充分运用多样化的艺术表现手法，必然凝聚千锤百炼、厚积薄发的艺术功力，必然彰显多姿多彩、引人入胜的艺术魅力。最后是制作精良，在所有的文艺形式中，最容易让人们接受，最容易潜移默化影响人的就是音乐，它在传递优秀思想方面有不可代替的作用，对人们意识形态的影响是不容小觑的。如果音乐作品粗制滥造、不堪入耳，就会使人们产生厌烦和排斥的情绪，那么音乐作品对人们的影响和教化会大打折扣，所以优秀的音乐作品必然是一个制作精良的作品。思想精深、艺术精湛、制作精良三者辩证统一于优秀音乐作品之中，思想精深是艺术精湛和制作精良的基础和灵魂；艺术精湛是思想精深和制作精良的重要内容和表现内容；制作精良是思想精深和艺术精湛的技术支撑。思想精深、艺术精湛、制作精良不仅仅是优秀音乐作品的内在品质也是广大受众的客观需求。以《中国脊梁》为例，这首歌一经推出就唱红了大江南北，引起了强烈的反响。究其原因就在于弘扬了时代主旋律，展现了大美中国梦，同时将京剧、民间小调、美声唱法，民族乐器集一体将国粹文化的精华和民族音乐的魅力展现得淋漓尽致。再辅之以现代化、科技化、智能化的平台和设备加以呈现，以多彩的画面和清晰的音质给人以新的音乐审美感，被誉为最鼓舞人心的、最提振精气神的新时代序曲。总之，音乐作品得基于这三个统一才是新时代我们所期待、所盼望，所向往的作品。他们之间不是简单的相加，而是各个要素之间的相互整合，相互影响，相互作用。

二、创作优秀音乐作品的现实意义

音乐是人民生活的重要组成部分，在童年我们有童谣，在学校有校歌，民族有

民谣，国家有国歌等等，我们的生活一刻也离不开音乐，时代的进步、社会的发展、人民的幸福都需要有音乐来传唱和表达。进入新时代，我们对优秀音乐作品的呼唤显得更为迫切，这需要我们从多个方面来理解创作优秀音乐作品的现实意义。

（一）创作优秀音乐作品是贯彻党的十九大精神的内在要求

音乐作为通向人们内心世界的一种语言和载体，在诠释价值观念，弘扬民族精神，凝聚人民力量等方面具有不可替代的重要作用。走进中国特色社会主义新时代，传播新思想、新理念必须有好的音乐作品，凝聚和鼓舞广大人民群众也需要有好的音乐作品，推动中华文化立起来、走出去更需要好的音乐作品。因此习近平总书记在党的十九大报告中明确指出要“繁荣社会主义文艺”，其中特别强调：“我们要不断推出讴歌党，讴歌祖国，讴歌人民，讴歌英雄的精品力作。”[6]贯彻落实党的十九大精神，就音乐领域而言：“最根本的就是要创作生产出无愧于我们这个伟大民族、伟大时代的优秀作品。”[7]用优秀音乐作品来弘扬中国精神、凝聚中国力量、展现中国风格。与此同时，音乐作为一种思想的载体，在理论传播方面具有独特的作用，通过通俗易懂、朗朗上口的音乐作品，更便于把新思想、新理论带到广大人民群众中去。当前，对我们党来说，一项重大的政治任务就是学习好、宣传好、贯彻好党的十九大精神。宣传党的十九大精神不仅要有文本，也要有音乐，不仅要讲好精彩故事，也要传播中国好声音。从这个意义上讲，我们强烈呼唤以党的十九大精神为主题的优秀音乐作品。

（二）创作优秀音乐作品是满足人民美好生活需求的应有之义

党的十九大报告指出：“中国特色社会主义进入新时代，我国社会的主要矛盾已经转化为人民日益增长的美好生活需要和不平衡不充分的发展之间的矛盾。”[8]在总体小康的基础上，人民的美好生活需求表现出许多新的特点，主要表现为：需求的范围极大的拓展，不仅包括物质文化需求也包括精神文化需求；需求的层次日益提升，需求的范围从生存性需要转向发展性需要和享受性需要，从物质性需要转向社会性需要和心理性需要。进入新时代，随着人们生活水平的不断提高，人民对于包括音乐作品在内的文艺作品的质量、品位、风格也不断提高。历史和现实告诉我们，人民需要音乐，越是物质生活改善，越是重要阶段来临，人民就越需要音乐。因为音乐对人民来说，不仅仅是日常生活的调味品，同时也是思想进步的营养剂，也是社会和谐的助粘剂，还是精神品格的催化剂。人民在追求美好生活的新征程上，既需要从红色音乐作品中汲取思想正能量，也需要用时代主旋律来营造积极向上的氛围，还需要用民族音乐来弘扬文化自觉自信，更需要用大众音乐来表达创新创业的激情。基于音乐与人民的特殊关系，人民日益增长的美好生活需求逻辑地包含着对优秀音乐作品的呼唤。这在客观上要求音乐领域要跟上时代发展、顺应人民需求，通过创作人民喜闻乐见的音乐作品来唱响人民美好生活的时代主旋律。

（三）创作优秀音乐作品是推进文化繁荣发展的必然要求

音乐是文化的构成，文化的繁荣自信需要音乐，繁荣兴盛的文化需要音乐作品。文化是一个民族的灵魂和血脉，也是一个国家最重要的软实力，更是一个执政党保持自信的力量之源。进入中国特色社会主义新时代，要实现中华民族伟大复兴，不仅要靠经济、军事、科技强起来，也要靠文化的繁荣兴盛。文化兴才会有国运兴，文化强才会有民族强。而音乐在文化的繁荣昌盛当中具有不可替代的重要作用。一方面音乐是文化的有机构成，不同时代、不同民族都有其独特的音乐，在历史的沉淀、人们的传承的过程中形成了独特的文化，它是我们了解历史、了解祖先、了解民族精神的重要手段，形成了我们不可忽视的文化遗产，也是我们文化自信的重要来源。另一方面音乐是中国特色社会主义文化的最好的传播载体。音乐传播广、影响大、易传唱等特点，决定了它在整个历史变革、时代变迁的过程中都能成为时代的先声、变革的先导。新时代，中国特色社会主义文化的发展都与音乐息息相关。音乐作为其载体可以最大限度、最快时间深入人们生活，潜移默化的用中国特色社会主义文化影响人、教化人，同时促进中国特色社会主义文化的繁荣发展。

三、新时代优秀音乐作品的鲜明特色

从本质上讲，音乐作品是时代发展的产物、也是时代特征的反映、更是时代精华的体现。中国特色社会主义新时代，是中国特色社会主义事业的伟大飞跃期、生长旺盛期、战略拓展期。其高远的目标追求，宏大的发展格局，生动的创新实践，丰富的内容构成渗透到音乐作品当中，定将赋予其鲜明的时代特色。

（一）优秀音乐作品应该弘扬主旋律

音乐作品不是词、曲、调、器、声等各种元素的简单结合体，也不是对于社会现实生活的直观反映，更不是人们复杂情绪的肆意宣泄，而应该是人们在一定价值观的引领下，基于切身的生活体悟，感知美、鉴赏美、追求美的一种艺术化表达。在此基础上，习近平总书记在中国文联十大、中国作协九大开幕式上的讲话上强调："对文艺来讲，思想和价值观念是灵魂，一切表现形式都是表达一定思想观念和价值观念的载体。"[9]从历史与逻辑相统一的视角来看，在任何时代，音乐作品总是要承载一定的价值观，只有那些弘扬时代主旋律的作品，才能成为时代的先声、社会变革的先导，从而被人们称为优秀音乐作品。立足于中国特色社会主义新时代，“社会主义核心价值观是当代中国精神的体现，凝结着全体人民共同的价值追求”[10]，对于中国特色社会主义新时代具有重要的价值引领和道德支撑作用。因此党的十九大强调：要“把社会主义核心价值观融入社会发展各方面，转化为人们的情感认同和行为习惯”。[11]音乐作为社会主义核心价值观的重要载体，应该自觉履行自身的价值担当，服从和服务于社会主义核心价值观的培育和践行，把弘扬社会主义核心价值观这个时代主旋律作为自身的安身立命之本和首要的特色追求。

（二）优秀音乐作品应该高扬民族风

在世界文化交流、交融、交汇，世界音乐共通、共享、共进的大背景下，音乐作品的创作固然需要互学互鉴，多元多彩，但是最根本、最重要、最现实的就是要始终高扬民族风。正如人们所说的：在文艺界，越是民族的就越是世界的，同样，越是世界的就越是民族的。在中华民族上下五千年求索的历史进程中，形成了独具特色而又博大精深的中华文化。它延续着我们国家和民族的精神血脉，也蕴含着音乐作品创作的深厚根基。习近平总书记强调：“要加强对中华优秀传统文化的挖掘和阐发，使中华民族最基本的文化基因同当代中华文化相适应、同现代社会相协调，把跨越时空、跨越国界、富有永恒魅力、具有当代价值的文化精神弘扬起来，激活其内在强大生命力，让中华文化同各国人民创造的多彩文化一道，为人类提供正确的精神指引。”[12]在中华文化自觉、自信、自强的整体格局中，音乐作品作为文化的重要载体和表现形式，应当自觉地扎根于中华文化的深厚土壤，用丰富多彩而又独具魅力的中国声音、中国节奏、中国韵味、中国技法、中国旋律、中国器乐来传播中华文化，以更真实、更立体、更接地气的方式把底蕴深厚、欣欣向荣的中国唱给世界听，让世界人民对于符合时代特征，彰显民族特色的优秀音乐作品产生共鸣，进而在音乐的共鸣当中听懂中国、理解中国、认同中国。

（三）优秀音乐作品应该具有通俗性

马克思主义文艺观强调：“社会主义文艺，从本质上讲，就是人民的文艺。”文艺归根到底是“为千千万万劳动人民服务的”，人民也只有人民才是文艺工作者“够资格和不够资格的唯一判断者。”人民文艺的本质决定了文艺作品的大众化和通俗性，对此习近平总书记在文艺工作座谈会上的讲话中明确指出：“优秀作品并不拘于一格、不形于一态、不定于一尊，既要有阳春白雪、也要有下里巴人，既要顶天立地、也要铺天盖地。”[13]从文化的多样性来看，阳春白雪和下里巴人是辩证统一的，共同构成文化大发展大繁荣的现实途径，但是从主体需要的现实性来看，广大人民群众更需要、更期待、更认同下里巴人式的文艺作品，中国古代音乐史上有一个典故，宋玉在《对楚王问》中写道，“客有歌于郢中者，其始曰《下里》《巴人》，国中属而和者数千人。其为《阳阿》《薤露》，国中属而和者数百人。其为《阳春》《白雪》，国中有属而和者，不过数十人。”下里巴人之所以更受欢迎就在于它为人民而唱、为人民而歌，同时又唱出了人民的心声。历史和现实反复证明，只有普通人民群众能够听得懂、记得住、唱得了，同时又让他们觉得好听、动听、耐听的音乐作品才能真正唱得响、传得开、留得下，才能成为永不过时的时代金曲。新时代，优秀音乐作品的通俗性就意味着音乐工作者的思想感情上要和人民大众打成一片，在音乐主题和音乐素材上要聚焦人民，在艺术语言表现方式要更加贴近生活，能够让人们最大限度地体悟音乐中的情感、理解音乐中的内涵、把握音乐中的思想。

（四）优秀音乐作品应该体现专业度

马克思主义文艺观认为，音乐是反映人类现实生活情感的一种比较抽象的艺术，它之所以能让人赏心悦目，给人带来听觉享受，同时提高人的审美能力、净化人的心灵，主要源于音乐具有独特的构成要素、表现形式和形成机理。与其他的艺术形式相比较，音乐具有更为突出的专业度。首先，音乐的构成要素更为复杂多样，包含了节奏、曲调、和声以及力度、速度、调式、曲式、肢体等。这些不同的音乐要素能够在音乐家别具匠心的创造性活动中，实现多样化的结合，从而形成音乐作品的不同风格。从某种意义上讲，正是因为音乐基本要素的不同结合，才使得音乐具有千变万化的表现力，也给我们留下了“诗言志、歌永言、声依咏、律和声”的文化传统。其次，音乐的表现手法更为独特，音乐说到底是声音的艺术，作为音乐表现形式的声音，既取之于大自然又高于大自然，是音乐家进行艺术加工的产物，它蕴含着一股强大的渗透力和穿透力，能够表达最为真切的思想与情感，并能迅捷地通达人的心灵，因此人们把音乐看成一门“把人们内心的自由推向最高的峰”引的艺术。最后，音乐形成机理更为专业，作为一种极具创造性的精神生产活动，音乐的形成和发展具有独特的内在规律，人们对这些规律的认识经过系统化、理论化，便形成了音乐理论中通行通用的乐理。从这个意义上来讲，一部优秀的音乐作品，不仅要赢得人民群众在感性层面的悦纳和认同，同时也要符合乐理的内在逻辑、体现乐理的基本要求。历史的现实反复证明，一部优秀音乐作品只有在专业精神、专业规范、专业技巧上达到一定高度、不断精益求精，才能真正成为深受人民群众喜爱、无愧于时代的精品力作。

四、新时代创作优秀音乐作品的实践要求

每个时代都有其独特的历史背景和发展趋势，在总体实现小康社会的基础上，各行各业都在不断地向前迈进，在新的时代背景下，怎么样创作与之相适应的优秀音乐作品是亟待解决的重大问题。

（一）创作优秀音乐作品必须坚持以人民为中心的创造导向

以人民为中心的创作导向是在结合新时代国情和基本矛盾的基础上，总结以往经典作品中得出的重要经验。首先，音乐工作者应该正确把握人民的时代内涵，在创作音乐作品时深入思考思考是为谁创作、怎样创作和创作什么样的作品。在新时代我们说的人民是指全体社会主义劳动者、社会主义事业的建设者、拥护社会主义的爱国者和拥护祖国统一的爱国者。在进行音乐创作时应该以他们为中心，传递其正确的世界观、人生观、价值观，让他们的态度、情感在音乐中激荡，为社会的进步和民族的发展助力。其次，音乐工作者要将人民情感与音乐相结合。习近平总书记在中国文联十大、中国作协九大开幕式上的讲话中强调："一切优秀文艺工作者的艺术生命都源于人民，一切优秀文艺创作都是为了人民。"[11]每一个人生活的环境、所处的社会地位以及家庭背景都不一样，用心去感悟每一个人，从人们各式各样的情感中汲取创作的养分。这就昭示我们在音乐创作时要观照人民的喜怒哀乐、人生的跌宕起伏，表达人民的心声，创作出以人民为中心的精品力作。音乐工作者把人民放在心中，把人民的情感放在作品中，音乐作品就会有吸引力、影响力、生命力。

（二）创作优秀音乐作品必须坚持深入扎根人民生活

习近平总书记在文艺座谈会上的讲话中提出："人民生活中本来就存在着文学艺术原料的矿藏，人民生活是一切文学艺术取之不尽、用之不竭的创作源泉。"[12]首先，音乐作品要深入扎根人民日常生活。音乐工作者来自人民当中，在身边人和身边事中找到创作灵感，用音乐旋律反映人民生活中的家长里短、喜怒哀乐。从这个方面说我们要进入生活的最深处，把握人民生活的本质，将生活的底蕴与音乐的温度相结合，才能创作出生动的旋律和动人的曲调，作品才能振奋人心。现阶段，人民生活正向着全面小康奔进，物质生活的不断丰富，对音乐作品的要求也不断提高，在进行音乐创作时要找到人民生活中最深厚的根基，与音乐深层融合，让音乐反映生活。其次，创作音乐作品来引领人民生活。音乐创作既要反映生活又要引领生活，它不是简单地将生活枯燥表达，而是将生活通过音符旋律生动灵活的艺术再现，使人们就能在音乐作品中体验生活中的真情大爱，再将这些情感通过音乐作品潜移默化的影响人民生活。音乐工作者对人民生活的感悟越深，音乐作品就会越精

彩。总之音乐创作最根本的方法就是反映人民、扎根人民。

（三）创作优秀音乐作品必须坚持注重传承与创新相结合

习近平总书记在文艺工作座谈会上的讲话中指出："文艺创作不仅要有当代生活的底蕴，而且要有文化传统的血脉。"[13]这就要求创作者在创作音乐作品时，要注重传承与创新相结合。首先要在传统音乐中汲取养分。传统音乐能走过那么多岁月，不只是在于它不断适应时代的发展和人们的传承，也在于传统音乐本身具有的集合各个时代的精神。音乐创作者应该加强对传统音乐的挖掘和阐发，将传统音乐中的精华传承，摒弃其与新时代不相适应的部分，使传统音乐与新时代相协调、相融合，将其创造性转换和创新性发展。其次，音乐创作要不断进行创新。这种创新应该是贯穿音乐创作的全过程，从内容到形式、从方法到手段的创新。它不是追求怪诞，而是另辟蹊径、不拘一格，随时代的进步而不断发展。新时代音乐创作应该充分利用时代的特点，利用"互联网+"将创作方法和手段不断地更新，用精湛的技术和丰富的内容推动音乐事业的向前发展，创作出高质量、正能量的音乐作品。

（四）创作优秀音乐作品必须坚持整体推进音乐队伍建设

优秀音乐作品归根到底是音乐家创造性劳动的产物和艺术智慧的结晶，创作优秀音乐作品从根本上讲有赖于音乐队伍建设的整体推进。第一，要推动音乐工作者自觉塑造自身，习近平总书记多次强调："文艺要塑造人心，创作者首先要塑造自己。"[14]因此广大的音乐工作者必须不断提升自身的思想水平和专业水平，将德艺双馨作为毕生的追求。要坚定自身的艺术理想，正确认识创作不是为了一个人或一件事，而是为全社会甚至全人类。要加强日常的专业储备、德行修养，做到有专业、有品位、有德行，还有这样才能创作出感染人、影响人、塑造人的优秀音乐作品。第二，要为音乐队伍提供平台。音乐创作者创作作品时，要有平台、有途径，才能激发其创作热情。这种平台可以多角度，多种方式，避免音乐作品关在象牙塔里。第三，加强对音乐队伍的正确引导，音乐作品能够感染人、塑造人，潜移默化地影响人，就要在根源树立正确的价值导向，从宏观微观各个角度对音乐工作者进行正确的引导，并使其将正确的世界观、人生观、价值观体现在音乐作品中。

参 考 文 献

［1］ 习近平.决胜全面建成小康社会，夺取新时代中国特色社会主义伟大胜利［N］. 人

民日报，2017-10-28（1）.
［2］习近平.决胜全面建成小康社会，夺取新时代中国特色社会主义伟大胜利［N］. 人民日报，2017-10-28（1）.
［3］习近平.在文艺工作座谈会上的讲话［N］. 人民日报，2015-10-15（2）.
［4］习近平.在文艺工作座谈会上的讲话［N］. 人民日报，2015-10-15（2）.
［5］习近平.在文艺工作座谈会上的讲话［N］. 人民日报，2015-10-15（2）.
［6］习近平.决胜全面建成小康社会，夺取新时代中国特色社会主义伟大胜利［N］. 人民日报，2017-10-28（1）.
［7］习近平.在文艺工作座谈会上的讲话［N］. 人民日报，2015-10-15（2）.
［8］习近平.决胜全面建成小康社会，夺取新时代中国特色社会主义伟大胜利［N］. 人民日报，2017-10-28（1）.
［9］习近平. 习近平：在中国文联十大、中国作协九大开幕式上的讲话［N］. 人民日报，2016-12-1（2）.
［10］习近平.决胜全面建成小康社会，夺取新时代中国特色社会主义伟大胜利［N］. 人民日报，2017-10-28（1）.
［11］习近平.决胜全面建成小康社会，夺取新时代中国特色社会主义伟大胜利［N］. 人民日报，2017-10-28（1）.
［12］习近平.习近平：在中国文联十大、中国作协九大开幕式上的讲话［N］. 人民日报，2016-12-1（2）.
［13］习近平.在文艺工作座谈会上的讲话［N］. 人民日报，2015-10-15（2）.
［14］习近平.习近平：在中国文联十大、中国作协九大开幕式上的讲话［N］. 人民日报，2016-12-1（2）.
［15］习近平.在文艺工作座谈会上的讲话［N］. 人民日报，2015-10-15（2）.
［16］习近平.在文艺工作座谈会上的讲话［N］. 人民日报，2015-10-15（2）.
［17］习近平. 习近平：在中国文联十大、中国作协九大开幕式上的讲话［N］. 人民日报，2016-12-1（2）.

（本文于2018年8月15日发表在《西北工业大学学报》（社会科学版）2018年第2期，第二作者为潘婷）

音乐为构建人类命运共同体注入正能量

面对当今世界发展的新形势、新问题和新挑战，习近平总书记站在时代的高度，创造性地提出了“人类命运共同体”的新理念。党的十八大以来，习近平总书记在国内外多个重要场合，生动诠释、系统阐述“人类命运共同体”，倡导世界各国要携手“共同构建人类命运共同体”[1]。这是中国领导人对人类未来发展方向和命运福祉的宏大命题作出的中国思考、提供的中国方案、贡献的中国智慧、展现的中国担当，“人类命运共同体”正在日益成为新时期中国人民和世界人民普遍认同的共同价值理念。构建人类命运共同体是一个前无古人、后启来者的伟大的系统工程，需要举全世界各国之力、集聚国际社会中的一切正能量。而音乐作为“人类文化的浓缩和人类文明的结晶”[2]，并不是一种个体意义上的娱乐消遣方式，而是当下构建人类命运共同体不可或缺、不容忽视、不可替代的一种积极力量，相对于其他的文化艺术形式，音乐是一种更丰富多样、更合乎人心、更具渗透性、更有内生力的强大正能量。必须要指出的是，把音乐与人类命运共同体相提并论，绝不是为了迎合某种现实的政治需要，更不是为了简单地突出音乐的意识形态功能，而是基于两者关系的历史考察和机理分析所作出的科学把握，也是从“音乐+哲学”的独特视角提出的新思考、新阐发。人类命运共同体与音乐之间的密切联系不仅是客观存在的，而且渊源极其深厚，从某种意义上讲，构建人类命运共同体既是音乐艺术自我建构的内在逻辑，又是音乐艺术互鉴发展的历史传统，还是音乐艺术绽放光彩的价值体现，更是音乐艺术安身立命的基本立足。新时期加快推进构建人类命运共同体的伟大进程，必须着眼于世界和中国的发展大势，不断强化音乐的价值自觉和价值担当，深入挖掘音乐的丰厚资源，充分释放音乐的内在力量，用音乐为构建人类命运共同体注入源源不断、真真切切而且有情怀、有温度的正能量。

一、音乐是构建人类命运共同体的重要文化积淀

作为一种新的价值理念，人类命运共同体的概念提出，无疑是“植根于源远流长的中华文化”[3]土壤，但是人类命运共同体的现实构建，须从人类一切优秀文化积淀之中汲取丰厚滋养。在世界多民族多形态优秀文化发展的园地里，音乐堪称是一座共生、共融、共享的文化富矿，体现了人类共同的感性需要和感性存在，构成

了人类认知和把握世界的一种极为重要的特殊方式，蕴含着与人类心灵相通、与人类命运与共的文化基因，是构建人类命运共同体不可忽视的一种深沉力量。

打开世界音乐史不难发现，世界各国的音乐虽形态各异、风格有别，但都贯穿着一个共同的永恒主题，那就是对人类个体、团体、群体乃至整体命运的关注和思索。中国古典音乐的代表作《诗经》和《楚辞》，以极为丰富的音乐意象和独具特色的表现手法，生动地展现了“天人合一”的宇宙观、协和万邦的世界观、自强不息的人生观，堪称是人类命运共同体思想的精神源头和“千古绝唱”。德国音乐天才贝多芬的《命运交响曲》，充满了博大精深的人生辩证法思想，彰显了人类与命运抗争到底的不屈意志，征服了世界人民的音乐之心，也赢得了世界人民的崇高敬仰。波兰钢琴作曲家肖邦的音乐作品被舒曼赞誉为“藏在花丛中的一尊大炮”[4]，喊出了受压迫被奴役民族愤怒和反抗的共同心声，形成了一股汹涌澎湃的爱国情结和民族感情的洪流。抗战时期我国“人民音乐家”聂耳的《义勇军进行曲》和冼星海的《黄河大合唱》，在华夏大地几乎家喻户晓、人人会唱，成为世界反法西斯战争东方主战场上的主旋律和最强音，唤醒了四万万中华儿女同仇敌忾、抵御外侵、保家卫国的家国情怀，激发了中国军民不畏强敌、勇于牺牲、血战到底的抗战意志，至今仍为全世界奉为红色经典。新时期的爱国主义歌曲《歌唱祖国》《没有共产党就没有新中国》《春天的故事》《走进新时代》等，在中国大地上理直气壮地唱响了共产党好、社会主义好、改革开放好的时代主旋律，也饱含真情地唱出了中国人民坚定不移跟着中国共产党走、昂首阔步踏上新的伟大征程的自信和豪迈，深深地吸引了世界的目光、强烈地震撼了世人的心灵。

历史证明：只有那些以人类命运为主题、以家国情怀为灵魂、为民族而传唱、为时代而放歌、为人民而抒怀的音乐作品，才能真正成为时代的经典和精华，才能在文化变迁中传得开、留得下，才能在世界范围内为人民大众真心喜爱。中国传统音乐文化之所以能在五千多年的历史长河中生生不息、传承发展，并始终为华夏儿女所推崇、为世界人民所仰慕，其中很重要的一点，就是中国传统音乐文化中所蕴含的“中和”之美，它崇尚人与自然、人与社会、人与他人、人与自身的和谐共存，其中逻辑地包含着对人与世界关系的深刻把握和对人类自身命运的终极关怀，实际上是人类命运共同体价值理念的一种特殊的艺术化表达，这为我们构建人类命运共同体提供了独特的文化资源和坚实的思想基础，使得我们有底气、有自信、有力量率先在全世界倡导“携手共建人类命运共同体”。

二、音乐是构建人类命运共同体的重要沟通桥梁

人类文明是由世界各国各民族共同创造的，不同国家、不同民族都有自己的核心价值观，不同的价值观之间应当求同存异、互动互鉴、逐步整合，不断寻求最大价值公约数，从而形成具有超越国别差异、符合时代需要、彰显人性光辉、得到普遍认同的人类命运共同体价值新理念。共同构建人类命运共同体，要成为一种全球范围内的价值共识和行动自觉，目前迫切需要打通横亘在东、西方文化之间的壁垒，克服来自不同意识形态的障碍，超越对不同发展道路的拒斥，而这一切都离不开正确、深入、有效的沟通和交流。

习近平总书记在《在文艺工作座谈会上的讲话》中明确指出："文艺是最好的交流方式，在这方面可以发挥不可替代的作用，一部小说……一曲音乐，都能给外国人了解中国提供一个独特的视角，都能以各自的魅力去吸引人、感染人、打动人"[5]。从某种意义上讲，音乐是代表一个民族文化魅力的重要名片之一，也是展示一个国家文化软实力的重要窗口之一，透过音乐可以深度地了解这个民族、这个国家的文化底蕴和价值追求，进而把握其民众的文化性格和精神气质。在这个重要讲话中，习总书记以其广阔的视野、博大的胸怀、渊博的知识，向我们生动展现了一副绚丽多彩的人类文明成果交汇图，在这些伟大作品的背后，伫立着一大批世界级的文艺名家大师，其中就包括了诸多闻名遐迩的大音乐家，如俄罗斯的柴可夫斯基、里姆斯基·科萨科夫、拉赫玛尼诺夫，法国的柏辽兹、比才、德彪西，德国的巴赫、贝多芬、舒曼、瓦格纳，以及中国的聂耳、冼星海。他们用自己心血凝结而成的伟大作品，之所以能够在浩瀚无边又奔腾不息的音乐潮流中传得开、留得下，被世界不同国家、不同民族的民众所传唱、传承，最根本的原因就在于，这些经典的音乐作品以其特有的方式表达了人类共同的情感和情怀，寄托了人类共同的理想和信仰，诠释了人类共同的价值和精神，从某种意义上讲，人类对音乐经典的怀念和共鸣，就是对人性光辉的礼敬和对人类福祉的关切。

马克思主义哲学告诉我们，世界是丰富多样的，社会存在各种差异，但是人类作为一个类的存在，必然有其共同的本质的东西，而音乐作为人类共生、共通、共融、共享的一种心灵语言，恰恰是以一种最朴素、最本真、最通俗、最生动、最温情的方式，反映人类共同拥有的精神世界，体现人类共同信守的价值原则，昭示人类共同追求的生活意义，从而为世人思想和心灵的交融、为世界文化文明的交流搭建了一座富有特色的沟通桥梁，使人类能够汇聚在同一个道德的轨道上来并肩前行，最终把人类共同引向美好未来的彼岸。正如西方人所说的：音乐一直是我人生

中很重要的一部分，创造和表演音乐，能将你与不同国家、不同时代的人们联结，它能将你与一同演出的人联结，与你的观众联结，与你自己联结。

在音乐的领域里，同样适用这样一个真理：越是民族的，才越是世界的。中国的民族音乐文化源远流长、底蕴深厚、博大精深，蕴含着“各美其美，美人之美，美美与共，天下大同”的美学思想和“高山流水、琴瑟和鸣、相知可贵、诚交天下”的艺术理念，这对于推动世界各国人民以音乐为桥梁来共同构建人类命运共同体，无疑具有重要的方法论指导意义。也正是基于此，习总书记特别强调：“文艺工作者要讲好中国故事、传播好中国声音、阐发中国精神、展现中国风貌，让外国民众通过欣赏中国作家艺术家的作品来深化对中国的认识、增进对中国的了解”[6]。这些论述实际上是站在哲学的高度阐明了包括音乐在内的文艺在思想交流和心灵沟通方面的特殊作用，为我们认识和提升音乐在人类命运共同体构建中的价值自觉和价值担当提供了基本遵循。

三、音乐是构建人类命运共同体的重要传播载体

长期以来，西方国家极力鼓吹和推销他们那一套虚伪、空洞、荒谬的所谓“普世价值观”，然而，不但没有帮助人类有效破解现实的难题，反而使人类陷入价值观迷失的困境之中，也使其自身遭遇日益严重的社会危机，实践的发展终将证明西方“普世价值观”的破产。而人类命运共同体是一种新型的全球价值观，“着眼于人类文明的永续发展”[7]“以应对人类共同挑战为目的”[8]，以“和平、发展、公平、正义、民主、自由”[9]为价值追求，强调“命运相连，休戚与共”[10]。从价值哲学的视角来看，这一新型的全球共同价值观实际上是对西方“普世价值观”及其实践形态的“历史性超越”“ 系统性超越”“辩证性超越”[11]，必将把人类引向光明而美好的未来。

打造人类命运共同体，首要的也是最关键的，就是要把人类命运共同体所蕴含的共同价值观在世界范围内广泛传播开来，使之在不同民族的文化土壤上落地生根，并内化为世界各国人民的基本信念。价值理念传播的向度和效度，与其传播的载体有着密不可分的联系。构建人类命运共同体，传播全球共同价值观，既要用足、用好、用活语义分析、文本阐释、活动推广等传统意义上的传播载体，也要不断探索和构建多样化、艺术化、个性化的现代传播载体，其中音乐在人类命运共同体价值理念的传播、弘扬、培育、践行中具有特殊而重要的作用，这一点在中西方文化中具有广泛和共识和成功的运用。

在西方，音乐历来被称为“人类灵魂的语言”，古希腊哲学家苏格拉底认为：“音乐和旋律，足以领导人们走进灵魂的秘境”。古希腊哲学家柏拉图说过：“音乐给予宇宙一个灵魂，给予心灵一对翅膀、给予想象飞翔的能力，给予万物生命”。匈牙利作曲家李斯特强调：“音乐可以称作人类的万能语言，人类的感情用这种语言能够向任何心灵谈话，被一切人理解。”德国作曲家贝多芬告诫人们：“音乐是比一切智慧、一切哲学更高的启示……谁能浸透我音乐的意思，便能超脱寻凡人难以自拔的苦难”“音乐当使人类的精神爆出火花”。在西方的文化和教育传统中，音乐一直是被视为一种有效的教育工具而被广泛运用，在开发人的智力、陶冶人的性情、提升人的审美素质等多方面发挥了重要作用。

在我国，有一句脍炙人口的古语——“乐为心声”，意指音乐能够直达人的内心，对人产生春风化雨、润物无声、潜移默化的影响，对此，《礼记》有一段专门的论述：“凡音者，生人心也。情动手中，故形于声。声成文，谓之音。是故治世之音安以乐，其政和；乱世之音怨以怒，其政乘；亡国之音哀以思，其民困。声音之道，与政通矣。”[12] 正是基于音乐与民心、政治之间的融通，中华传统文化历来重视“礼乐教化”，也就是强调音乐在政治和道德教化中的独特功能，尤其令我们倍感自豪的是，关于音乐的教化功能，在我国早已形成了一个完整、系统和独特的美学思想体系，并成为中国古代治国理政智慧和育人育德思想的一大亮点。中国传统文化典籍《国语・周语下》中早有记载：单穆公和伶州鸠为劝谏周景王“铸大钟”，由音乐审美而论及治国安邦，提出了“声和、心和、人和、政和”四者相连、有机统一的思想。儒家思想的代表人物孔子也曾经说过：“兴于诗，立于礼，成于乐”，强调音乐在人格修养中的重要作用，把音乐提升到了人的修身、齐家、治国、平天下的高度。“乐”作为“六艺”之一，曾长期在中国古代的教育体系尤其是官学教育制度中占据重要地位，成为当时读书人必须学习掌握的一项基本技艺。不仅如此，从夏、商、周开始，中国就开始把乐和礼有机结合，形成了一套较为完善的礼乐制度，用以教化民众、维护秩序、促进和谐。礼乐文明在中华文明发展中产生了深远影响，至今仍显示出其强大的生命力和感召力。

进入新时代，习近平总书记对包括音乐在内的文艺与价值观之间的关系作出了更加精辟、精深、精准的阐述。他明确指出：“对文艺来讲，思想和价值观念是灵魂，一切表现形式都是表达一定思想和价值观念的载体”[13]，并强调文艺“应该用独到的思想启迪、润物无声的艺术熏陶启迪人的心灵，传递向善向上的价值观”[14]。从一定意义上讲，传播和传递正确的价值观就是音乐的神圣使命和最高价值。音乐作为价值观传播载体所发挥的独特功能永远不会过时，时代越是向前发展，音乐对价值观传播的意义就越大。在打造人类命运共同体的过程中，更加迫切需要音乐发挥自己优势，切实当好全球共同价值观的传播载体。

四、音乐是构建人类命运共同体的重要推动力量

构建人类命运共同体，是一个立足于人类历史发展新起点、探求世界未来发展新出路的宏大时代命题，也是正在崛起、走向复兴的中国为探索人类更美好的未来、推动世界可持续发展而提供的中国主张、中国方案。令我们感到振奋和自豪的是，近年来，习近平总书记围绕人类命运共同体的构建作出了一系列具有时代性、系统性、前瞻性的精辟论述，形成了一整套符合时代需要、彰显中国特色的人类命运共同体思想，这可以说是马克思主义全球化理论中国化的最新成果。

革命导师马克思教导我们："理论一经掌握群众，也会变成物质力量。理论只要说服人，就能掌握群众；而理论只要彻底，就能说服人。"[15]我们党也历来强调："理论创新每前进一步，理论武装就跟进一步，"[16]那么，理论的对外宣传和国际传播也应该相应地向前一步，只有这样才能及时地把创新的理论和正确的价值观推向世界的舞台和世人的面前，从而增强国际话语权和国际影响力。人类命运共同体的理论无疑具有鲜明的中国特色、中国风格、中国气派，但绝不是也绝不能成为中国一己之力的独奏曲，而应该成为世界各国同心协力的合奏曲、协奏曲。当前，要推动人类命运共同体的价值理念深入人心，要推动人类命运共同体的构建由理论走向实践、从中国走向世界，这需要不断凝聚和整合一切积极有效的动力因素，其中音乐的助推作用是不可忽视的。

历史和现实反复证明：在紧要的历史关头和重大的历史事件中，音乐往往会起到意想不到的助推作用。法国大革命时期，英勇的马赛市民就是高唱着《马赛曲》浩浩荡荡地开进巴黎，从而揭开法国大革命胜利的序幕，这首歌曲不仅点燃了法国人民火一般的革命热情，而且深刻地砥砺全世界一切被压迫人民的革命斗志。苏联卫国战争期间，一首名为《喀秋莎》的爱情歌曲，使美好的音乐与正义的战争深度融合，以一种温柔的力量极大地鼓舞士兵们在战场上顽强不屈、英勇报国，成为人类战争史和音乐史上的一个经典范例。在抗日战争和解放战争期间，《东方红》和《解放区的天是明朗的天》，深刻昭示了中国革命的内在逻辑和前途命运，唱出了根据地和解放区的民众发自内心对人民领袖毛主席和中国共产党的热爱及崇敬，从一定意义上讲，这种力量及其产生的效果一点都不亚于直接在战场上打败日本帝国主

义和国民党反动派。20世纪90年代，在北京举行的第十一届亚洲运动会上，《亚洲雄风》的金曲似乎一夜之间就唱红全亚洲、风靡全世界，究其内在原因，就在于它以高扬的旋律、明快的节奏、真挚的情感，体现了浓烈的亚洲情结、亚洲意识、亚洲气度，不仅深深地震撼和激励了所有的参赛人员，而且有力地促进了亚洲各国人民的团结、互助和自强，近年来，在G20杭州峰会文艺晚会和“一带一路”国际合作高峰论坛文艺晚会上，一批中外经典歌曲（如中国的《高山流水》《我爱你中国》，意大利的《我的太阳》）交相应和，奏响了东、西方文化交流交融的友谊乐章，抒发出世界人民对光明未来的热爱和向往，有力地助推人类命运共同体的构建不断迈出可喜的步伐。

由此可见，音乐具有强大的内生力量和外在张力，既可以穿越历史的时空，跨越民族和国界，超越社会制度和文化传统，也能“温润人的心灵、启迪人的心智”[17]、照亮人的心空，同时还在扩大影响、宣传鼓动、营造氛围、团结群众、凝心聚力、引领风尚等方面具有非同一般的能量，理应在构建人类命运共同体的伟大进程中最大限度地发挥积极的推动作用。

总而言之，音乐能够为构建人类命运共同体注入源源不断的正能量，而构建人类命运共同体也为音乐的发展提供了新机遇新平台，更为音乐的发展开启了新视野新格局。立足于新的历史起点，当代音乐应该以强烈的价值自觉和价值自信，坚持以构建人类命运共同体为方向引领和动力源泉，积极探寻符合时代需要、体现人类福祉的创新发展之路，真正为团结和鼓舞世界人民共同走向美好未来而深情放歌！

参考文献

［1］习近平.共同构建人类命运共同体［N］. 人民日报，2017-01-20（2）.

［2］郭声健.当代音乐教育改革与发展的若干特征［J］. 人民音乐，2003（1）：50-52.

［3］王毅. 促进和保护人权，携手构建人类命运共同体［N］. 人民日报，2017-02-27（21）.

［4］杜刚.谈肖邦钢琴音乐的风格特征［J］. 音乐创作，2013（7）：154-156.

［5］习近平.在文艺工作座谈会上的讲话［N］. 人民日报，2015-10-15（2）.

［6］习近平.在文艺工作座谈会上的讲话［N］. 人民日报，2015-10-15（2）.

［7］王义桅. “人类命运共同体”新理念三解［N］. 北京日报，2017-02-06（14）.

[8] 曲星.人类命运共同体的价值观基础[J]. 求是，2013（4）：53-55.
[9] 习近平. 携手构建合作共赢新伙伴 同心打造人类命运共同体[N]. 人民日报，2015-09-29（2）.
[10] 王义桅. “人类命运共同体”新理念三解[N]. 北京日报，2017-02-06（14）.
[11] 刘同舫.人类命运共同体的价值超越[N]. 光明日报，2017-09-23（7）.
[12] 李学勤.礼记正义[M]. 北京：北京大学出版社，1999：1074-1077.
[13] 习近平.在文艺工作座谈会上的讲话[N]. 人民日报，2015-10-15（2）.
[14] 习近平.在文艺工作座谈会上的讲话[N]. 人民日报，2015-10-15（2）.
[15] 马克思恩格斯文集（第1卷）[M]. 北京：人民出版社，2009：11.
[16] 胡锦涛.在庆祝中国共产党成立90周年大会上的讲话[N]. 人民日报，2011-07-02（2）.
[17] 习近平.在文艺工作座谈会上的讲话[N]. 人民日报，2015-10-15（2）.

（本文于2018年3月15日发表在《云梦学刊》2018年第2期）

“品”编钟乐音，“显”文化自信

——文化自信视域下编钟的时代价值初探

习近平总书记明确指出：“文化是一个国家、一个民族的灵魂……文化自信，是更基础、更广泛、更深厚的自信，是更基本、更深沉、更持久的力量。”[1]在党的十九大报告中，习近平总书记从新的时代高度，对“坚定文化自信，推动社会主义文化繁荣兴盛”作出了系统阐述和战略部署。从某种意义上讲，灿烂的文化一定是蕴含在丰富多样的载体之中，强烈的自信必定是建立在坚实深厚的物质基础之上。中国是一个拥有五千年历史的文明古国，勤劳勇敢的中国人民创造出了辉煌灿烂的中华文化，在丰厚的文化遗存中，编钟堪称是经典之作。通过这个载体，我们能够清晰、直观、生动、切身地感受到中华文化的源远流长、博大精深，体悟到中华文化所蕴含的内在魅力和强大能量。基于此，从文化自信的视域来审视编钟的时代价值，显得十分必要。

一、编钟的典故使文化自信更为生动化

钟是我国最有历史底蕴、最有艺术神韵、最有文化特色的乐器之一，其起源最早可以追溯到黄帝时期。据《宋书·乐志》引《世本》说，钟是“黄帝工人垂所造”……早在三千多年前的殷商时期，就已经有金属铸造的钟，而且已经有了几个一组、能演奏简单旋律的编钟。悠久的历史，给钟蒙上了一层神秘的面纱，也为它孕育出诸多寓意丰富的典故，其中最为代表性的莫过于曾侯乙编钟。

曾侯乙编钟是战国时期的早期文物，1978年出土于湖北随县。这个庞大的乐器由六十五件青铜编钟组成，其音域跨五个半八度，十二个半音齐备，且铸造技术高超并拥有良好的音乐性能，改写了世界音乐史，被中外专家、学者称之为“稀世珍宝”。

曾侯乙编钟在历史的传承与文化的变迁当中，衍生出了一系列内涵丰富的典故。相传战国初期，楚惠王在接连吞并数个小国之后，唯留背面的曾国独存，曾国国君曾侯乙出生正统，精通礼乐，兴趣广泛、善于外交。面对曾侯乙的足智多谋，楚惠王一时难以定夺，随后以赠送青铜和讨教编钟为由来打探曾侯乙的真实想法。

期间，曾侯乙告知楚惠王所赠青铜并未制“剑”御敌，而是造钟做“乐”，随之邀请楚惠王一同欣赏编钟“一钟双音”之特色，以此来寓意战乱之时两国之间应和谐相处、共取所长，方可一同奏响和谐共存、美丽盛世之篇章。这个典故虽然简短，但却蕴含着深刻的哲理，曾侯乙的弃“武”从“乐”体现了不尚武力、热爱和平的思想，编钟的“一钟双音”更突显出和谐、合作、共赢的理念。这个典故集中展现了中华和合文化的精神，对我们今天仍有重要的启示。

透过曾侯乙编钟的典故，不难发现，历史典故不仅仅是中华优秀传统文化的重要构成，也是承载中华传统文化理念的重要载体，更是传递中华文化精神的重要“桥梁”。习近平总书记在党的十九大报告中指出：“中国将高举和平、发展、合作、共赢的旗帜，恪守维护世界和平、促进共同发展的外交政策宗旨，坚定不移在和平共处五项原则基础上发展同各国的友好合作，推动建设相互尊重、公平正义、合作共赢的新型国际关系”，同时还呼吁“各国人民同心协力，构建人类命运共同体，建设持久和平、普遍安全、共同繁荣、开放包容、清洁美丽的世界”。[2]这一系列重要论述所彰显的和谐文化理念和共同价值取向，恰恰与跨越千年的编钟文化及其历史典故息息相通、内在统一，从这个意义上讲曾侯乙编钟的存在，足以证明了中华民族自古以来就流淌着热爱和平、崇尚和谐的文化血脉，这也正是新时代我们进一步传承和弘扬文化自信的重要底气。立足于新时代，以千年编钟的深厚文化底蕴和生动历史典故作为后盾与支撑，将推动文化自信由学理化走向“生动化”，由“高大上”变得“接地气”，从而植根于我们的内心，最终转化为一种源源不断的思想正能量。

二、编钟的构造使文化自信更为具体化

文化是人类在长期的历史发展中共同创造并赖以生存的物质与精神存在的总和，是精神文化、物质文化、制度文化、行为文化的集合体，其中物质文化是文化的外显形式和传播载体，能够直观地体现文化的思想内核和时代特征，从而成为弘扬文化自信的基本立足和重要依托。

编钟作为跨越千年的文物，归根到底是华夏儿女在历史的长河中探索和改造未知世界的智慧结晶，从本源上看，它并不是一具特殊金属材料的混合体，也不是一件追求新奇、仅供欣赏的工艺品，更不是一种让王室贵族怡情悦己、消遣享乐的玩物。它的铸造本身就寄托着丰富而深刻的道德寓意，也彰显出独特而典雅的生活范式，更承载着美好而崇高的理想追求。从某种意义上讲，曾侯乙的编钟集独特而丰

富的物质文化、精神文化、制度文化、行为文化于一体，堪称是反映战国时期中华文明的一块“活化石”，因而深受人们的青睐和礼敬，被赞誉为“国家宝藏”。它的出土不仅刷新了世人对中华民族灿烂历史文明的认识，而且进一步提升了海内外华夏儿女对中华文明的认同感和自豪感，更重要的是它以实物的形式使博大精深的中华文明完整地呈现在世人眼前，从而变得更加直观化、具体化，更容易让人们入眼入心、深刻体悟。

编钟的精美之处主要在于其独特的构造上，归根到底体现在其精密的材质和精湛的技术上。众所周知，春秋战国是我国青铜技术发展的鼎盛时期，其标志主要表现在青铜冶铸的浑铸、分铸熔、模铸造（失蜡法）三种技术的完备与新发展 。曾侯乙编钟是以青铜作为主要原材料，其铸造集先秦青铜冶铸技术之大成，并能运用 青铜合金的比例控制钟的音色。编钟的几何尺寸、形状、合金比例、钟枚分布等都是决定编钟音响、音质的因素。这些技术问题已被曾国的工匠妥善解决了。[3]这昭示着，早在千年前华夏民族就已经掌握了先进的青铜铸造术，这在编钟精致的雕刻、精准的音律、精细的比例、精确的排列、精美的外观等多方面得到了充分的体现。尤其值得一提的是，世界上其他地区的青铜文明主要是青铜兵器和工具，体现出强烈的功利性和实用性，而中国古代的青铜器是以礼器和乐器为主，彰显出深沉的价值性和文化性。从这个意义上说，以青铜铸造的曾侯乙编钟堪称是中国古代青铜文明和礼乐文明交汇融通、传承发展的标志性成果。

编钟的精妙之处还在于镌刻在钟身上的独特铭文。据统计，曾侯乙编钟的铭文多达3755字，分见于钟体、钟架和挂钟构件之上，其中有关音乐的铭文一共有2800多字，是迄今为止人们所见到的数量最大、体例最完备、内容最丰富、文化蕴涵最深的音乐理论文献。这些铭文穿越了2400多年的历史时空，以生动、细腻的形式展现了楚风楚韵的无穷魅力。“生动”在于其造型的风格渗透着“楚风”的灵动，丰富的笔画体现出楚国文化艺术的灿烂；“细腻”则体现在铭文内容的精细、精准，其中包含了当时的音乐理念、音乐文化尤其是乐律理论，详细记录了当时曾国与楚、晋、齐、周等国乐律之间的关系。如有一只编钟上镌刻了这样一段铭文：“姑洗之商曾，穆音之宫。穆音之在楚为穆钟，其在周为剌音”，其意指曾国的姑洗（C）均中的商曾（降Si）为穆音（B）均中的“Do”，也就说曾国的穆音在楚叫“穆钟律”，在周叫“剌音律”[4]。由此可见，早在战国时期，中国传统音乐就已经有了“旋宫转调”的成功运用。从某种意义上说，曾侯乙编钟铭文就相当于一部形象生动、可读可鉴的中国古代乐律理论专著。

三、编钟的表演使文化自信更为立体化

编钟具有静态之美，作为一种留存千年的文物以其悠久的历史典故及精致的材质构造让世人惊叹；与此同时，编钟也具有动态之美，作为一种大型演奏器乐，其华美的表演场景、独特的演奏方式、美妙的乐音组合、宽广的音乐场域往往能够产生强烈的视觉效果、听觉效果和心理共鸣从而增添了华夏文化的魅力。

编钟作为中国本土的大型打击类乐器，既具有打击乐的共性也具有自身的特性。其共性在于发声原理都是通过敲击震动而产生，特性则表现为“一钟双音”，即通过击打一个钟体从而产生两种不同乐音，两者互不干扰，交相呼应从而拓展和丰富了演奏的观赏性及音乐性。在编钟的独奏中，通过聆听其敲出的双音就能够直观地感受到它的“合而不同”之美，而当其演奏和弦进行时，则体现出了音与音之间的配合、互助、和谐之美。曾侯乙编钟就是由65件具有如此特性而又形态各异的单钟组合而成，共有8组，分上、中、下三层悬挂，在演奏时能够产生“多钟共鸣”的效应，从而形成极为广阔的音域。根据专家的实际检测结果，曾侯乙编钟的音域跨越五个半八度，只比现代钢琴少一个八度，中心音域十二个半音齐全。

正是因为有如此良好的音乐性能，编钟能够演奏古今中外不同风格而又包罗万象的乐曲。自编钟1978年从湖北随县出土以来，曾被演奏敲响过三次，分别是在1978年的建军节上、1984年新中国成立35周年为各国驻华大使的演奏中及1997年庆祝香港回归的庆典之时。纵观这三次的演奏曲目，有经典红歌《东方红》、古曲《楚殇》、外国名曲《一路平安》、共产主义主题歌曲《国际歌》、大型交响乐《天、地、人》等，其风格跨度之大、时代相隔之久、包含内容之全，足以证实了编钟强大的包容性和表现张力。从演奏功能和表演效果来看，编钟远超排鼓、大锣等民族打击乐器，也胜于马林巴、铝板琴等西洋打击乐器和架子鼓等爵士打击乐器，可以说在世界打击乐界中独树一帜、独领风骚。

从某种意义上讲，编钟“一钟双音”的演奏特性与当代中国的发展理念高度契合，在经济全球化的背景下，世界各国竞相快速发展、竞争日趋激烈、矛盾不断凸显，而中国却始终恪守和平、发展、合作、共赢的理念，尤其在加快推进“一带一路”建设进程中，更体现出包容、互助、共赢、和谐之文化精髓。编钟的每一个乐音就好比一个国家，一钟能容下双音并合成动听的旋律，彰显的就是包容、互补、协同、共鸣的内在机理，这一点与我们立足新时代、面向全世界倡议推进“一带一路”建设、构建人类命运共同体，在哲学层面上是内在相通的，这昭示着国与国之间只有像编钟一样，取长补短、相互促进、共商共建，才能合奏出人类可持续发展

的时代序曲。由此可见，编钟作为一种具有中国风格、中国气派的庞大乐器，蕴含着引领时代、引领世界的先进价值理念，通过其雄浑悠长、质朴厚重、气势磅礴、荡气回肠的演奏，能够直观、生动、形象地展现博大精深的中华优秀传统文化所特有的历史神韵和文明智慧，使我们心心念念、引以为豪的文化自信从“平面化”的理论形态转向“立体化”的艺术形态，从枯燥乏味的语言文字表述转向美轮美奂的精彩音乐演绎，从而以更高的效率、在更广的范围进行传递、传播、传承。

文化是国家的灵魂与血脉，随着时代的发展、社会的进步，源远流长的中华文明更需要多元化的载体进行传承与弘扬。编钟作为传递文化的重要载体，必将以自身独特的内在魅力走向世界舞台的中心，更用跨越千年的智慧结晶为中华文化代言，展现文化自信。

参考文献

[1] 习近平.决胜全面建成小康社会，夺取新时代中国特色社会主义伟大胜利［N］. 人民日报，2017-10-28（1）.

[2] 习近平.决胜全面建成小康社会，夺取新时代中国特色社会主义伟大胜利［N］. 人民日报，2017-10-28（1）.

[3] 刘钰堂，张硕.文化视野下的曾侯乙编钟［J］. 武汉大学学报（人文科学版），2011（2）.

[4] 刘钰堂，张硕.文化视野下的曾侯乙编钟［J］. 武汉大学学报（人文科学版），2011（2）.

（本文于2018年8月15日发表在《长江论坛》2018年第4期，第二作者为戴乐）

为党和人民而放歌，为湖南抗洪而点赞

——《水漫湘江灼我心》创作体会

一首歌曲的创作，并非完全源于一时的灵感。从某种意义上讲，它其实是作者理念、情怀和思考的综合结晶。创作《水漫湘江灼我心》，是因为家乡这次遭遇特大洪水从而牵动了我作为异乡游子的思乡之心，也是因为我长期以来对时代英雄楷模所怀有的敬仰和对湖湘文化精神所保持的自豪，更是因为我立足武汉音乐学院的实际悉心研读习总书记在文艺工作座谈会上的讲话后获得了一系列启示。

老实说，那天在短短一个小时里一气呵成写出《水漫湘江灼我心》这首歌，我真心没有想过更没有想到它会得到湖南红网的推介和家乡人民的青睐，我只知道自己非常想写，仿佛有一种深情的召唤和强大的动力从心而生。作为一个音乐院校的思想政治理论课教师，我思考的最多的是横亘在我内心的三个问题。

一、我们应该为谁而放歌?

音乐工作者是灵魂的工程师，理应秉持民本情怀、担当铁肩道义，必须以放歌作为自己的安身立命之本，但为谁而放歌却是一个首要和关键的问题。我认为，如果音乐人以自己为中心，只写个人之闲情，只唱一己之悲欢，只图一时之畅快，那就忘记了自己的本位和使命。我们应该自觉学习唯物史观，坚持以人民为中心的创作导向，把更多的目光投向火热、生动而又催人奋进的社会生活，用洪荒之力为党和人民、为我们身边的时代英雄和最可爱的人放歌。

创作《水漫湘江灼我心》这首歌，从根本上讲是那些在湖南抗洪中英勇奋战的党员干部和武警战士感动了我。当我从父亲的电话中听说，家乡有位叫张国材的镇党委书记在特大洪水来袭的凄黑夜晚，冒着暴雨赶到村里挨家挨户敲门呼叫，组织乡亲们连夜转移，足足奔波了大半夜，乡亲们得救了，他却累得快虚脱了；当我从班上的微信群里得知，有位叫陈唯航的同学头一天因为脚患痛风病发作卧病在床，第二天却毅然加入单位组织的抗洪突击队的行列；当我从湖南红网的播报中看到，省、市等各级领导第一时间奔赴现场指导抗洪抢险，那一张张来自抗洪最前线党员干部转移受灾群众的图片，那一段段记录防洪大堤上武警战士肩扛沙包抢险的视频，我的心受到了强烈的震撼，从他们的身上，我看到了英雄本色的光芒，感受到了“红色初心”的力量，于是我产生了一种强烈的冲动，要为他们写首歌，用歌声来向他们致敬、为他们点赞！

二、我们应该在什么时候放歌？

音乐作为一种独特的大众艺术，具有其内生的强大能量，尤其是能够在关键时候凝聚人的共识，鼓舞人的斗志，提振人的信心。真正优秀的音乐作品，不是产生在浪漫怡情的咖啡厅，也不是合成于灯光闪烁的娱乐室，而是在鲜活生动的生活现场应运而生，在人民期待的关键时候呼之欲出。我们应该时时刻刻保持对生活的敏感性和洞察力，扑下身子去用心聆听来自大地的呼唤和群众的心声，在党和人民最需要、最期盼的时候大声放歌。

创作《水漫湘江灼我心》这首歌，完全是出于一个农家子弟对父老乡亲的敬重之情，一个异乡游子对湖湘大地的关切之意。记得诗人艾青说过：“为什么我的眼里常含泪水，因为我对这土地爱得深沉。”[1]我的家乡在湘江上游的永州市零陵区，柳宗元笔下的黄溪河从村口穿过，对于洪水我并不陌生，但今年的洪水来得尤为凶猛，据我父亲说比1976年那场大洪水还要大，连我们胡氏家族的祠堂里都进水达一米多深，洪水还淹没了家门口唯一的县道，卷走了乡亲们即将收割的水稻。当我用微信问询一位同学家中灾情，他给我的回复是：一片汪洋，苦了耕田人。随后又看到湖南红网的汛情报道，持续的强降雨造成长沙橘子洲遭洪水穿洲，整个湖南抗洪抢险全线告急。在这样的紧要关头，尤其需要用音乐的力量来提振父老乡亲们挺起胸膛的信心和斗志，唱响湖湘儿女们英勇奋战的豪情和决心，唤起所有湘籍游子们对家乡抗洪的关切和支持。那一刻，我心潮澎湃，面对这场特大洪灾，父老乡亲们在前方抗击洪魔守护家园，而我在异乡只能也必须用稚嫩的声音和深情的歌唱，为风雨中鏖战洪水的所有人加油和点赞。

三、我们应该放什么歌？

古人云：诗以言志，歌以传情。音乐之所以能为人民大众所喜闻乐见，之所以能跨越时空不断传唱，究因根本的原因就在于它不但能在情感上引起人们的共鸣，而且能在思想上引领人们的方向，向人们传递源源不断的强大正能量。我们应该少一点小资情调，多一份现实关切，少一点愤青情绪，多一份阳光心态，少一点利益驱动，多一份使命担当，把老百姓对音乐的喜爱转化为精神动能，用洪荒之力为老百姓多唱、唱响充满正能量的歌。

创作《水漫湘江灼我心》这首歌，我的“初心”就是想以音乐这种特殊的方式表达自己对家乡洪灾的牵挂和焦灼，对抗洪军民的点赞和鼓劲。从作词到谱曲，从演唱到配乐，再到录音和视频制作，在整个创作过程中，我始终要求自己和团队成员一定要多看看那些抗洪抢险的感人画面，多听听那些英勇奋战的洪亮声音，多想想那些重建家园的热切期待，要自觉把自己摆进去，用一颗赤子之心为家乡抗洪救灾尽一份绵薄之力，用一首激昂、激情、向上、向善、精诚、精进的歌曲，把七千万湖湘儿女齐心协力斗洪魔、众志成城护家园的坚定决心和万丈豪情唱出来、唱响亮，把所有在外地工作的湖南人关切家乡灾情、支持家园重建的赤诚湘情、滚烫湘心激起来、聚起来，从而为家乡人民夺取抗洪救灾的最后胜利、奔向全面小康的美好明天注入音乐的正能量！

参考文献

[1]　艾青. 我爱这土地［J］. 诗刊，2007（8）：14.

（本文于2017年7月12日发表在湖南红网）

楚辞音乐文化研究的回顾与展望

《楚辞》由战国时期楚国的伟大诗人屈原所首创，后经宋玉、淮南小山、东方塑、王褒、刘向等补充、辑录而成，是我国文学史上第一部浪漫主义诗歌总集，也是我国音乐史上最具地域特色的古典乐章。《楚辞》是属于中国的，数千年来一直受到全国各族人民的尊崇，对中国人的价值取向、思想观念、民族性格、文化个性以及我国的文学、音乐、绘画乃至整个文化系统都产生了深层次、跨时代的影响，在博大精深的中华优秀传统文化中占有极为重要而十分特殊的地位。同时《楚辞》也影响世界，自盛唐以来随着中华文化的对外传播，《楚辞》逐渐传入东南亚和欧美各国，引起了其他多民族人民的浓厚兴趣和广泛关注，成为中华文化国际传播的代表性作品和国际汉学界研究的热点之一。尤其值得自豪的是，千百年来楚辞文化在华夏文明的滋养中，生生不息，弦歌不绝，形成了一个主题鲜明、内涵丰富的庞大文化谱系，其中楚辞音乐文化就是其中最有特色、最接地气的分支之一。历史和现实表明：楚辞音乐文化不仅在整个楚辞文化谱系中占有不可割裂的重要地位，而且在中国传统音乐乃至中国传统文化的形成、发展过程中发挥了不可替代的积极作用，更重要的是对传承中华文化、弘扬民族精神具有不容忽视的现实启示。从某种意义上讲，楚辞音乐文化是我们穿越历史时空并立足现实背景来追溯、解读、把握、阐释“文化自信”[1]这个宏大命题的一个有效切入点，正是基于此，我们认为：在新时代的背景下完全有必要把楚辞音乐文化从博大精深而且不断演进的楚辞文化谱系中抽象提炼出来，作为一个独立的研究对象进行集中性、综合性、跨学科、多维度、深层次的研究。那么，在探索和推进楚辞音乐文化研究的过程中，当务之急就是要从历史与逻辑、历史与现实、理论与实践相结合的视角，认真梳理近四十年来楚辞音乐文化研究的进展和成果，总结分析当下楚辞音乐文化研究的现状和问题，深入探讨新时代楚辞音乐文化研究的进路和方略。

一、关于楚辞音乐文化研究的回顾

从20世纪80年代以来，在学术界对楚辞的多视角、多学科、多层次研究中，楚辞音乐文化研究越来越受到关注，日益成为楚辞研究中的一个新领域。部分学者从文学、音乐学、历史学、美学、文化学等多学科，分别运用文献研究、比较研究、历史研究、个案研究等方法，对楚辞音乐文化展开多维度、多层次的专题研究，推出了一系列有理论深度和现实意义的研究成果。据不完全统计，相关学术论文大致有30多篇，其中比较有代表性的是殷光熹的《楚辞的歌节变化及其特点》(《思想战线》，1982年第6期)，杜兴梅的《“楚辞”的音乐文化特质及其影响》(《音乐探索》，2000年第3期)，郭纪金的《楚辞可歌刍论》(《文学评论》，2000年第6期)，戴伟华的《楚辞音乐性文体特征及其相关问题——从阜阳出土楚辞汉简说起》(《华南师范大学学报（社会科学版）》，2014年第5期)，赵辉的《战国新乐与楚辞的新变》，(《中南民族大学学报》，2016年第2期)。与此同时，还有两部相关的学术著作，分别是梁志锵的《〈诗经〉与〈楚辞〉音乐研究》(上海古籍出版社，2010年版)和熊良智的《楚辞的艺术形态及其传播研究》(商务印书馆，2016年版)。

从现有研究成果的内容来看，学者们从音乐的角度切入楚辞研究，主要是聚焦于楚辞音乐文化的五个问题进行阐述：

（一）关于楚辞的音乐属性问题研究持续升温

众所周知，在中国古代诗歌与音乐之间是相通的。那么，除了作为诗集的本性以外，楚辞到底有没有音乐属性，是不是真正意义上的乐歌？这是楚辞音乐文化研究中的首要问题。长期以来学界有一个比较流行的传统说法，即楚辞只能“诵”不能“歌”。对此，部分学者提出了不同的看法，分别从宏观和微观上论述了楚辞本身所蕴含的音乐属性。郭纪金在论文《楚辞可歌刍论》中提出，楚辞从本源上看就是“楚人的歌词”，它和中国古代的“《诗经》、汉乐府一样，具有可以歌唱的特质”[2]，对此，他运用十分丰富的文献材料，从五个方面对楚辞的可歌性进行了比较充分且很有力度的论证。梁志锵在其著作《〈诗经〉与〈楚辞〉音乐研究》中也表达了类似的观点，认为《楚辞》是可以用音乐的方式来传唱的。杜兴梅在其论文《“楚辞”的音乐文化特质及其影响》中更为明确地提出，“楚辞原是一种乐歌”[3]。张晓未在论文《天籁——〈诗经〉〈楚辞〉对音乐的推动力》中也提出了相似的观点，他认为《楚辞》是《诗经》之后的音乐文学的代表作品，是在楚国地方性民歌的基础上进行的专业创作。范卫平在论文《论楚辞的“乐体文学”特性》中，从楚辞的语句形式、曲式构成的基本单位和乐章结构的音乐处理手法等方面，论证了楚辞的“乐体文学”特性。戴伟华的论文《楚辞音乐性文体特征及其相关问题——从阜阳出土楚辞汉简说起》则以楚国故地阜阳出土的楚辞汉简残片为切入点，通过比较分析残片上的特殊文字，挖掘出了其中蕴含的音乐元素，并据此确定楚辞就是音乐文本。在此基础上，通过分析解读楚辞代表性篇章《招魂》的特殊结构，进一步论述了楚辞的音乐性文体特征。郭杰的《从“兮”字用法看楚辞〈九歌〉的音乐特性》运用了见微知著的思维方法，以《九歌》为范本，以充足的内证揭示了其中的“兮”字的音乐特性和使用效果，进而指出了《九歌》作为一种“民间祭神乐歌”[4]，具有不同于荆楚民间一般歌谣的独特性质，从而为验证楚辞的音乐属性提供了有说服力的例证。刘再生在《中国古代音乐史简述》中对《九歌》的音乐属性及其在音乐史上的地位作出了充分肯定和高度赞誉，认为《九歌》是当今世界上最为完整的大型祭神音乐作品，标志着我国古代大型歌舞音乐的开端。

（二）关于楚辞的音乐文化特质问题研究渐次展开

在音乐文化的生态系统中，任何一种音乐文化都有自己的独特属性。楚辞作为一种传统的音乐文化，与其他的音乐作品相比较，究竟有什么鲜明的特质，这种特质体现在哪些方面？对此，梁志锵在其著作《〈诗经〉与〈楚辞〉音乐研究》中，用了整整一章的篇幅，从《楚辞》演绎的各种可能性、《楚辞》的演出场面与乐器组合、《楚辞》音乐的结构组织与节奏、《楚辞》中的乐律与腔调等四个层面，对《楚辞》音乐的特征进行了较为详尽且富有逻辑性的阐释。杜兴梅的论文《“楚辞”的音乐文化特质及其影响》提出，应将楚辞作品放在音乐文化的背景下加以考察，并在多维透视的基础上，归纳将楚辞的音乐文化特质为“融继承性、地域性、宗教性、抒情性于一体”。陈岸汀的论文《〈楚辞〉音乐文献中的乐舞、乐器、乐歌》，在对“《楚辞》音乐文献中的乐舞、乐器与乐歌活动进行系统性的梳理与归纳”[5]的基础上，初步探讨了楚辞音乐文化活动的基本特征。殷光熹的论文《楚辞的歌节变化及其特点》，从楚辞的歌词形式入手进行分析，认为“楚辞的歌节变化，最有特点的是‘乱’词”[6]，据此选择了以楚辞中六篇明确标出有“乱”词的代表作品《离骚》《招魂》《抽思》《怀沙》《哀郢》《涉江》进行分析研究，归纳出了楚辞歌节变化的四个特点，在此基础上，对楚辞中的“少歌”“乱”“倡”等音乐文化特质作出了进一步阐释。此外，还有学者指出，在楚地民歌基础上形成的楚辞音乐文化不仅在内容上具有鲜明的抒情性，充满了浓郁的浪漫主义色彩，而且在歌曲形式上也别开生面，以句为单位，句中或句尾拖长，吟唱起来力图体现绕梁三日、不绝于耳的艺术表现力，同时在曲体结构上也有自己的特点，至少包括四种曲式：同一曲调的多次反复；单个或多个曲调的多次反复后加乱；两个段落，兼有“少歌”“倡”“乱”；前有总起，后有总结，中间有明显的调式变化。

（三）关于楚辞音乐文化的渊源问题研究不断深入

任何一种音乐文化都有自己的源头，毋庸置疑，楚辞音乐文化也不是从来就有的，而是中国古代传统文化发展到一定阶段的产物。那么，楚辞音乐文化到底从何而来，是如何生成的，其深厚而复杂的文化渊源是什么？只有通过深度的挖掘和理性的分析来理清楚辞音乐文化的渊源，才能真正精准把握楚辞音乐文化的内涵。学者们大多认为，楚辞是一种具有浓厚的楚地色彩的音乐文化，研究楚辞音乐文化的渊源应该回归到楚国的文化传统和楚地的特色文化中去，尤其是要充分关注楚辞音乐文化与楚地民歌之间的内在联系和互动交融，还应该从更广袤的地域空间和更深沉的文化渗透来理解楚辞音乐文化对中原文化、北方文化的接受和吸纳。对此，金荣权的论文《楚国音乐文化与楚辞创作》认为，楚辞音乐文化“源于远古楚部落古老艺术并融合中原音乐文化而形成”，也汲养于春秋战国时期“楚国民间的歌舞之风及楚国乐官对楚地民歌的收集与整理”，还从“楚地从上至下普遍盛行的巫风”[7]中受到深远影响。李炳海在《论楚辞体的生成及其与音乐的关系》一文中提出，楚辞音乐文化的渊源是多方面的，除了楚地歌谣和祭祀歌诗之外，“和北方文化也存在渊源关系”[8]。周苇风的论文《论楚辞、楚歌的判断标准》，赵辉、张淑华的论文《试论音乐对楚辞的孕育作用》，则认为楚辞的孕育和生成，与楚国浓郁而独特的地方音乐之间具有“极为密切的血缘关系”[9]。

（四）关于楚辞的音乐意象问题研究成果初现

音乐作品总是要通过一定的音乐意象来表达内在的丰富情感、展现艺术的独特魅力，从某种意义上讲，音乐意象在很大程度上决定着音乐作品的表现力、吸引力和感召力。楚辞作为一部最具地域特色的古典歌集，与同时代的其他歌集相比，在音乐意象上有其独特之处，如何深度挖掘、全面分析、系统把握楚辞的独特音乐意象，是楚辞音乐文化研究中思考层次较高、难度系数较大的一个问题，因而引发了部分学者浓厚的研究兴趣。熊良智的著作《楚辞的艺术形态及其传播研究》，梁志锵的著作《〈诗经〉与〈楚辞〉音乐研究》，都用了较多的笔墨，从音乐意象方面分析了楚辞的独特艺术特征和地域文化色彩。刘硕的论文《〈楚辞〉中的音乐意象》，彭岩、王慧的论文《楚辞神话世界中的音乐意象》，都把楚辞的音乐意象作为探讨的主题，但在分析视角和技术路径上有所不同，前者主要“通过音乐作品考源、乐器分析、内容阐释等三方面具体阐述《楚辞》中的音乐意象所在”[10]，后者对楚辞神话世界中的音乐意象进行了分类，将其分为乐曲意象、乐器意象、乐舞组合意象等三类意象。研究者们还研究和分析了楚辞音乐意象的作用，刘硕认为楚辞中的音乐意象非常精炼独到，不仅准确描绘特定的环境，还能通过它反映出主人公当时的心理、思想状态；彭岩、王慧则直接指出，楚辞中具有丰富多样、美轮美奂的音乐意象，这些音乐意象构成了楚辞神话世界中不可或缺的一部分，它们不仅“美化和丰富了楚辞所描写的神奇美好的神话世界，很好地衬托了现实世界的昏暗和污秽”，而且“体现了作者忧国忧民的赤子情怀和对明君圣主的崇敬和向往”，展现了作品内在的“浪漫主义情怀和对人性的关爱”[11]。

（五）关于楚辞音乐文化的影响问题研究广泛拓展

经典之所以成为经典，一个很重要的方面就在于其具有不断传承和广泛传播的影响力。楚辞堪称是中国民族音乐传统的重要源头，也是中国传统民族音乐的重要里程碑，虽然肇始于战国时期，生发于楚地一隅，首创于屈原之手，但它穿越了历史的长空，跨越了地域的界限，穿透了后人的心灵，在长达数千年的中国音乐文化变迁中，它不仅以深厚内力保持了自身血脉延续、生生不息，而且释放出强大的音乐文化张力，对中国和世界的音乐乃至整个文化系统产生了深远而持久的影响。对此，张晓未的论文《天籁——〈诗经〉〈楚辞〉对音乐的推动力》，从多角度、多层面、多路径阐述了楚辞在中国传统音乐文化中的重要地位及其对数千年来中国民族音乐发展的引领和推动。陈功文的论文《论汉晋音乐赋对楚辞的继承及衍变》更是明确提出：“音乐赋是继承楚辞而来的，没有楚辞，就没有音乐赋”，并由此分析了两者之间在音乐内容上的内在统一性，具有深厚的渊源关系，在四个方面表现出共同点：“都善用铺陈的手法；都使用精彩华丽的语汇，都体现很高的语言艺术技巧；都注重运用‘兮’字句型”[12]。也有学者认为楚辞是汉乐府诗的重要源头，被各时期的乐府诗所广泛汲取和利用。郭建勋的论文《论乐府诗对楚声楚辞的接受》指出：“楚辞的音乐特性使之具备了派生乐府诗的条件，汉乐府诗就是由楚辞、楚声萌生而来，乐府诗的风格、句式、篇章结构等方面，都是深受楚辞的影响”[13]。也有学者注意到楚辞对其原产地楚国当地音乐的发展所产生的重要影响，杨通俊在论文《屈原的音乐创作及〈九歌〉在民间的影响》中，在阐述屈原音乐创作贡献和特点的基础上，重点分析了其代表作《九歌》在楚国当地民间的影响，彰显了楚辞音乐文化在广大人民群众心目中非同寻常的影响力。还有学者认为楚辞对音乐文化的影响已经远远超出本国的范围，不断辐射到我国的周边国家和地区，甚至跨越东西方文化的大峡谷传入到欧美国家，对全世界多个民族的音乐发展都产生了广泛而深远的影响，因而主张从国际音乐文化交融的视角加深对楚辞音乐文化影响的研究。

二、关于楚辞音乐文化研究的展望

过去近40年，学术界对楚辞音乐文化的研究，在多个方面、多个层次、多个领域都取得了长足的发展和丰富的成果，这无疑为我们在新时代进一步深化和拓展楚辞音乐文化研究提供了有益的理论指导、学术积淀、经验借鉴和方法启示。但是必须指出的是，由于时代背景的局限性和跨学科研究本身的难度，学术界对楚辞音乐文化的研究还存在一些明显的不足之处，突出地表现为：一是研究视野不够开阔，大多数学者都是从自身的专业背景出发，偏重于从音乐和文学的学科视角来解读、分析和阐释楚辞，未能在学术研究上有效突破学科壁垒，这在一定程度上制约了楚辞音乐文化研究的广度、深度、厚度、力度、效度和创新度；二是研究内容有待拓展，目前楚辞音乐文化研究成果虽然逐年增多，但从学科意义上讲仍然显得十分单薄、比较零散、不成体系，存在着重外在形式的研究而轻内在灵魂的挖掘，重方法技巧的总结而轻机理规律的提炼等问题；三是研究方式比较单一，依赖于文献资料的考据和分析而忽视了现实问题的导向和切入，习惯于从楚辞中选取代表性作品来挖掘其内容和内涵，分析其特点和特色，阐释其意蕴和意义，表现出“唯文本论”的研究倾向。

进入中国特色社会主义新时代，习近平总书记在多个场合点赞屈原并引用《楚辞》中的名句，抒发了深厚而强烈的家国情怀，彰显了对中华优秀传统文化的高度自觉自信。他多次强调：“中华优秀传统文化是中华民族的精神命脉，是涵养社会主义核心价值观的重要源泉，也是我们在世界文化激荡中站稳脚跟的坚实根基。”[14]当前，在中华民族走向伟大复兴的新征程上，我们不仅需要讲清讲透中国理论、中国方案，也需要讲好、讲精中国经验、中国故事，更需要在世界范围内传播、传唱中国声音、中国旋律，这就要求我们必须注重从《楚辞》这部伟大的时代经典当中开掘和汲取文化自信的深沉力量。立足于新的发展起点，那么，如何从更大的格局、更广的视野、更高的站位、更深的层次来挖掘楚辞音乐文化所蕴含的精神内涵和时代价值，以音乐的方式将其转化为中华民族伟大复兴的思想正能量并源源不断地传递给奋进中的人民群众？这是当前楚辞研究尤其是楚辞音乐文化研究中亟待解决的重要课题，也是最有希望取得突破的新切入点。对此，我们应该自觉地坚持以习近平新时代中国特色社会主义思想尤其是其新时代文艺思想为思想引领和根本遵循，从研究视角、目标进路、方法选择等多方面来探索推进新时代楚辞音乐文化研究的整体转型和创新发展。

（一）从跨学科的研究视角来进一步拓展楚辞音乐文化研究的格局

楚辞音乐文化之所以广受关注和青睐，其魅力不仅仅在于其尽显楚风楚韵的外在形式美，更重要的是其蕴含深沉厚重的思想内涵美。在中国特色社会主义进入新时代的大背景下，中华民族伟大复兴的中国梦强烈呼唤高度的文化自觉和坚定的文化自信，作为中华优秀传统文化的重要内容和生动范本，楚辞音乐文化承载着中华民族的精神追求和审美追求，应该在新时代的伟大实践中体现更多的时代意蕴和文化担当，同时，楚辞音乐文化也蕴含着正确的价值理念和强大的思想能量，“应当着眼于世界和中国的发展大势，强化音乐的价值自觉和价值担当”[15]，这就要求我们在不断推进楚辞音乐文化研究向纵深发展的过程中，必须跳出“就楚辞而论楚辞”“为音乐而谈音乐”的认识误区，回归到音乐文化作为意识形态的有机构成部分这一本质属性，从跨学科的研究视角另辟蹊径来研究楚辞音乐文化，尤其是要放到中国特色社会主义文化自信的新视域下，进行多维度、多层次、立体式的研究，不仅要从整体上研究探讨楚辞音乐文化的思想渊源、构成要素、内在灵魂、价值导向、民族特色、历史经验和表达方式等本源性和机理性问题，而且要着眼于现实需要来深入挖掘、深刻分析、深度探究楚辞音乐文化的社会功能和当代价值，把楚辞音乐文化的传承弘扬与习近平新时代中国特色社会主义思想和社会主义核心价值观的音乐化传播有机结合起来，与中国民族音乐乃至中华优秀传统文化的创造性转化和创新性发展有机结合起来，与新时代中国特色音乐高等教育的内涵式发展和德艺双馨音乐人才的多样化培养有机结合起来，与区域性非物质文化遗产保护和特色文化旅游产业发展有机结合起来，从而构建一个符合时代需要、彰显中国风格的楚辞音乐文化研究大格局。着眼于世界和中国的发展大势，不断强化音乐的价值自觉和价值担当，深入挖掘音乐的丰厚资源，充分释放音乐的内在力量，用音乐为构建人类命运共同体注入源源不断、真真切切而且有情怀、有温度的正能量。

（二）以三位一体的目标定位来进一步校准楚辞音乐文化研究的进路

在数千年的历史演进和文化变迁中，楚辞音乐文化在与外在环境的互动中，不断吸收不同的文化元素，形成了一个主题鲜明、内涵丰富、特色鲜明、相对独立的文化系统，也由此催生和推动了楚辞音乐文化研究的多路径开展和多样化发展。进入新时代，楚辞音乐文化研究应该往何处去，应确立什么样的目标定位，如何进一步校准其研究进路，这是摆在研究者们面前且亟待解决的一个突出难题。必须指出的是，当下我们之所以要进一步加强、加深楚辞音乐文化研究，不仅仅是为了在理论上更充分、更深刻地把握把楚辞音乐文化的精髓，同时也是为了在艺术上更全面、更系统地展现楚辞音乐文化的精华，更重要的是为了在实践层面更有效、更有力地推动楚辞音乐文化的升华并释放楚辞音乐文化的正能量。因此，我们在研究过程中牢牢把握三位一体的目标定位，把主题性的理论阐释、专业性的音乐分析和实践性的转化运用三者进行有效的衔接和贯通。就其研究进路而言，首先，要通过理论阐释来进一步厘清楚辞音乐文化的源与流、道与术、常与变，把握楚辞音乐文化的系统构成、内在灵魂和时代内蕴，从文化自信的高度对楚辞音乐文化的内在机理作出系统性阐释；其次，要通过音乐分析进一步归纳总结楚辞音乐文化的民族特色，挖掘并提炼其在歌词内容主题化、曲式结构多样化、演唱风格抒情化、旋律音调本土化、乐器使用组合化等多方面的独特个性，从音乐审美的高度对楚辞音乐文化的表现艺术作出集中性概括；再次，要通过实践研究进一步阐发楚辞音乐文化的时代价值和当代启示，探讨新时代楚辞音乐文化的传承弘扬之道和转化运用之策，从立德树人的高度对如何发挥楚辞音乐文化的育人功能及其在促进文化自觉、自信、自强中的强大力量提出切实有效的对策建议。

（三）以优化整合的方法运用来进一步增强楚辞音乐文化研究的实效

楚辞音乐文化研究是一个音乐专业度很高、学科融合性较强、内容覆盖面宽广、时空流变性突出、文化地域性浓厚、文本复杂性较大的研究领域，能否在理论和实践等层面取得令人信服的研究成果，在很大程度上取决于研究方法能否做到取长补短、合理运用和优化整合。当前，针对楚辞音乐文化的现状，应当着力推进其研究方法的转型和创新，最根本的就是要坚持以习近平新时代中国特色社会主义思想尤其是习近平新时代文艺思想作为思想引领和根本遵循，把文化自信作为楚辞音乐文化的价值坐标，把家国情怀作为楚辞音乐文化的内在灵魂，按照内容与形式统一、政治与音乐互动、历史与现实融通、理论与实践结合的原则，从哲学、政治学、思想政治教育学、文学、历史学、音乐学、美学等多学科，综合运用文献研究法、历史研究法、个案研究、音乐分析法，从全方位、多层次、多渠道对楚辞音乐文化进行综合性研究。其一，要全面用足文献研究法，广泛收集、归纳整理、充分整合相关的研究文献资料，在文本解读的基础上对楚辞音乐文化进行深度挖掘和高度提炼。其二，要充分用好历史研究法，以楚辞音乐文化在中国历史长河中的形成、传播和流变为线索，全面梳理楚辞音乐文化不断传承和发展的脉络，对楚辞音乐文化的内在灵魂和音乐表达的内在统一性进行科学阐。其三，要切实用准个案研究法，以楚辞音乐文化的开创者和继承者及其在不同历史时期的精神传人（如屈原、杜甫、岳飞、辛弃疾、冼星海）作为个案，对楚辞音乐文化的传承和涵养之道进行深入探讨。其四，要大胆用活音乐分析法，以楚辞音乐文化中有代表性、传承性的经典音乐作品为范本，按照音乐的主要构成要素，从歌词内容、曲式结构、演唱风格、旋律音调、乐器使用等方面，对楚辞音乐文化的独特个性和表现艺术进行总结归纳和集中概括。

习近平总书记在党的十九大报告中强调："中国特色社会主义进入新时代，意味着近代以来久经磨难的中华民族迎来了从站起来、富起来到强起来的伟大飞跃，迎来了实现中华民族伟大复兴的光明前景"[16]，这一历史方位的根本性变化预示着文化自信将被提升到一个新的高度，既为楚辞音乐文化的创造性转化和创新性发展提供了新的历史机遇和实践场域，也为新时代楚辞音乐文化研究的整体性转型和系统性提升提供了新的价值导向和时代坐标，对此，我们应该自觉坚持以文化自信作为视域，立足于新的历史起点，不断拓展学术视野、创新思路方法，充分整合学术资源、汇聚学术力量，切实推动新时代的楚辞音乐文化研究走向集约化、精品化、时代化、大众化、国际化，使之成为中国特色哲学社会科学体系构建中的一个新高地、新亮点、新标识。

参 考 文 献

[1] 习近平.在庆祝中国共产党成立95周年大会上的讲话［N］. 人民日报，2016-07-02（2）.

[2] 郭纪金.楚辞可歌刍论［J］. 文学评论，2000（6）：101-109.

[3] 杜兴梅."楚辞"的音乐文化特质及其影响［J］. 音乐探索，2000（3）：8-13.

[4] 郭杰.从"兮"字用法看楚辞《九歌》的音乐特性［J］. 社会科学辑刊，2001（2）：146-150.

[5] 陈岸汀.《楚辞》音乐文献中的乐舞、乐器、乐歌［J］. 天津音乐学院学报，2011（3）：26-38.

[6] 殷光熹.楚辞的歌节变化及其特点［J］. 思想战线，1982（6）：30-37.

[7] 金荣权.楚国音乐文化与楚辞创作［J］. 荆楚理工学院学报，2011（11）：30-37.

[8] 李炳海.论楚辞体的生成及其与音乐的关系［J］. 中州学刊，2004（4）：93-96.

[9] 赵辉，张淑华.试论音乐对楚辞的孕育作用.中国楚辞学（第二辑）——2002年楚辞学国际 学术研讨会论文专辑［M］. 北京：学苑出版社，2003：294-309.

[10] 刘硕.《楚辞》中的音乐意象［J］. 艺海，2013（9）：68.

[11] 彭岩，王慧.《楚辞》神话世界中的音乐意象［J］. 艺海，2012（4）：18-20.

[12] 陈功文.论汉晋音乐赋对楚辞的继承及衍变［J］. 许昌学院学报，2011（4）：49-52.

[13] 郭建勋.论乐府诗对楚声楚辞的接受 [J]. 中国文学研究，2002（4）：49-52.
[14] 习近平.在文艺工作座谈会上的讲话 [N]. 人民日报，2015-10-15（2）.
[15] 胡艺华.音乐为构建人类命运共同体注入正能量 [J]. 云梦学刊，2018（2）：78-82.
[16] 习近平.决胜全面建成小康社会 夺取新时代中国特色社会主义伟大胜利 [N]. 人民日报，2017-10-28（1）.

（本文于2018年10月18日发表在全国中文核心期刊、CSSCI扩展版期刊《湖北社会科学》2018年第7期，第二作者为夏婷）